La France des notables

2. La vie de la nation
1815-1848

A. Jardin A.-J. Tudesq

Nouvelle histoire
de la France contemporaine

7

La France des notables

2. La vie de la nation

1815-1848

Éditions du Seuil

Cet ouvrage a été conçu et élaboré par les deux auteurs en étroite collaboration. La rédaction des chapitres 1, 6, 8 et 9 est due à André Jardin; celle des chapitres 2, 3, 4, 5, 7 et la conclusion à André-Jean Tudesq.

En couverture :
dessin de Eugène Lami
(photo Giraudon)

ISBN 2-02-005216-4 (éd. complète)
ISBN 2-02-000667-7 (tome 7)

Avant-propos

Après avoir présenté dans le tome 6 de la *Nouvelle Histoire de la France contemporaine* l'évolution générale que la France connaît de 1815 à 1848, dans ses aspects politique, économique, social, culturel et idéologique, ce volume est consacré à une étude régionale de la France au cours de cette même époque de monarchie censitaire.

La vie des régions confirmera en les illustrant les grands traits de l'évolution nationale précédemment décrite, mais elle montrera aussi l'extrême variété d'un pays qui, faute de communications modernes, est encore à unifier. A défaut d'une description complète des diverses régions que nous ne pouvions entreprendre dans ce volume, nous nous sommes efforcés de mettre en valeur les aspects les plus significatifs.

Le découpage des unités socio-géographiques pose un délicat problème (délicat et à nouveau actuel) : à l'exception de l'Ouest, il nous semble que ce sont les villes et les influences urbaines qui créent, dans une France pourtant rurale, les unités les moins arbitraires.

Nous avons ainsi consacré le dernier chapitre de ce volume à l'analyse du fait parisien, qui est en quelque sorte à la fois antithèse et synthèse de la province.

Enfin, nous avons présenté une conclusion générale aux deux volumes.

1
Les pays de l'Ouest

L'Ouest de la France a une personnalité géographique immédiatement perceptible, mais faite d'éléments complexes qui, non seulement n'ont pas tous les mêmes frontières, mais se diversifient en multiples nuances : le ciel incertain et le climat soumis aux influences marines, la présence du massif ancien, celle du bocage et de l'habitat dispersé, la prédominance de la grande propriété nobiliaire ou bourgeoise. Mais l'Ouest évoque aussi les deux grands duchés ethniques de Bretagne et de Normandie, la Vendée dont la Révolution a mis l'originalité en valeur, les marches riches en contrastes de l'Anjou et du Maine.

L'ensemble apparaît aux libéraux du XIXe siècle comme un bloc isolé de vie rurale archaïque, soumis aux nobles et aux prêtres. Pourtant l'isolement n'avait point empêché au siècle précédent la pénétration des campagnes par les courants commerciaux issus de grands ports, ni l'établissement à peu près partout d'une industrie de la toile de lin ou de chanvre qui compléta les ressources d'une vie agricole inégalement douée. Mais le problème, après 1815, était posé de savoir si cette économie liée au commerce lointain pourrait renaître ou se reconvertir, maintenant que les guerres et le blocus avaient pris fin.

Il n'est pas douteux que la masse de la population de l'Ouest voyait s'effondrer avec joie le régime impérial. Et pourtant, contrairement à une opinion courante, peu de régions rurales avaient salué avec autant d'enthousiasme le mouvement de 1789. C'est deux ans plus tard que commençait la longue révolte contre le pouvoir central, la conscription, les lois antireligieuses. Paysans et aussi artisans se retrouvaient bientôt dans le même camp que les nobles qui n'étaient pourtant pas tous des propriétaires patriarcaux. L'emprise de la noblesse sur une partie de ces campagnes, bien que les droits féodaux eussent été relativement légers, semble devoir davantage aux luttes antirévolutionnaires qu'à des traditions d'Ancien Régime. Quoi qu'il en soit, la dominante de la vie politique y est l'affrontement latent entre ruraux et citadins. Napoléon a pacifié et apaisé, mais il n'a obtenu que quelques succès provisoires. Il n'a pu déraciner la vieille haine, nourrie par le souvenir des massacres, des tortures, des assassinats entre les « blancs » qui rassemblent aussi bien le prolétariat rural que le châtelain, et les « bleus » dominant même dans de minces bourgades et dont l'opinion est faite par les bourgeois, acquéreurs de biens nationaux, anciens membres de clubs, ou simplement traumatisés par un passé de fièvre obsidionale. Les premiers verraient volontiers dans le second retour du roi l'occasion de régler définitivement le compte des « patauds », lesquels ont manifesté bruyamment leur joie au retour de l'île d'Elbe et donné au mouvement fédéré un enthousiasme qu'il n'avait guère ailleurs, irritant encore les antagonismes préexistants.

1. La Bretagne

L'originalité de la Bretagne.

Le géographe Malte-Brun se scandalisait en 1853 qu'on parlât encore de la Bretagne et non des cinq départements qui avaient une existence légale. Mauvaise humeur naïve, mais on retrouve des sentiments analogues chez les préfets, surtout sous la monarchie de Juillet : les administrateurs se sentent en Bretagne sans point d'appui; se méfiant des masses aussi bien que des notables, ils prennent l'état d'âme de gouverneurs coloniaux. Quant aux voyageurs romantiques, leur désarroi est patent, surtout lorsqu'ils ont franchi la frontière linguistique. Le manque d'indulgence de Michelet, d'Hugo, de Mérimée, de Flaubert est surprenant et tous pensent peut-être un peu comme Balzac qui, jugeant de la Bretagne par rapport à la France, y voit « un charbon glacé qui resterait obscur et noir au sein d'un brillant foyer ». Stendhal, lui, songe au remède : civiliser cette contrée barbare en y implantant des colonies d'Alsaciens.

Pourtant il n'est guère alors de civilisation paysanne aussi vivante. Une longue tradition l'a façonnée, a amalgamé des éléments divers au cours des âges, mais cette civilisation n'a rien alors de figé. Si prudent qu'il faille être en la matière, elle transmet certainement un très vieux fonds celte de coutumes et de représentations mentales, mais n'a perdu sa faculté d'inventer ni dans le domaine décoratif, ni dans celui de la danse ou de la poésie. Les ateliers locaux de sculpteurs populaires qui se déplacent d'église en église pour réparer les destructions révolutionnaires, font preuve d'une imagination vive et savoureuse. Partout aussi des ébénistes fournissent la clientèle rurale d'armoires ou de dressoirs où les motifs locaux traditionnels inspirent une fantaisie toujours renouvelée.

L'isolement de fermes qui forment généralement de petits hameaux dispersés au milieu du bocage paraît le trait dominant. Nulle part ailleurs, les champs ne forment de telles citadelles avec leurs talus élevés, plantés de grands arbres et hérissés de haies vives. Le bourg, où se trouve l'église, n'est guère qu'un hameau comme les autres. Et pourtant le *plou*, la paroisse, est une cellule vivante. La communauté qu'il constitue est plus vigoureuse qu'ailleurs en pays de bocage et l'autorité du recteur, prédicateur, censeur des mœurs et exorciste, sorti lui aussi de la paysannerie, demeure à peu près incontestée. Toute la paroisse collabore parfois aux grands travaux champêtres et l'entraide rurale prend une forme originale, mêlant labeur et fête : lorsqu'il faut refaire l'aire neuve où le blé sera battu, chacun apporte l'eau et la glaise, fait fouler le sol par ses chevaux, puis la tâche terminée participe aux danses rituelles, gavottes ou jabadaos au son du biniou et de la bombarde.

Mais il y a des solidarités plus larges que celle du plou : celle du clan est l'une des plus importantes. On se sent, par exemple glazik (des environs de Quimper) ou bigouden (plus au sud-ouest), avec une mentalité différente et des traits ethniques propres, dus sans doute à une longue endogamie. Tous les voyageurs savent les Bretons coiffés du chapeau rond d'où s'échappent de longs cheveux tombant sur les épaules et culottés du bragou braz plissé (sur ce point d'ailleurs ils se trompent car l'usage est loin d'en être universel) ; un œil exercé sait reconnaître aux pièces du costume masculin et à ses broderies, aux robes, corsages et coiffes féminines, l'appartenance à tel clan, l'âge ou le rang social de celui ou de celle qui les porte, admirable variété, fluctuante d'ailleurs selon les caprices de la mode, dont sont parfaitement avertis les tailleurs ambulants qui, de ferme en ferme, vont travailler à domicile. Les innombrables foires, les pardons, où le patronage d'un saint renommé réunissent les foules dans des fêtes mi-religieuses, mi-profanes, mettent en contact plusieurs cantons et plusieurs clans. Hormis la messe et la procession, boutiques, beuveries en plein air, épreuves sportives (la « soule » — jeu de ballon —, la lutte bretonne) rappellent la Grèce antique. Mais ces olympiades bretonnes ne se passent pas souvent sans dommage pour l'ordre public : deux clans ou deux paroisses se ruent l'une sur l'autre en poussant leur cri de guerre et laissent sur le terrain des blessés, voire des morts.

La culture populaire se manifeste aussi par la survivance d'une vieille littérature allant des mystères aux cantiques, des chants d'amour aux complaintes populaires. Des bardes mi-poètes, mi-mendiants continuent à les chanter à travers les campagnes. Mais ce qui est nouveau c'est que le grand courant européen de nationalisme culturel atteint la Bretagne et que des intellectuels consacrent leur vie à l'étude et l'exaltation de ses traditions. Un modeste fonctionnaire, Le Gonidec, publie un *Dictionnaire de la langue celto-bretonne* (1821) et une *Grammaire* : il conclut de l'étude des divers dialectes que celui du Léon est le plus pur et va en faire la base de la langue écrite. Après lui, Hersart de la Villemarqué (1815-1895), publie son recueil de chants populaires, *Barzag Breiz* (1838) : La Villemarqué, en réalité un faussaire, donne à la création en langue bretonne une impulsion décisive. C'est cependant en français que le poète Auguste Brizeux (1806-1858) publie ses œuvres maîtresses : la première, *Marie*, recueil de poésies inspirées par des souvenirs d'enfance, paraît en 1840. La participation bretonne au réveil des traditions régionales est donc à la fois précoce et originale.

La vie rurale.

L'exploitation rurale bretonne dépasse rarement 25 hectares. Cependant, il est fréquent qu'elle soit mise en valeur par plusieurs ménages liés par le sang ou l'amitié. La grande propriété l'emporte pourtant largement et la noblesse garde un rôle prédominant dans la possession du sol. La comparaison du nombre des cotes foncières entre 1815 et 1835 montre une évolution divergente de la propriété entre les départements bretons : dans la Loire-Inférieure et les Côtes-du-Nord l'augmentation est très sensible : 19 % et 16 % alors que la moyenne d'accroissement national est de 8 %. Par contre elle est faible dans le Morbihan et dans le Finistère et en Ille-et-Vilaine le nombre des cotes décroît d'environ 4 %.

Le statut juridique des exploitations varie : le métayage demeure assez rare si l'on excepte le bail à complant du vignoble nantais qui partage les fruits entre le propriétaire du fonds et le vigneron, mais assure à celui-ci la perpétuité de l'engagement. Le fermage par contre est très répandu. La Basse-Bretagne connaît aussi un mode de tenure qu'on ne rencontre guère ailleurs : le domaine congéable, que la Révolution a voulu abolir comme « féodal » mais qui est maintenant reconnu comme légal et qui consiste en un partage de la propriété entre le foncier, possesseur du fonds de terre, et le domanier à qui appartiennent les « édifices et superfices », bâtiments, arbres et haies (sauf les grands arbres qui s'y trouvent englobés), herbe même. Le domanier qui peut d'ailleurs louer ce qu'il possède ne peut être évincé par le foncier que si celui-ci rachète sa part de propriété. Ce régime assure la stabilité aux paysans, mais les clauses restrictives de toute nouvelle construction ou de tout aménagement imposées par le foncier apportent des entraves aux progrès agricoles.

Quoi qu'il en soit, l'agriculture demeure pendant toute la première moitié du XIXe siècle fondée, comme par le passé, sur l'équilibre entre les parcelles closes, où l'on cultive les céréales, et la lande semée d'ajoncs (que remplace à de longs intervalles quelque maigre récolte sur brûlis). Certes les champs clos ont gagné du terrain sur la lande et semblent alors atteindre leur superficie maximale, preuve d'une exploitation plus intense. Mais la lande demeure indispensable : l'ajonc fournit la nourriture du bétail et sa litière; il sert d'engrais complémentaire et, à cette fin, on le laisse pourrir dans les chemins creux. Malheureusement la lande est souvent dégradée; les hauteurs de l'Argoat se présentent comme des pâtis presque stériles, battus des vents et hantés des loups, parcourus par quelques moutons chétifs.

La lande dépasse dans le Morbihan et le Finistère, dont l'intérieur est particulièrement pauvre, 40 % de la superficie du sol; dans les autres départements, elle est à peu près de la moitié de cette proportion. Quant aux céréales, souvent cultivées en assolement biennal, le blé ne se rencontre que dans les bonnes terres du bassin de Rennes, près des côtes ou à proximité des voies de communication qui permettent d'amender les sols. Ailleurs dominent le seigle, l'avoine ou le sarrazin.

La ferme est une maison basse et, suivant les régions, construite en granite, en schiste, en torchis, couverte d'un toit de chaume. Elle réunit sous le même toit bêtes et gens mais on commence à s'orienter vers une séparation plus rigoureuse et le Finistère a même des étables distinctes de la maison; cependant la cour, où voisinent purin et mare, les gerbes exposées en plein vent faute de grange, l'outillage rudimentaire (en certains cantons la charrue a un soc et un versoir en bois) demeurent archaïques.

Dans la demeure des hommes, l'âtre qui sert à la fois au chauffage et à la préparation des mets, éclaire davantage l'intérieur que l'étroite fenêtre. La nourriture est frugale : bouillies d'avoine ou de seigle où fond un morceau de beurre, galette de sarrazin, lait frais ou caillé, un peu de lard. Cependant la viande de boucherie apparaît sur les tables paysannes à l'entrée de l'hiver quand il faut sacrifier une partie du bétail et la Bretagne est l'une des provinces qui consomment le plus de viande. Les poissons de mer ou de rivière, de la morue au saumon, donnent aussi une nourriture d'appoint. Le cidre et, dans le pays nantais, le vin blanc ont remplacé l'eau propagatrice d'épidémies. La consommation d'eau-de-vie croît rapidement; au XIXe siècle, l'ivrognerie des Bretons est un lieu commun; seul le Normand Flaubert les trouve sobres.

Il est certain que l'économie agricole, moins repliée sur elle-même qu'on ne croit, peut assurer, malgré la hausse des fermages, quelque liquidité aux paysans. Le froment quand on peut le cultiver, l'élevage surtout procurent des ressources : par exemple le Finistère en 1838 pour 40 000 ou 50 000 exploitations a 100 000 vaches, 33 000 bœufs, 40 000 veaux, 73 000 chevaux.

Cependant cette aisance est fragile. Elle ne touche que les fermiers, groupe privilégié. Les journaliers ou les domestiques, très nombreux, ont de faibles salaires et habitent de sordides masures. Mais il est plus misérable : les mendiants qui sillonnent les routes ou vont grossir les indigents des petites villes. Le paupérisme semble s'être aggravé et les crises économiques déracinent parfois des villages entiers de cantons pauvres : dans *les Derniers Bretons*, Émile Souvestre a dépeint de façon saisissante l'invasion du Léon par les habitants affamés de la Cornouaille en 1816. Il souligne par là même que la Bretagne est un ensemble de petits pays contrastés. Physiologiquement même, il n'y a rien de commun entre la côte nord avec ses marins solides et ses filles bien plantées et les êtres rachitiques de certains cantons de l'intérieur. Et, d'une manière générale, c'est entre l'Armor et l'Argoat que se trouve le contraste essentiel.

Sans doute, la banlieue de Rennes et surtout celle de Nantes présentent-elles une agriculture plus riche et cette dernière surtout voit alterner les cultures maraîchères, les vignobles, les prairies sur les bords ou les îles de la Loire, mais les cantons qui se développent le mieux en Bretagne sont ceux qui bénéficient des alluvions, du climat ou des engrais marins. Le meilleur exemple de l'avance des régions côtières est sans doute alors le Léon : productrice de blé, la région de Roscoff et de Saint-Pol expédie des légumes dans tous les ports de l'Ouest de la France, en Angleterre, aux Pays-Bas et, à partir de 1830, à Paris. La valeur de la terre y passe de 1 500 F l'ha en 1820 à 3 500 en 1845. Déjà aussi Plougastel se spécialise dans la production des melons et des fraises, Pont-Aven dans celle des arbres fruitiers. L'avance du Léon se manifeste encore sous la monarchie de Juillet par l'introduction des fourrages artificiels. La pomme de terre y a déjà pris une place importante avec la multiplication de son satellite, le cochon.

Cependant la vie rurale de la Bretagne n'arrive pas à trouver son équilibre. Les guerres de la Révolution et de l'Empire ont fermé aux toiles bretonnes les débouchés d'outre-mer et à ce déclin du commerce d'Afrique et des îles d'Amérique s'ajoute la concurrence croissante du coton, bien meilleur marché. Certes au début de la monarchie de Juillet, la Bretagne donne encore le huitième de la production française de lin et de chanvre. On file toujours aux veillées et artisans et cordiers restent nombreux. Mais le déclin n'en est pas moins irrémédiable et chasse la population pauvre des campagnes.

D'autant plus que la Bretagne, proportionnellement aux ressources de son sol, est surpeuplée : environ 2 200 000 habitants au début du siècle, 2 794 000 en 1846. Sous la monarchie censitaire, la progression est à peu près égale à la moyenne française car, si la natalité reste élevée, la mortalité est restée forte elle aussi. Mais le point de départ était particulièrement élevé et la densité atteint 81 habitants au km² en 1846, alors que la densité moyenne de la France est de 67.

Or c'est seulement vers cette dernière date que la solution à ce surpeuplement breton va se déclencher : l'émigration, à peine amorcée dans les années précédentes dans la région de Rennes, va devenir massive. Solution sans doute regrettable, mais que l'insuffisance des autres ressources explique largement : l'économie rurale du XVIIIe siècle fondée sur l'association de la culture et de l'industrie à domicile n'a pu se reconvertir.

L'industrie, les moyens de transport et la pêche.

Les autres activités industrielles ne permettent pas de compenser, en absorbant l'excédent de population rurale, le déclin de l'industrie textile. Les annuaires signalent la variété des ressources du sous-sol et indiquent les carrières de granite, de porphyre, d'ardoise, les mines de fer, de zinc, d'étain, de plomb argentifère. On y trouve mention de nombreuses forges et de hauts fourneaux. Mais les gisements étaient médiocres, le combustible manquait, les forêts étant déjà très réduites et la houille ne se trouvant qu'en maigres filons qu'on avait partout cessé d'exploiter avant 1848. La métallurgie de la Bretagne intérieure n'offrait d'emploi qu'à des entreprises modestes, qui survivent grâce à la protection douanière ou au début de la construction des chemins de fer, mais qui disparaîtront dès que la province sortira de son isolement. Les mines de plomb argentifère de Poullaouen et du Huelgoat, les plus importantes de France, ne sont qu'une exception apparente.

Les seules industries d'avenir sont celles situées sur les côtes, chantiers navals des grands ports, fonderies d'Hennebont appelées à un large avenir, fonderies et laminoirs d'Indret, créés en 1774 par l'Anglais Wilkinson, sur une île de la Loire en aval de Nantes pour faire des canons et qui fabriquent à partir de 1827 des machines à vapeur pour les navires, ce qui deviendra la spécialité unique de la société de la Basse-Indre qui reprend l'entreprise en 1839. Ainsi la côte bretonne dont l'agriculture est plus riche que celle de l'intérieur devient aussi la région industrielle essentielle.

Il est vrai que c'est aussi la seule où un trafic de denrées pondéreuses est aisé. En nul autre domaine n'apparaissent aussi clairement les impératifs militaires qui ont guidé le pouvoir. Les routes des intendants du XVIIIe siècle, au nord et au sud, conçues pour la défense des côtes, desservent les petites villes des fonds d'estuaires mais courent vers Brest et Audierne en négligeant les centres agricoles. Napoléon conçoit un réseau de canaux qui ne sera achevé que sous la monarchie de Juillet : canal du Blavet, de Nantes à Brest, d'Ille-et-Rance. Il s'agit avant tout de se protéger de la flotte britannique et l'influence de ces voies d'eau demeurera secondaire. La loi du 27 juin 1833 crée dans 8 départements de l'Ouest dont l'Ille-et-Vilaine et la Loire-Inférieure, un réseau stratégique pour surveiller le pays chouan à la suite de l'équipée de la duchesse de Berry, mais c'est seulement en 1837 qu'on décide de construire une route intérieure de Rennes à Brest. En fait il faut attendre le milieu du siècle pour que la Bretagne soit rattachée à la circulation générale. Aussi le cabotage demeure essentiel, anime les plus petits ports et forme un pourcentage élevé du tonnage nantais. Le transport des voyageurs se fait aussi grâce au bateau à vapeur.

La pêche, en 1814, a repris ses activités : la pêche lointaine se concentre sur la côte nord où les ports du golfe de Saint-Malo et de la baie de Saint-Brieuc envoient chaque année des morutiers vers Terre-Neuve (la pêche à la baleine dans le Pacifique n'étant plus qu'une exception, pratiquée par la maison Dobrée de Nantes). Ailleurs, sur l'Atlantique, mais débordant plus qu'aujourd'hui sur la Manche, la pêche côtière à la sardine est la spéculation principale; du Conquet au Croisic, 15 000 familles en vivent. Pour une large part, les sardines sont pressées dans des barils et ainsi livrées par les « presseurs » du Croisic, de Douarnenez, de Concarneau, aux grossistes de Nantes, La Rochelle, Bordeaux, Bayonne ou Sète. Mais dès 1834, le procédé de conservation d'Appert utilisant des boîtes de fer-blanc est appliqué à Nantes au poisson. Vingt-cinq ans plus tard presque tous les ports de la Bretagne du Sud sont pourvus de friteries et de conserveries, monopole qu'ils vont conserver près d'un demi-siècle. Les autres ressources de la pêche sont moins importantes : ramassages d'huîtres plates qui ont déjà fait la réputation de Cancale, capture du homard près des récifs...

A la fin de la période, des stations balnéaires reçoivent chaque été des visiteurs (Saint-Quay-Portrieux, Le Croisic).

Les villes. La région nantaise.

La Bretagne n'est pas le pays à très large prédominance rurale que l'on pourrait supposer. En 1836, dans aucun département breton le pourcentage de la population rurale n'atteint 68 %. Il est nettement supérieur à ce chiffre dans tous les autres départements de l'Ouest à l'exception de la Seine-Inférieure. L'imperfection des statistiques en est partiellement la cause. Cependant l'Armorique possède de très nombreuses petites villes, non seulement au fond de ses estuaires, mais aussi à l'intérieur. Une bourgeoisie de fortune médiocre, des négociants et artisans nombreux, des indigents qui harcèlent le voyageur de leurs demandes d'aumône, s'y sont fixés. La mentalité y est très différente de celle du monde rural et les habitants sont, par la diligence, tenus au courant de la vie politique; ils ne portent plus le costume traditionnel et, en Basse Bretagne même, savent le français : les bleus constituent un parti actif à Guingamp ou à Pontivy.

Rennes demeure une capitale modeste qui n'atteint pas 40 000 habitants, ville administrative animée surtout par la turbulence de ses étudiants en droit et en médecine, hostiles au régime des Bourbons. Le port de Lorient ne s'est pas relevé de la faillite de la Compagnie des Indes, il ne sort que lentement du marasme au cours de la Restauration. Quant à Brest, c'est une colonie implantée à l'Ouest de la Bretagne, qui vit de sa vie propre contrôlée par la marine militaire : l'arsenal, les chantiers, le bagne. Deux populations s'y trouvent en symbiose : les Bretons qui dominent parmi les ouvriers de l'arsenal, les étrangers où se recrute l'essentiel de la bourgeoisie et du commerce. La population dépendant de la marine, militaires et chiourmes, avec près de 10 000 individus, forme plus du quart de la population totale. Brest, un peu délaissé pour Toulon à cause du développement de la politique méditerranéenne de la France, apparaît donc comme un corps étranger enkysté dans la province. La bourgeoisie y est ardemment libérale et la mission organisée en 1819 suscita des réactions d'un anticléricalisme si virulent qu'on dut l'interrompre.

La grande ville demeure Nantes qui, pendant toute notre période, est la sixième ou septième ville française et le quatrième port du pays; atteignant, en 1846, 94 000 habitants, située au fond de l'estuaire de la Loire dans un site facile à franchir, elle bénéficie du double avantage du croisement d'une route terrestre et d'une route maritime et d'être à la jonction de la navigation fluviale et de la navigation atlantique. Depuis le XVIIIe siècle le quartier Graslin proche du quai de la Fosse est le centre du grand commerce maritime. Mais, sur le fleuve « aux sept bras enchaînés d'une chaîne de ponts », Nantes occupe aussi en partie les îles : quartier résidentiel riche de l'île Feydeau, taudis de l'intérieur de la Gloriette; ailleurs moulins, sucreries, fabriques d'indiennes. Mise en sommeil par le blocus sous l'Empire, elle a perdu le commerce de Saint-Domingue et la traite des Noirs ne peut plus être qu'une opération clandestine. Ce n'est qu'en 1830 que le port retrouvera le mouvement d'affaires de 1790.

En ce qui concerne le traditionnel commerce colonial, les relations avec l'île Bourbon n'ont pu compenser le déclin relatif du commerce avec les Antilles (en 1828 le port a reçu 31 navires de la Guadeloupe, 28 de la Martinique, 28 de Bourbon). Par contre le commerce avec l'étranger se développe : les houilles anglaises (dont l'importation atteindra 63 735 tonnes en 1847), la fonte et les fers, les bois, les engrais figurent à côté du sucre, du café, du riz, du coton. Les exportations sont essentiellement des objets fabriqués; le sel (de la région du Croisic), les vins jouent surtout un grand rôle dans le cabotage. Mais dès la Restauration, les difficultés de la renaissance commerciale ont conduit les capitaux à s'investir dans l'industrie. L'industrie de Nantes et de sa région comprend en 1838, 25 filatures de coton, 31 fabriques de tissus, 12 chantiers de construction navale, 17 forges de marine, 9 fonderies de cuivre ou de fer, 13 raffineries, 5 conserveries.

Si la population de la ville est partagée politiquement (le 29 juillet 1830, les libéraux n'attendent pas les résultats de la révolution parisienne pour se soulever), sa bourgeoisie commerçante sous la monarchie de Juillet est unanime à lutter pour empêcher qu'on favorise le sucre de betterave (après de longs efforts, l'égalité fiscale sera obtenue en 1843), pour que les droits à l'importation des houilles ne favorisent pas les ports de la Seine : elle tente d'arracher aussi au Havre une part des nouvelles grandes lignes transatlantiques. Son maire, Ferdinand Favre, les députés Dubois et surtout Billault, avocat et gendre du président de la Chambre de commerce, Ducoudray-Bourgault qui, à la fin du régime, s'impose comme un des grands *debaters* de la Chambre, s'y emploient avec ardeur.

L'âpreté au gain de la bourgeoisie n'est pas seule en cause. Nantes a une classe ouvrière nombreuse, toujours au bord de l'indigence, vivant dans des mansardes ou d'effroyables caves, et débordant dans de misérables faubourgs. Dès 1828, on dénombre plus de 16 000 ouvriers, dont ceux du textile sont dans une condition particulièrement précaire; les salaires ont tendance à baisser et la crise de 1846-1847 sera terrible (15 000 à 20 000 individus ne peuvent survivre que grâce à la charité municipale ou privée).

Une cité active qui tente les reconversions indispensables mais aux prises avec de redoutables problèmes géographiques ou sociaux qui rendent son redressement précaire, telle apparaît donc Nantes à la veille de 1848.

Vers l'intérieur les relations de Nantes se font en partie par la Loire : les traditionnelles « sapinières » apportent des denrées depuis Roanne; elles sont débitées en planches à leur arrivée à Nantes. Mais, dès 1822, le bateau à vapeur apparaît dans l'estuaire; bientôt s'établit un service de voyageurs pour Angers; en 1825 on peut envoyer des marchandises par eau vers Paris. Les routes permettent aussi des services rapides de diligence (pour Paris, en 1830, on met 48 heures par Le Mans, 54 heures par la levée de la Loire); d'autres services existent pour Rennes, Bordeaux,

Quimper. Le roulage des marchandises est bien entendu beaucoup plus lent : 16 jours pour Paris, 7 en roulage accéléré. Mais un grave problème assombrit l'avenir de la ville : l'ensablement de l'estuaire qui force à rompre la charge de denrées pondéreuses à Paimbeuf (d'où des allèges assurent les transports pour Nantes); ce problème attire l'attention sur le site de Saint-Nazaire à partir de 1838. On pense à le joindre par un canal, mais l'attente du chemin de fer qui atteint Le Mans et la Touraine et qui atteindra Nantes en 1850, fait ajourner toute autre solution.

2. La Normandie

Elle est, pour les Parisiens, bien plus proche et familière que la Bretagne. Certes la Normandie a son particularisme et la mentalité des habitants des deux provinces se rapproche souvent : mêmes pratiques de sorcellerie, cultes analogues de saints guérisseurs; même sympathie des masses pour la chouannerie qui, tout en laissant des séquelles de brigandage, s'est prolongée en une sorte de résistance passive sous l'Empire sans que les « bleus » des villes aient réagi aussi vivement qu'en Bretagne. Mais la Normandie n'oppose pas au visiteur l'écran d'une culture paysanne cohérente. Elle se contente d'être pittoresque avec ses paysans en blouses et en bonnets de coton, les coiffes de dentelles de ses femmes popularisées par la gravure, ses monuments gothiques mis à la mode par la sensibilité romantique.

On parvient vite de Paris dans les villes normandes: en 15 heures la diligence vous conduit à Évreux; en 23, la malle-poste à Cherbourg. Quant à Rouen, Jouy, « l'ermite de la Chaussée d'Antin », s'enthousiasme en 1824 pour ces « voitures qui partent presque à chaque heure du jour et de la nuit de Rouen pour Paris et de Paris pour Rouen. Cette grande cité semble devenir par les relations un faubourg de la capitale. On ne met guère plus de temps aujourd'hui pour aller à Rouen qu'on n'en mettait autrefois pour aller à Versailles ou à Saint-Germain... » De fait, par la route la plus courte, celle du plateau, on va à Rouen en 12 heures.

Il est vrai que cette rapidité des transports n'existe que sur des itinéraires bien déterminés. L'Empire a laissé les routes secondaires en piteux état et elles ne seront refaites qu'à la fin de la Restauration. Et c'est plus tard, sous la monarchie de Juillet, que la campagne se soudera peu à peu à la circulation générale. Du témoignage de Jouy, il faut rapprocher une lettre de Tocqueville de 9 ans postérieure, écrite de son château sis dans le val de Saire, à l'est de Cherbourg : « Jamais depuis des siècles une voiture n'est entrée dans la cour du château. La raison en est simple. Aucun chemin praticable ne saurait y mener. On ne connaît à six lieues à la ronde que des sentiers boueux dont un homme à cheval ou à pied peut seul se tirer. Aucun courrier n'y passe; un journal est une chose inconnue dans le pays... »

La Normandie dans son ensemble n'en apparaît pas moins comme un pays actif et prospère. Jules Janin en 1844 remarque que, bien que n'occupant que le dix-septième du territoire national, elle possède le douzième de sa population et produit le neuvième de son revenu, versant 103 millions d'impôts.

Une comparaison avec la Bretagne met pleinement en valeur sa richesse relative. Les mêmes statistiques agricoles de 1836 qui estiment à 40 % du sol cultivable les landes, bruyères et friches de deux départements bretons, ne donnent qu'une proportion de 2 à 3 % pour les départements normands, sauf la Manche.

Mais il est entre les deux provinces d'autres contrastes : tout d'abord un décalage dans l'évolution démographique. La Normandie apparaît au début de la Restauration comme une région densément peuplée et dont la population croît rapidement : en 1831, 2 582 000 habitants, soit une densité de 92 au km²; mais cet accroissement se ralentit après cette date, et l'arrondissement de Coutances, certains cantons du Calvados se dépeuplent déjà, en 1846, l'Eure accuse une perte d'habitants par rapport à 1841. Et, de 1846 à 1851, seule la Seine-Inférieure a légèrement accru sa population, l'ensemble de la province ayant perdu plus de 17 000 habitants. La Bretagne, moins peuplée de 163 000 habitants en 1821, de 31 000 en 1841, la dépasse de 67 000 en 1846, de 130 000 en 1851. Certes la Normandie à cette date a encore 95 % du nombre des habitants de sa voisine pour 86 % de sa superficie, mais avec des ressources supérieures. Plus tôt que les Bretons, les Normands ont fourni leur contingent à la formation de la population parisienne.

L'évolution économique elle aussi oppose les deux provinces. Au XIXe siècle, la Bretagne n'a pu reconvertir ses activités artisanales et est devenue plus exclusivement agricole qu'au XVIIIe siècle. La Normandie au contraire connaît une renaissance et son évolution se poursuit au rythme heurté de la révolution industrielle.

La vie locale n'est pas non plus la même. Plus diversifiée, on n'y trouve pas l'opposition entre la frange maritime et l'intérieur. Certes la Normandie a une côte active et expédie à Paris les produits de la pêche côtière : à côté des maquereaux et des harengs, les poissons plats, crevettes, huîtres de Courseulles, Granville ou Saint-Vaast, mets appréciés des tables de la capitale; sur les « nielles » de la côte occidentale du Cotentin on cultive les primeurs ainsi que dans le val de Saire, dont les choux-fleurs en 1845 connaissent à Paris une véritable mode; pourtant ce n'est pas l'utilisation de l'engrais marin qui marque ici les limites d'une région plus riche, mais les grasses prairies ou les champs de l'intérieur qui se prolongent jusqu'aux plages et aux falaises.

Au centre de la province, s'opposent de petites plaines, riches d'eaux vives, de verdure et d'arbres comme le pays d'Auge, et des plateaux calcaires comme la plaine de Caen. Mais au sud et à l'ouest, on retrouve le massif armoricain accidenté de bocages, plus sombre, plus archaïque, moins industrialisé. C'est en résumé entre l'ouest et l'est que réside le contraste essentiel : là, la voie royale de la Seine, le rayonnement de Rouen, incomparablement plus large que celui de Nantes son symétrique breton, animent une partie de la province. Devant les défis successifs d'une économie dont l'évolution s'accélère, la Basse-Seine est pour la Normandie une réserve d'hommes, de capitaux et d'idées permettant les ripostes nécessaires.

La vie rurale.

Le recensement de 1836 donne des proportions de population rurale supérieures à la moyenne française (74,8 %) dans quatre départements normands (de 78,8 à 88 %), la Seine-Inférieure pour son compte n'ayant que 66,5 % de ruraux. Le trait dominant de l'évolution des années suivantes est la rapide urbanisation de l'Orne (parallèle à celle des départements du Maine), où les villes groupent en 1851, 30,3 % du total au lieu de 17,8 % en 1836. Mais, dans l'ensemble, la vie rurale demeure prédominante.

Comme le paysage, l'habitat varie d'une région à l'autre : gros villages aux belles maisons de calcaire des plaines de l'Eure, fermes à cour du Vexin, bâtiments de torchis et en colombage dispersés dans la « masure » plantée de pommiers et entourés d'un fossé quadrangulaire du pays de Caux, etc... Cette variété n'empêche pas certains problèmes communs : si les toits de chaume demeurent prédominants, l'ardoise gagne pourtant du terrain sous l'impulsion des compagnies d'assurance contre l'incendie.

Le terroir cultivé n'offre guère lui aussi qu'un trait commun : le morcellement des parcelles. M. Vidalenc a noté par ailleurs la disparité entre les modes de propriété et ceux d'exploitation du sol. D'une manière générale, la grande propriété noble ou bourgeoise reste importante à notre période et il semble que la noblesse tente, comme en d'autres provinces, de regagner ce que la Révolution lui a fait perdre. En tout cas, de façon variable suivant les lieux, les grands propriétaires s'intéressent souvent au progrès agricole, peuplent les sociétés savantes — telle l'Association normande qui s'intéresse à la fois à l'archéologie et à l'agriculture — ferment actif d'évolution qui entraîne la Normandie vers une agriculture de rendement.

Presque partout cependant, la propriété moyenne subsiste, et surtout il existe une micropropriété — en particulier dans les vallées — aux mains des ouvriers agricoles ou des artisans qui trouvent dans un clos de légumes ou de lin, un appoint à leur salaire. Les économistes libéraux ont admiré ce système qui aurait été pour les classes laborieuses un encouragement à l'épargne et au travail. En fait, il n'a guère eu pour effet que de rendre les crises frumentaires moins meurtrières et de freiner — au prix de souffrances croissantes — l'exode rural quand les industries à domicile ont été condamnées par l'évolution générale. Quoi qu'il en soit, l'exploitation rurale est souvent de grande dimension, tenue à ferme en tout ou en partie, employant des domestiques engagés lors des foires et des journaliers, le faire-valoir direct lié à des exploitations plus modestes l'emportant seulement dans le département de la Manche.

La production de céréales demeure une spéculation importante. Elle est bien entendu beaucoup plus lucrative, avec le blé comme base, dans les campagnes calcaires : l'assolement traditionnel, blé-orge ou avoine-jachères, garde de solides positions dans les plaines de l'Eure. Mais dans le Vexin et le pays de Caux la jachère disparaît à peu près au milieu du siècle et vers 1820, elle n'occupe déjà plus que le 1/12 ou le 1/16 des terres. L'assolement triennal devient sexennal dans le pays de Caux, le blé étant cultivé la première et la quatrième année, suivi la première fois d'avoine et de trèfle, la seconde de colza ou de lin, puis de betteraves fourragères et de pommes de terre. Les céréales de base sur le massif ancien, où l'on pratique l'assolement biennal restent le seigle et le sarrazin, le paysan demeurant fidèle à la trilogie galette, lard, soupe à la graisse. Mais là aussi on observe un décalage entre le département de l'Orne resté plus routinier et la Manche qui se spécialise de plus en plus dans l'élevage.

A côté des céréales, la Normandie continue à connaître des cultures liées à sa vocation industrielle, entraînant des cycles agricoles originaux. Le lin, très répandu comme dans tout l'Ouest au XVIIIe siècle, doit maintenant se limiter aux quelques cantons dont le climat humide lui est particulièrement favorable; le chardon à carder qui lui succède voit son essor brisé par l'introduction de cardes métalliques; le colza, par contre, répandu dès l'Empire, après une crise au début de la Restauration, demeurera largement rentable jusqu'au milieu du siècle; utilisé à la fois dans la confection des draps et pour l'éclairage, sa culture ne recevra un coup décisif que de la diffusion du pétrole.

Le vignoble, répandu un peu partout jadis, est en plein déclin, ne gardant des positions appréciables que dans la vallée de la Seine. Faut-il le regretter? En 1835, Jules Simon, qui goûte le vin de la campagne de Caen, nous donne son impression : « Mettez ensemble tous les verjus et tous les vinaigres... vous n'arriverez pas à la saveur diabolique qui fit jaillir les larmes de mes yeux. » Par contre les vingt premières années du siècle voient partout les progrès très rapides des pommiers, dont le fruit donne à la fois la boisson courante et des cidres de qualité comme ceux de la vallée d'Auge. Partout aussi cette diffusion s'accompagne de la fabrication d'eau-de-vie dont la production fermière est impossible à chiffrer et alimente les derniers navires négriers qui, clandestinement, se dirigent du Havre et de Honfleur vers les côtes d'Afrique.

L'élevage joue un rôle croissant dans l'économie agricole. Cela, même sur les plateaux calcaires : au début de la Restauration, le maréchal de camp de Polignac et d'autres capitalistes, forment de grands troupeaux de mérinos qui, confiés aux fermiers, paissent les jachères et fournissent une laine de qualité aux draperies d'Elbeuf et de Louviers. La reconstitution du troupeau espagnol après 1820 rendit — bien avant l'arrivée des laines exotiques — cette spéculation peu lucrative. On s'oriente alors vers des croisements avec les béliers anglais Dishley pour former un animal pouvant donner à la fois de la viande et de la laine à carder. On n'y réussit guère. Des tâtonnements marquent aussi l'histoire du cheval normand à cette période : décimées par l'Empire, les vieilles races du XVIIIe siècle disparaissaient; c'est le Perche qui, vers 1830, créera l'animal vigoureux approprié aux charrois de liaison du début de l'âge des chemins de fer.

L'élevage des bovins demeure la spéculation essentielle. La Normandie reçoit de jeunes bêtes ou des bœufs maigres du Maine, du Poitou et du Berry et les engraisse. La réputation pour l'embouche du pays d'Auge, déjà ancienne, reçoit une éclatante confirmation du célèbre bœuf gras de 1846 (2 m 46 au garrot!). Des troupeaux partis de la Manche, grossis en route de nouveaux contingents, s'acheminent lentement vers les marchés de Poissy et de Sceaux. Mais les produits laitiers sont d'une aussi grande importance : Isigny collecte dans un large rayon les beurres barattés et salés à la ferme et les expédie par eau vers la capitale et, à partir de 1845, vers l'Angleterre; le marché de Gournay, dans le pays de Bray, traite chaque mardi 10 000 kg de beurre et 80 000 œufs; la nuit suivante 40 ou 50 voitures en acheminent l'essentiel vers Paris. Les fromages normands (le camembert acquiert alors sa notoriété) s'exportent aussi au loin. S'il demeure dans le bocage normand des contrées archaïques où l'on vit chichement et dont une partie des habitants émigrent comme rétameurs, marchands d'habits ou chasseurs de taupes, ailleurs l'agriculture est largement commercialisée.

La vie industrielle et urbaine.

La Normandie est aussi une région industrielle ancienne en pleine mutation. L'industrie métallurgique y était importante à la fin du XVIIIe siècle, la province constituant alors avec la Franche-Comté et la Champagne, l'un des trois grands foyers sidérurgiques français. Les hauts fourneaux et les forges étaient entièrement aux mains de la noblesse et de quelques abbayes, et la présence du minerai et de grandes forêts les avaient fixés surtout dans le pays d'Ouche, le Perche, le Bocage. Cette métallurgie, entre 1815 et 1848, s'est transformée. Les entreprises ont souvent changé de mains, de nouveaux établissements se sont créés. La sidérurgie traditionnelle (fonte au bois et fers forgés par des marteaux mus par des roues hydrauliques) garde cependant des positions solides jusqu'au milieu du siècle. Le fait saillant est l'essor du groupe de la haute Risle; il comprend des usines modestes, mais groupées sous une même direction, par exemple l'entreprise Palyart qui, avec ses 16 forges, constitue la 10e entreprise française. La fortune du comte Roy, ministre des Finances de la Restauration, l'une des plus grosses de France, unit forêts et métallurgie normandes.

Mais, à côté de ces entreprises traditionnelles, se sont constituées des forges à l'anglaise, important des Iles britanniques charbon et ferrailles, fondées avec des capitaux anglais, et parfois de direction anglaise. Leur localisation, imposée par leur approvisionnement en denrées lourdes, s'est fixée dans la Basse-Seine, essentiellement dans le triangle Le Havre-Rouen-Pont-Audemer. Ces usines sont de grandes unités de fabrication intégrées; leur chiffre d'affaires est très supérieur à celui des entreprises d'ancien type et les deux établissements York l'emportent même à ce point de vue sur les seize entreprises Palyart. A côté de la sidérurgie, les fonderies de cuivre — parmi lesquelles celle de Romilly-sur-Andelle, la plus puissante de France — utilisent du minerai importé d'Europe orientale. La pénurie de houille (bien que la seule mine normande, celle de Littry, soit vers 1840 à son maximum d'exploitation) n'a donc pas empêché la constitution d'un groupe métallurgique moderne doublant le groupe ancien.

Les produits de cette métallurgie de base sont utilisés dans une métallurgie secondaire, très diversifiée et très spécialisée : épingles et clous de Rugles et de Laigle, coutellerie de Mortain, chaudronnerie de Villedieu-les-Poêles, cloches de Sourdeval, quincaillerie de Tinchebray, etc. Presque partout, on travaille dans de petits ateliers ou même à domicile et on emploie une main-d'œuvre qui reste largement rurale.

Plus que la métallurgie, l'industrie textile prend dans certaines régions un rôle économique prépondérant. Cependant, et pour les mêmes raisons qu'en Bretagne, le rôle du lin a diminué. La filature au rouet dans les fermes n'a pas complètement disparu et le travail patient des dentellières, jadis répandu par les modes du XVIIIe siècle dans toute la province, ne subsiste guère que dans la région de Bayeux ou le pays de Bray; des filatures alimentent les métiers traditionnels où l'on continue à fabriquer des toiles; ce n'est qu'en 1840 que le métier Jacquard y sera appliqué à la fabrication des coutils. Par contre la draperie connaît dès les premières années de la Restauration un remarquable essor. Elbeuf, cantonné sous l'Empire au drap d'uniforme, reprend les fabrications de nouveautés en 1825; dans les 15 ans qui précèdent 1842 les manufactures y sont passées de 60 à 125, animant 3 000 métiers, dont le tiers à la campagne, employant 17 000 ouvriers (dont 2 500 enfants); la valeur de la production d'Elbeuf représente plus de la moitié de celle de la production nationale de draps. Louviers, de son côté, possède 40 tissages, 500 métiers, emploie 6 000 ouvriers. Bien qu'associées sur bien des points, les deux villes entrent en concurrence à la fin de la monarchie de Juillet pour la possession d'un chemin de fer qui leur échappera également. La laine brute qu'elles travaillent provient de Beauce, de Brie, de Picardie, mais aussi d'Espagne et d'Allemagne. Elles expédient des draps en Suisse, en Espagne, en Italie, au Mexique.

Dès le XVIIIe siècle, les « rouenneries », contrefaçons d'« indiennes », ont acquis une grande célébrité. Sous la Révolution et l'Empire, les mule-jennies se sont répandues éliminant la filature au rouet. Après 1815, on les trouve dans les vallées proches de Rouen, utilisant la force hydraulique : en 1840, 40 filatures sur les bords du Robec et de l'Aubette, 127 sur la rivière de Clères et de ses affluents. Les 317 000 broches recensées en 1837 fournissent du travail aux navettes de 52 650 tisserands dispersés dans une aire beaucoup plus vaste allant du Neubourg à la Picardie, mais atteignant une densité maxima en Seine-Inférieure dans le quadrilatère Fécamp-Bolbec-Yvetot-Tôtes où les villages possèdent plus de 100 tisserands chacun. Des voituriers assurent la liaison hebdomadaire entre ces villages et les marchands-fabricants rouennais, et l'ouvrier tisserand ne s'interrompt guère dans sa tâche qu'à l'époque de la moisson. Travaillant dans des conditions moins insalubres que le tisserand en toile qui vit dans une cave humide, il est médiocrement payé en comparaison de l'ouvrier des filatures ou du tisserand en drap. Après le règne de Louis XVIII, l'évolution plus rapide des métiers mécaniques dans l'industrie cotonnière le menace déjà : le premier tissage mécanique est apparu à Fécamp en 1825 et en 1834 il y a 600 métiers mécaniques dans le département de la Seine-Inférieure. La zone côtière voit les métiers à main s'arrêter au lendemain de la crise de 1839, ailleurs leurs jours sont comptés...

Il serait fastidieux d'énumérer les autres industries normandes. Certaines déjà déclinent qui aujourd'hui ont disparu : salines de la baie du Mont-Saint-Michel, papeteries, verreries...

Cette commercialisation relative de l'agriculture et de l'industrie se traduit, compte tenu de la lenteur des communications avant le chemin de fer, par la multiplicité et l'animation des foires. Consacrées à la vente du bétail (Guibray, près de Falaise, Lessay, Le Neubourg, etc.) elles voient souvent toutes sortes de transactions et se traduisent par exemple à Lessay par l'érection pour 3 jours, d'une ville provisoire de toile avec des rôtisseries en plein vent. Les villes sont à quelques exceptions près (Valognes, l'aristocratique Versailles normand) d'actifs marchés, animées en outre d'une vie industrielle propre.

Cherbourg doit être mis à part : sa progression est due à son rôle de base maritime militaire et à ses chantiers navals. Caen dont les progrès sont modestes (37 200 habitants en 1821, 44 000 en 1846) demeure une ville bourgeoise, universitaire, administrative. Mais son port s'envase et le canal qui doit le relier à la mer, décidé en 1837, s'achèvera en 1857. Un projet de canal qui aurait joint l'Orne à la Loire fut abandonné en 1841.

La construction du chemin de fer dont le réseau étoilé reproduisait celui des anciennes routes royales du XVIIIe siècle passait alors en priorité. Dans cette perspective, Rouen devait être le premier servi. Le chemin de fer Paris-Rouen fut ouvert en 1843, prolongé, malgré les efforts des Rouennais, jusqu'au Havre en 1847.

En effet, Le Havre, où tout aspect militaire avait disparu, se posait en rival commercial de Rouen, monopolisant l'entrepôt des cafés sous la Restauration, devenant le point de départ de lignes de navigation à vapeur pour la Hollande, l'Allemagne, l'Angleterre. Le chemin de fer construit, le premier service transatlantique pour New York s'y fixa. Mais si Rouen perdait la clientèle des longs courriers, il gardait celle des caboteurs provenant de la vaste zone qui s'étend de Saint-Pétersbourg à Naples. Dans les années 1840-1842, à la veille de l'établissement du chemin de fer, le trafic annuel du port dépassait 337 000 tonnes. Rouen n'était pas seulement un centre de ravitaillement régional, mais le point de départ d'un important trafic fluvial pour la capitale. Les travaux accomplis en 1835 permettaient d'utiliser des péniches de 1,80 m de tirant d'eau, certaines de 600 tonnes. 800 navires y prenaient part et un service à vapeur régulier reliait chaque jour en 22 heures Rouen à Maisons-Laffitte. Cependant le port maritime était menacé : les navires de haute mer de 300 tonnes et calant 3 m pouvaient seuls remonter l'estuaire en suivant un chenal difficile jalonné de carcasses échouées, ce qui nécessitait les services d'un pilote depuis Quillebeuf, ou une rupture de charge au Havre ou des allèges faisant la navette avec Rouen. C'étaient là des conditions incompatibles avec le développement de la navigation à vapeur et il fallait en outre faire face à la concurrence prévisible des chemins de fer vers le Nord de l'Europe.

Rouen demeurait en 1848 un grand importateur de denrées brutes ou alimentaires, houille anglaise ou du Nord, bois de Russie, laine d'Espagne et d'Italie, coton et laine d'Amérique, vins du Bordelais, poissons salés ou fumés de Hollande, denrées coloniales (riz, sucre, tabac, épices). Il exportait beaucoup moins : des cotonnades (le quart de la production française), des céréales, des beurres et poissons normands, des articles de Paris.

Rouen était la 5e ville de France avec 87 000 habitants en 1831, presque 100 000 en 1848. La vieille noblesse parlementaire y avait perdu son influence. Une bourgeoisie industrielle et commerçante, cossue et terre à terre, dirigeait désormais les destinées de la ville.

3. Les pays de bordure du massif Armoricain

Les contrastes régionaux.

Les vieilles provinces du Maine, de l'Anjou, du Poitou regroupaient de petites régions naturelles très diverses. Cependant une opposition essentielle demeurait entre l'Ouest et l'Est.

L'Ouest, c'est ici les reliefs vigoureux du massif Armoricain, un bocage épais, un habitat dispersé. L'Est a moins d'unité; au sud de la Loire et à partir de la rive droite du Layon, l'Anjou offre déjà des plateaux aux champs allongés et sans haies, des vallées larges et riantes, un habitat groupé en gros bourgs. Mais, plus au Nord, on retrouve le bocage, les fermes isolées coexistant avec les villages d'artisans, des landes et des forêts. Cependant cette zone indécise est traversée par une frontière politique si nette qu'elle sépare des communes d'un même canton, lesquelles, de part et d'autre de cette ligne, affirment, de la Révolution à nos jours, le même attachement ou la même hostilité à l'Église, la même appartenance à la droite ou à la gauche. Ces réflexes politiques actuels permettent d'imaginer la vivacité des haines de ces populations affrontées à l'âge des anciens combattants de la Vendée ou des armées républicaines, et de leurs héritiers directs.

A l'Ouest, une civilisation rurale plus homogène, plus fermée, n'avait pas accepté l'emprise croissante à partir de 1790 du gouvernement des villes. A l'Est, paysans et artisans, plus dociles et plus habitués aux impulsions venues de l'extérieur, ont suivi l'évolution vers le jacobinisme. Ainsi au sein d'une masse qui paraît unie si on étudie ses revendications en 1789, des mouvements divergents ont provoqué la cassure, la guerre et ses massacres.

La Restauration mit en honneur une image déformée de ce passé : l'ouest de ces provinces, c'est la vieille France fidèle soulevée contre le brigandage révolutionnaire pour son Dieu et son roi (les adversaires du régime acceptent d'ailleurs le négatif de cette version : des paysans arriérés, incapables de comprendre les vertus émancipatrices de la Révolution, ont aveuglément suivi nobles et prêtres). Ce mythe fut créateur. Certes le gouvernement des Bourbons s'est montré ingrat, n'accordant point aux villages incendiés ou ruinés sous la Révolution ces indemnités dont il gratifiait les émigrés ayant perdu leurs biens, se contentant de distribuer quelques pensions, d'organiser quelques tournées des princes (dont celle de la duchesse de Berry en 1828) et d'enrichir Bretagne et Vendée de monuments commémoratifs. Par contre, la noblesse locale s'est souvent conformée à l'image qu'elle s'était forgée de ses ancêtres, bienfaiteurs de leurs vassaux. Elle s'est penchée avec bonne volonté et parfois avec efficacité sur le sort de ce peuple fidèle; surtout, il est vrai, après 1830 lorsque « Philippe » eut fermé l'accès de la cour et des fonctions publiques. M. de Falloux, dans son bourg angevin d'Iré, emploie sa fortune à améliorer l'élevage ou les rendements agricoles, à créer des écoles, des hôpitaux. Beaucoup de ses pareils exercent une action analogue.

Il ne s'agit point d'ailleurs d'aider un pays « chouan », arriéré économiquement, à rejoindre le niveau d'un pays « patriote », plus favorisé ou plus aisé, car, à l'Est comme à l'Ouest, la vie campagnarde reste fruste. Le paysan du Maine vit généralement dans un antre obscur, fait chaque semaine un pain grossier, boit un cidre aigre et se bourre de soupe. Celui d'Anjou, guère mieux logé, s'il se nourrit souvent de pain de froment, l'accompagne de lard et de légumes, oignons, fèves, choux. Ceux-ci constituent avec les laitages une des bases de la nourriture vendéenne. Ce n'est que lentement que la pomme de terre se fait admettre. Partout aussi, cette société paysanne est hiérarchisée : métairies (en fait sous ce nom, on entend aussi des fermes possédant un attelage de bœufs pour traîner la charrue, les métairies au sens propre n'existant guère que dans le Bas-Maine et le nord-ouest de l'Anjou), bordages ou closeries de 10 à 20 hectares, terres volantes aux mains de minuscules propriétaires. La condition des domestiques reste misérable.

Cependant la variété du sol entraîne des disparités : dans le massif ancien il existe des terres pauvres qui ne font l'objet que d'une culture temporaire. Le seigle et le sarrazin conviennent mieux que le blé sur les terres siliceuses tandis que le blé prospère sur les marnes et les argiles qui le bordent. Mais vers l'Est, entre la vallée de l'Huisne et le val d'Anjou les sols graveleux ou sableux ne portent que des landes de bruyère; le pays ne vit que grâce à l'appoint de l'artisanat et il possède une population flottante qui exploite la forêt (sabotiers, charbonniers, etc.) et qui vit parfois en marge des lois et des mœurs du monde rural traditionnel, de rapines ou de petits métiers, ignorant l'état civil et le culte. Vers 1840 cependant, communes et grands propriétaires prennent l'initiative de planter des bois de pins dans ces maigres pays.

Par contre, les vallées angevines, de la Loire, du Loir, de l'Authion, du Layon, ont fixé une agriculture spécialisée et commercialisée dont les produits s'écoulent grâce aux fleuves. Les terres des anciennes grandes abbayes y ont été achetées par parcelles, par de petites gens qui ont profité de la faveur des bourgeois pour les grandes métairies. Le travail à la bêche y a remplacé la charrue et on y voit à l'œuvre un peuple de jardiniers et de vignerons. En amont d'Angers, se succèdent les pépinières, la culture des fruits qu'on vend frais ou séchés, la vigne, déjà repliée sur l'emplacement des crus actuels : Layon, Bourgueil, Saumur; ce dernier, champagnisé, s'exporte en Belgique et en Hollande.

Comme dans les autres pays de l'Ouest, le Maine et l'Anjou ont été au XVIIIe siècle pénétrés par l'industrie textile; souvent c'était le travail du lin et la crise est ici la même qu'en Bretagne; si les industriels de Laval tentent de créer une industrie cotonnière, si Cholet s'est spécialisé dans les mouchoirs de toile de coton et lin mélangés, la portée de ces efforts a été limitée. Le Bas-Maine, par exemple, redevient presque exclusivement agricole.

Dans le Haut-Maine l'évolution est différente : ici, il y a déclin de l'industrie lainière des étamines, dont il ne reste en 1815 que quelques reliques, déclin qui va entraîner celui du cheptel ovin. Mais le département de la Sarthe et une partie de celui du Maine-et-Loire connaissent avec le chanvre un substitut précieux. Habillant de toile rude une partie de la paysannerie, fournissant les corderies et les fabriques de voiles d'Angers, le chanvre est cultivé partout en minuscules closeaux, objets de tous les soins, et sa production croissante devient au milieu du siècle la spéculation essentielle des plus riches cantons. Il est encore filé au rouet dans les fermes (la première filature mécanique d'Angers date de 1842), et les métiers des tisserands animent les petites villes de Fresnay, Mamers, La Ferté-Bernard, Château-du-Loir, etc. De riches marchands-fabricants écoulent au loin les produits : en 1841, lors de la crise internationale, Cohin, de La Ferté-Bernard, obtient une énorme commande de la Guerre pour les toiles et sacs de campement; en 1842, Angers monopolise les commandes de voiles de tous les ports, Toulon excepté. Plus que Le Mans, dont la fortune commencera avec le chemin de fer, Angers apparaît d'ailleurs à ce moment comme un centre actif.

Mais l'essentiel des activités industrielles demeure dispersé : métallurgie liée à la fonte au bois, poteries, marbreries; bien peu de ces activités alors prospères ont vécu au-delà du second Empire.

Cependant, une activité nouvelle naît et d'une grande importance : la découverte à partir de 1809 de petits gisements d'anthracite entraîne la création de fours à chaux dont le nombre dépassera la centaine dans le Maine et l'Anjou : la chaux rendra les terres du massif ancien, productrices de blé; les chaufourniers du Maine sont célèbres sous la monarchie de Juillet, dès que les routes leur permettent d'étendre leur activité.

C'est le développement de celles-ci qui permet de s'orienter, encore modestement, vers ce qui sera la véritable vocation de ces pays : l'élevage. Sans doute on envoie des jeunes en Normandie et aussi, d'Anjou, des bœufs aux marchés parisiens. Mais dans le Bas-Maine ou la Vendée l'état des chemins entrave ce trafic. Or la monarchie de Juillet marque dans le domaine des routes un progrès décisif. Si la loi de 1836 sur les chemins vicinaux ne produit pas encore tous ses effets, on se hâte de créer les routes stratégiques prévues au lendemain des troubles de 1832 et ces routes sillonnent le Bocage. Avec une pointe d'aigreur l'agronome Leclerc-Thouin, un « bleu » angevin, constate en 1843 que cette politique favorise le pays chouan, qui, au total, reçut davantage du régime abhorré de la monarchie de Juillet que des rois légitimes.

« Le dernier effort de la Vendée ».

Les troubles de l'Ouest de la France en 1832, liés à la tentative de la duchesse de Berry, demeurent le fait saillant de la vie politique de l'Ouest sous la monarchie censitaire.

On a maintes fois raconté l'aventureuse équipée de la duchesse : débarquée par le vapeur *Carlo Alberto* sur les côtes de Provence le 29 avril, elle est obligée de s'éloigner à cause de l'échec de l'insurrection marseillaise du lendemain. Elle gagne la Vendée où elle est le 17 mai, y vit déguisée en paysanne ou en paysan, allant d'asile en asile, recevant la nuit les principaux chefs carlistes, puis se réfugie à Nantes (le 9 juin) où elle est arrêtée le 6 novembre. Transférée à la forteresse de Blaye, avec Bugeaud pour geôlier, elle accouche d'une fille. Les thèmes sentimentaux légitimistes sur la « reine héroïque », sur la trahison du juif Deutz, « nouveau Judas » qui livre sa bienfaitrice, ont pour écho les sous-entendus égrillards des orléanistes sur la « vertu » de la duchesse et ce que cette vertu peut laisser supposer de la légitimité de Chambord, et le ridicule jeté sur ces naïfs gentilshommes qui, avant l'accouchement, voulaient pourfendre les « calomniateurs » de Madame. Tout cela a masqué la peur très réelle que ressentit le nouveau régime et la gravité des faits. D'ailleurs les troubles de l'Ouest ne coïncident qu'en partie avec l'odyssée de la duchesse. Si les chouans ne bougent pas avant l'embarquement de Charles X à Cherbourg le 14 août 1830, c'est que ces gens ne s'émeuvent pas brusquement en une « journée », mais remâchent d'abord lentement leurs griefs. Cependant, dès septembre ou octobre, un peu partout dans l'Ouest, les fonctionnaires du nouveau régime sentent l'hostilité latente du pays : les conseillers municipaux font la grève, les conscrits ne partent pas, des gendarmes sont molestés. En attendant un mot d'ordre lent à venir, on organise des bandes, des dépôts d'armes, on recueille des gardes ou des suisses sans emploi. Mais Charles X reste inerte et ce n'est qu'au début de 1832 que la duchesse de Berry passée en Italie organise, sur le papier, avec l'aide de Bourmont, les dix corps d'armées qui devront soutenir l'insurrection provençale.

Cette lenteur permet au gouvernement de saisir des documents, organiser l'espionnage et rassembler ses forces. Les chefs carlistes raisonnables voient clairement à l'arrivée de la duchesse que l'occasion favorable, si tant est qu'elle ait existé, est passée. La princesse va cependant décider l'insurrection pour le 23 mai qui, décommandée au dernier moment, laisse en péril des bandes qu'on n'a pu prévenir à temps de ce contre-ordre. L'une d'elles, en particulier, perdit dans un combat contre les troupes, près de Bouëre, au sud de Château-Gontier, une centaine d'hommes. Un nouveau soulèvement prévu pour le 4 juin, remis au 12 avec une semblable incohérence, plus localisé au sud de la Loire, provoqua les épisodes sanglants du Chêne et de La Pénissière. Les troubles n'en continuèrent pas moins sporadiquement jusqu'en 1833.

Contrairement à ce qui s'était passé sous la Révolution, ce furent les nobles ou les fils de chefs de bande de la grande époque qui sollicitèrent les paysans. Nulle part l'assentiment de ceux-ci n'eut un caractère massif et certains enrôlements furent dus à la menace; mais la complicité tacite de la paysannerie n'est pourtant pas douteuse, la haine viscérale de Paris et des bleus continuait à jouer. D'ailleurs, dès 1830, les mesures préventives prises par le gouvernement exaspérèrent tout l'ancien domaine de la chouannerie : perquisitions de châteaux et de couvents, arrestations arbitraires, logement de garnisaires chez les suspects, exactions de la soldatesque réveillèrent des souvenirs brûlants. Cependant ce n'est plus la grande tragédie de 93, le comique s'y mêle : policiers proscrivant les robes blanches des enfants de Marie, discussion sur les lys, emblèmes de pureté ou de légitimité, gendarmes qu'on envoie à la messe écouter si lors du *Salvum fac regem* le mot *Philippum* est bien sorti de la bouche des chantres, etc.

La vie spirituelle et la vie politique.

Si l'équipée de la duchesse de Berry montre que les masses paysannes de l'Ouest ont gardé bien qu'affaibli un certain esprit chouan capable d'inquiéter un gouvernement bourgeois, si les bourgeois eux-mêmes ne rencontrent souvent qu'hostilité près de ces masses, quel est le rôle propre du clergé et des nobles?

Le clergé, issu en grande partie de la paysannerie, exerce une influence profonde. C'est le dimanche, autour du prêtre, qu'a lieu la seule manifestation qui réunit les paroissiens sortis de leurs hameaux isolés. Aussi la renaissance catholique, qui a lieu dans toute la France, connaît dans ces pays des succès marqués. A travers les thèses de M. Langlois pour le diocèse de Vannes et de M. Faugeras pour celui de Nantes, on voit des vicaires généraux relevant avec succès les institutions cléricales, imposant la discipline au clergé. Très tôt dans le premier de ces diocèses, sous la monarchie de Juillet dans le second, les vocations religieuses sont suffisantes pour combler les vides qu'une génération sans prêtres a laissés dans l'encadrement des paroisses. L'œuvre accomplie est restauration du passé plus qu'innovation, elle s'oriente résolument vers un christianisme populaire et traditionnel. On tolère des pratiques superstitieuses, si l'assiduité aux offices et l'autorité du curé y trouvent leur compte. D'ailleurs un effort vigoureux est accompli pour instruire les jeunes générations et multiplier les écoles primaires chrétiennes. La création d'une théologie ou d'une mystique adaptée à l'esprit du temps suscite par contre les méfiances de la hiérarchie et du gros des pasteurs : le contraste est frappant entre l'échec de Félicité de Lamennais qui tente de faire de Malestroit un centre de renouveau spirituel et le succès de son frère Jean-Marie, qui crée l'œuvre des frères de l'Instruction chrétienne. Par ailleurs, le cliché traditionnel d'un clergé ne séparant guère dans sa pensée Dieu et le roi légitime peut être partiellement remis en question. Sans doute la masse des curés a-t-elle des penchants « carlistes »; sans doute dans son sein des exaltés se montrent-ils virulents contre le gouvernement de 1830; mais la grande masse des ecclésiastiques, évêques en tête, semble s'être bien gardée de compromettre l'Église concordataire dans le naufrage de la branche aînée des Bourbons. La « petite Église », après avoir espéré en vain que la monarchie restaurée rejetterait le concordat, s'exalte dans l'impuissance.

Quant à la noblesse, elle sépare certes beaucoup moins catholicisme et légitimisme. Sans dessein prémédité, elle a adopté dès 1815 le comportement « ultra » et comprend mal qu'on puisse en avoir d'autres. Elle se croit vocation de choisir la représentation de l'Ouest à la Chambre des députés et, dans les Chambres de la Restauration, elle demeure nombreuse. Si, écartant le cas de la Chambre introuvable, on cherche à dénombrer les députés de l'Ouest opposants de droite au gouvernement Richelieu-Decazes, on y trouve 70 % de ceux-ci. En est-il encore ainsi à la fin de la Restauration? Lors du vote de défiance au ministère Polignac, acquis en mars 1830 par 221 voix contre 181, 47 % des députés de l'Ouest ont voté la motion de méfiance. Mais, si l'on écarte les députés des départements et qu'on tient compte des députés d'arrondissement élus par les électeurs payant 300 F de cens, on s'aperçoit que 64 % d'entre eux se retrouvent parmi les 221.

Dans quelle mesure l'abaissement du cens à 200 F après 1830 a-t-il accru l'emprise d'un libéralisme associé à la bourgeoisie? Notons tout d'abord que le légitimisme de l'Ouest se confond presque avec l'influence des grands propriétaires nobles, influence qui demeure considérable et croît avec les progrès agricoles (en Bretagne, 36 % des imposés de plus de 1 000 F en 1840 sont des nobles). Il entretient une sourde hostilité contre le régime, mais ne vise pas à une prise du pouvoir. Il est à mi-chemin du parti politique et du simple conformisme social, fidélité quelque peu désabusée au passé, et le ton de *l'Hermine*, journal légitimiste de Nantes, le seul de l'Ouest jusqu'en 1844, demeure modéré : on se réunit entre « carlistes », ce qui donne des cauchemars aux « séides » de Philippe, mais, même quand il s'agit d'aller en 1843 saluer à Londres le comte de Chambord, la portée politique demeure médiocre. Individuellement, des notables légitimistes de l'Ouest ont, transplantés à Paris, une attitude pour le moins ambiguë vis-à-vis des milieux dirigeants. Trois collèges électoraux bretons délèguent cependant à la Chambre de grands propriétaires légitimistes : La Rochejaquelein est le seul qui fasse une vive opposition et, plus tard, il se ralliera à l'Empire; ailleurs les voix légitimistes forment une force d'appoint qui se porte, non sans marchandage, sur un candidat rallié au régime. Dans d'autres collèges électoraux, les bleus triomphent en élisant à la Chambre des opposants libéraux : Fontenay-le-Comte est représenté par Chambolle, rédacteur au *Siècle*, et la Vendée envoie, pendant la monarchie de Juillet, la députation la plus à gauche de tout le XIXe siècle; la seconde circonscription du Mans élira tour à tour Garnier-Pagès l'aîné et Ledru Rollin (mais ici l'action du maire du Mans, Trouvé-Chauvel, véritable puissance financière, est déterminante). Il n'y a qu'exceptionnellement des « circonscriptions politiques » (Tocqueville), c'est-à-dire qu'on élit bien plus souvent pour des questions d'opportunité des députés à même de défendre les intérêts de la région, quelle que soit leur tendance personnelle. A Rouen, à Nantes, à Elbeuf, le fait est patent. Il prend un aspect scandaleux à Cherbourg à l'époque du député

Quénault, quémandeur éhonté de faveurs pour ses partisans, ou à Louviers qui réélit quatre fois de suite Charles Laffitte qui promet en échange un chemin de fer. Mais, plus généralement, les députés sont des propriétaires, magistrats, militaires, porteurs d'un nom localement estimé.

2

Le Midi méditerranéen

La région méditerranéenne n'a pas une tradition historique commune, l'importance de la vie urbaine multiplie les centres d'impulsion mais aussi provoque des antagonismes et différencie les caractères régionaux. Mais de Toulouse à Toulon, de Perpignan à Avignon ou Aix, il y a un type de société à clientèle qui repose sur la persistance du conflit de l'époque révolutionnaire et qui en même temps en perpétue le souvenir. L'opposition remonte même parfois à une époque plus ancienne. Le Languedoc, la Provence, le Comtat Venaissin représentent des régions ultras sous la Restauration, ce qui est une façon de refuser la centralisation moderne. Cette opposition à l'État centralisé, dont la puissance s'incarne à Paris, se retrouve sous la monarchie de Juillet avec la persistance d'une forte opinion légitimiste et, selon les villes et les moments, avec une coalition des extrêmes contre le « juste-milieu » au pouvoir.

Non que la vie des départements du Midi de la France ne connaisse que monotonie et stabilité. Mais traditions et nouveautés tantôt se heurtent et tantôt se combinent. Tout concourt à l'effervescence : un climat plus clément qui permet une vie publique extérieure sur les cours, les avenues, les promenades; le voisinage à l'Est des États Italiens, au Sud-Ouest de l'Espagne, secoués par des troubles révolutionnaires ou contre-révolutionnaires, éveillant des échos; l'importance prise par la façade méditerranéenne avec l'installation française en Algérie à partir de 1830; sur le plan des activités économiques, la transhumance des troupeaux de moutons ou les migrations saisonnières des vendangeurs ou de la cueillette des olives.

Ces départements évoluent plus vite sur le plan politique, du drapeau blanc de 1815 au drapeau rouge en 1848, que sur le plan économique. Les passions et les haines y sont plus tenaces que la recherche du profit. L'individualisme libéral avec ses adaptations aux contingences du présent y est peu développé; la force et la tradition gardent plus de prestige que l'argent.

1. Les traditions

Il n'est pas fortuit que le principal théoricien du traditionalisme en France, Louis de Bonald, soit un homme du Midi; l'individu s'y trouvait englobé dans la famille, dans la communauté religieuse, dans toutes ces formes de sociabilité sur lesquelles M. Agulhon a soulevé récemment l'attention en portant son analyse sur la Provence. Les traditions ne touchent pas seulement les mentalités et les opinions politiques, mais aussi les comportements dans tous les domaines, y compris celui de la langue, la langue d'oc.

Des ultras aux légitimistes.

C'est la tradition monarchique et religieuse qui domine au début de la monarchie censitaire. Royalistes et catholiques, dès la fin de l'Empire, avaient été ouvertement hostiles à Napoléon; ils influençaient l'attitude des négociants marseillais ou des notables de Toulouse comme celle des pêcheurs et du petit peuple de Provence ou du Languedoc. En 1815 les Cent-Jours furent mal supportés.

Dans ces départements du Midi, loin de Paris, les rumeurs avaient amplifié le caractère « révolutionnaire » des Cent-Jours. Cette peur de la Révolution devait persister; elle explique en 1830 la paralysie des partisans de Charles X, pourtant majoritaires.

Les sentiments royalistes sont au moins aussi prononcés dans les villes que chez les ruraux, mais ils diffèrent d'une ville à l'autre. Les grands propriétaires rentiers du sol, vivant tantôt à la ville et tantôt sur leurs terres sont les intermédiaires naturels et traditionnels avec les membres du clergé.

Le clergé conserve son influence sociale dans une région où

les sentiments religieux se traduisent par des manifestations extérieures et collectives; même à Toulon, ville ouvrière, qui a une situation à part, les traditions religieuses sont profondes. La reconstruction de l'Église de France, commencée dès le concordat se poursuit avec la reconstitution des anciennes confréries. Des congrégations nouvelles apparaissent : à Marseille, Eugène de Mazenod fonde les Oblats de Marie immaculée. Les formes extérieures de la vie religieuse, missions, processions, prédications, cérémonies expiatoires qui ont par définition un aspect contre-révolutionnaire se multiplient dans le Midi de la France. Les évêques, nommés à l'époque napoléonienne, furent parfois dans une situation délicate : ce fut le cas à Avignon, à Aix.

Les œuvres catholiques se développent; l'influence des frères des Écoles chrétiennes sur l'enseignement primaire s'accentue. La mission charitable de l'Église est pratiquement la seule forme d'assistance publique et c'est un important élément d'influence. Cette influence locale du clergé profite des liens étroits entre le trône et l'autel sous la Restauration. L'arrivée au pouvoir de la bourgeoisie libérale, le plus souvent anticléricale, en 1830, souda pour plusieurs années le clergé catholique et les légitimistes, avec des effets variables selon les départements. Privé de l'appui officiel le clergé perdit certes une part de son prestige et fut contesté par une partie de la population des villes et même des campagnes. Mais son influence sur les milieux populaires resta d'autant plus étendue qu'il partageait avec eux l'hostilité contre un gouvernement s'appuyant sur la bourgeoisie parisienne. L'élément aristocratique qui coïncide souvent avec la grande propriété foncière est un autre pilier du royalisme; c'est lui qui fournit sous la Restauration, le personnel parlementaire, surtout dans la Chambre introuvable, et le personnel de la haute administration ou de la magistrature.

Son influence toutefois est très inégale. C'est surtout dans la région de Toulouse que la grande propriété aristocratique est la plus répandue et la plus influente. Les grands propriétaires nobles qui résident en hiver dans leurs hôtels particuliers près de la cathédrale à Toulouse, tirent leurs revenus de leurs domaines. Les châteaux sont nombreux dans la région, Villèle possède le château de Morvilles; les familles de Hautpoul, de Ressèguier, de Nouailhan, de Limairac vivent elles aussi tantôt dans leurs châteaux tantôt à Toulouse. Sous la monarchie de Juillet encore, 18 des trente plus grosses fortunes du département de la Haute-Garonne, imposées pour plus de 3 000 francs appartiennent à des nobles; c'est encore plus sensible dans l'Ariège où les 7 imposés de plus de 3 000 francs des arrondissements de Foix et de Pamiers sont tous des nobles.

Pour ces familles, la Restauration réveille bien l'espoir d'effacer l'époque révolutionnaire, les carrosses avec leurs laquais debout derrière parcourent les rues de Toulouse et croisent les chaises à porteurs conduisant les douairières dévotes à la messe; le comte de Comminges, rapporte : « Les usages gardaient encore une sorte de couleur féodale »; son père résidait au château de Saint-Lary et « les paysans lui étaient très attachés quoiqu'il les traitât comme des nègres. Malheur à qui ne lui parlait pas chapeau bas, un revers de canne avait bientôt fait voler le couvre-chef récalcitrant ».

Dans les autres départements l'aristocratie foncière fournit les cadres royalistes notamment dans le Tarn-et-Garonne et dans l'Hérault; il s'agit aussi bien d'une noblesse d'origine parlementaire que d'une ancienne noblesse d'épée.

L'influence de la grande propriété se manifeste aussi dans le Vaucluse, où se rencontrent de grands domaines, le plus souvent morcelés en petites exploitations. Certains sont des initiateurs des nouvelles techniques agricoles ou des nouvelles cultures comme les Forbin-Janson, et c'est un élément supplémentaire d'influence. L'arrondissement d'Arles, dans les Bouches-du-Rhône connaît aussi une grande emprise aristocratique et sa ferveur royaliste lui valut pendant longtemps le surnom significatif de « Vendée provençale ». L'ancien seigneur (ou ses descendants) est souvent devenu le maire de sa commune comme le marquis de Barbentane ou le marquis d'Albertas. Aix, plus que Marseille, est une ville aristocratique dans laquelle la séparation reste bien tranchée entre la noblesse et la bourgeoisie. Dans le département du Var de nombreuses familles nobles ont conservé leurs terres, plus particulièrement les forêts. Cette assise foncière conditionne presque partout l'influence de la noblesse sur une partie au moins des campagnes surtout sous la Restauration lorsqu'au pouvoir économique s'ajoutent les fonctions administratives ou municipales.

L'exploitation par des régisseurs, des métayers ou des maîtres valets lie plus étroitement le propriétaire, « le maître », et l'exploitant.

Frappés en 1830 par l'effondrement de Charles X, les ultras du Midi deviennent des légitimistes intransigeants qui doivent aux maladresses de leurs adversaires locaux, devenus les nouveaux dirigeants comme le préfet Thomas, de se rattacher la plus grande partie des populations, catholiques, du pays. Aussi sous la monarchie de Juillet c'est dans l'opposition des confessions religieuses (là où coexistent des communautés protestantes importantes à côté des populations catholiques) que le légitimisme trouve son principal appui populaire dans le Gard et le Tarn-et-Garonne, le Tarn et une partie de l'Hérault, de l'Aveyron et de la Lozère. Mais pour avoir confondu sympathies et engagement, la duchesse de Berry rata son aventure en avril 1832. Elle avait trop compté sur un soulèvement populaire et urbain.

Pourtant la tradition royaliste (ultra ou plus tard légitimiste) s'appuyait aussi dans le Midi sur les classes urbaines. Une partie de la bourgeoisie lui était dévouée; c'était surtout sensible à Marseille; dès 1814 la chambre de commerce avait envoyé une députation de trois membres au roi. En 1818 le préfet dans un rapport du 31 janvier, fait l'éloge du haut commerce considéré grâce « à une probité transmise d'âge en âge... à des services rendus à l'État et reconnus par nos rois... » Mais les nouveaux négociants, ceux que l'on trouvait dans les opérations de banque ou dans l'établissement des manufactures, partageaient le même attachement aux Bourbons; les deux groupes étaient réunis par une haine commune de Napoléon et leurs difficultés économiques sous sa domination n'y étaient pas étrangères. Même après la révolution de Juillet, une partie de la bourgeoisie marseillaise (qu'elle fût dans les affaires ou dans les professions libérales) conserva des sentiments légitimistes qui se traduisirent dans l'élection de l'avocat Berryer. A Toulouse, à Nîmes, à Montpellier, à Montauban, il y a aussi une bourgeoisie royaliste.

Les classes populaires conservèrent aussi leurs sentiments royalistes dans ces villes. A Marseille surtout, les autorités sous la Restauration laissèrent se développer des associations ouvrières rappelant les anciennes corporations, confréries ou sociétés de secours mutuel, ainsi en 1816 une société de secours mutuel des portefaix, dirigée par six prieurs élus, s'assura le monopole du travail sur les quais. Les artisans conservèrent longtemps des sympathies pour les Bourbons, par soumission au clergé, par déférence pour les autorités ou les notabilités, puis, après 1830, dans un sentiment d'hostilité contre le régime de Juillet. Il s'agissait moins d'une adhésion réfléchie que d'un comportement conforme à une société de clientèle et de patronage.

Après 1830 les légitimistes firent désormais plus d'efforts pour diffuser et maintenir leurs idées par la presse; leurs journaux, souvent insipides, s'étaient arrêtés de paraître à la chute de Charles X; de nouveaux, mieux faits, plus dynamiques furent lancés : à Marseille, dès janvier 1831, *la Gazette du Midi*, à Toulouse *la Gazette du Languedoc*, à Montpellier *les Mélanges occitaniques* en 1831 puis en 1843 *l'Écho du Midi*, à Nîmes *la Gazette du Bas-Languedoc*, à Avignon *le Messager*; Draguignan même eut sa *Gazette du peuple* en 1843. Aussi conservent-ils une représentation politique particulièrement forte dans les Bouches-du-Rhône, Marseille a jusqu'à deux députés légitimistes sur trois, Tarascon élit dès 1834 un légitimiste; deux élus aussi sur cinq dans le Tarn, deux sur six dans l'Hérault, deux sur cinq dans le Gard, deux sur trois dans l'Ariège en 1839 et deux sur trois à Toulouse. Le Midi fournit ses dirigeants aux tendances rivales du légitimisme, Berryer, à Marseille, et en 1846 l'abbé de Genoude, à Toulouse.

Les foyers libéraux.

Les anciens jacobins aussi bien que les libéraux se taisent après 1815 et parfois même s'exilent de crainte des persécutions locales. L'évêque d'Avignon, un ancien prêtre constitutionnel, est contraint de se retirer, l'archevêque d'Aix démissionne. Il n'y eut pas de place ni d'espoir de longtemps pour les libéraux dans ces pays. L'avocat Manuel alla se faire élire en Vendée, Thiers et Mignet quittèrent Aix et Romiguières, Toulouse pour Paris. Il faut attendre les élections de 1827 pour que réapparaisse une opinion libérale, prenant appui sur une partie de la bourgeoisie d'affaires ou des professions libérales s'exprimant par *le Sémaphore* à Marseille ou à Toulouse par *la France méridionale*.

Si Narbonne, Béziers (avec Viennet) et Marseille (avec l'avocat Thomas) ont élu des libéraux en 1828 ou 1829, la réaction qui s'opère sous le ministère Polignac trouve bien des appuis dans le Midi. A Marseille le nouveau préfet, le marquis d'Arbau-Jouques, entrait en guerre contre *le Sémaphore ;* les ultras, profitant de l'enthousiasme provoqué par l'expédition contre Alger enlevèrent son siège à Thomas en juin 1830. Les libéraux du Midi étaient surtout hostiles aux royalistes ultras parce que ceux-ci bénéficiaient, avant 1830, des avantages du pouvoir; Rémusat écrivait dans ses *Mémoire*s — mais la remarque peut s'étendre au-delà de la région de Toulouse — que c'était « un pays où le respect de la loi, l'énergie de la justice, le dévouement au bien public, la sincérité et le bon esprit sont des raretés dans tous les temps ».

La révolution de Juillet, qui surprit les populations du Midi, provoqua quelque effervescence dans la jeunesse libérale et apparut surtout comme un espoir de revanche pour la partie de la population brimée sous le règne de Charles X. L'absence de désordres, la passivité aussi des partisans de la branche aînée, rallièrent à Louis-Philippe une grande partie de la bourgeoisie qui n'était pas libérale mais conservatrice. Les libéraux en 1830 représentaient la tradition des bleus, voire des girondins; c'est très sensible dans les départements du Gard et de l'Hérault, qu'il s'agisse d'héritiers d'acquéreurs de biens nationaux ou de familles ayant fourni des administrateurs sous la Convention ou le Directoire puis sous Louis-Philippe. C'est dans ces départements (Gard, Hérault, Tarn-et-Garonne) que l'adhésion des protestants au régime de Juillet fut la plus manifeste, une double rivalité religieuse et sociale opposant les patrons protestants aux ouvriers ou artisans catholiques. Mais l'adhésion des protestants au régime de Juillet est aussi manifeste là où ils ne forment qu'une minorité très réduite, c'est le cas des familles Rabaud, Leenhardt, Fraissinet à Marseille et à Toulouse des banquiers Courtois ou de l'entrepreneur de fonderie, Mather.

Un autre foyer libéral est représenté par la franc-maçonnerie; les pillages ou les menaces dont les loges avaient été les victimes en 1815, avaient accentué dans le Midi leurs tendances libérales et même anticléricales; la plupart, sous la monarchie de Juillet, sont composées de petits-bourgeois ou d'artisans tandis que la bourgeoisie, qui était affiliée sous la Restauration, parfois s'en détache. A Aix-en-Provence la loge des *Amis de la bienfaisance* avait compté Manuel parmi ses membres et comprenait des négociants israélites comme Crémieux, Bédarride, Lisbonne. Ses membres occupent souvent des fonctions municipales après 1830 par exemple à Béziers avec le maire Bernard, un riche pharmacien, à Sète avec le maire Doumet, un ancien chef d'escadron. Les milieux d'affaires, même si une partie reste légitimiste après 1830, fournissent à l'orléanisme une grande partie de ses cadres dans le Midi : à Marseille où la mairie est occupée après 1830 par Alexis Rostand qui avait été élu à la Chambre des représentants pendant les Cent-Jours et qui devait longtemps présider le conseil général du département, à Montpellier où la mairie est aussi occupée par des grands négociants ou fabricants. Mais dans le Midi, l'opinion orléaniste est peu sûre d'elle-même; en 1831 l'application de la nouvelle loi introduisant les élections dans le recrutement des conseils municipaux est suspendue dans le Gard, l'Hérault, et les Bouches-du-Rhône par crainte des légitimistes. Les crises municipales sont fréquentes à Marseille, à Montpellier, à Toulouse où dix maires se succèdent pendant le règne de Louis-Philippe. A l'étroitesse de l'opinion orléaniste parmi les notabilités s'ajoute l'esprit de coterie; provoqué tantôt par des opinions ou des confessions religieuses séparées, tantôt par des regroupements professionnels, ce morcellement de la société dirigeante affaiblit inévitablement les autorités locales. C'est sur l'appui du pouvoir central que comptent les libéraux après 1830, aussi leur libéralisme se convertit-il rapidement en conservatisme, en opportunisme et en chasse aux places. Ce n'est pas sans raison que « La curée », ce poème satirique que suscita l'invasion des emplois publics par les anciens libéraux de la Restauration au début du régime de Juillet, a eu pour auteurs deux poètes marseillais, Barthélémy et Méry, partisans pourtant des Trois Glorieuses. Quand les arrondissements électoraux désignent des orléanistes dans les départements du Midi, c'est bien souvent le résultat des pressions administratives transformant les circonscriptions en bourgs pourris ou en fiefs, c'est particulièrement net dans le Vaucluse et dans l'Aude. La mainmise, sur les principaux postes, de la clientèle de quelques familles de notables libéraux est souvent une revanche sur les épreuves subies pendant la terreur blanche; mais toutes les revendications ne peuvent être satisfaites, aussi les libéraux du Midi se divisent après 1830, ce qui rend plus étroite l'action gouvernementale et favorise la persistance d'une opposition libérale qui se radicalisa peu à peu. La clientèle de la nouvelle dynastie était moins déterminée dans le Midi par des options idéologiques que par le souci des intérêts familiaux professionnels ou locaux. L'élément conservateur et ministériel s'appuie sur le pouvoir central pour obtenir plus d'avantages de l'État et, notamment, pour assurer le développement matériel de sa région; or cette priorité donnée à la réalité sur la passion convient mal à la région. Le maintien de l'ordre et de la paix devait s'accompagner de mutations économiques qui allaient inévitablement perturber les structures et les mentalités de la société traditionnelle.

La force des traditions jouait d'abord en faveur de la famille, les relations de parenté les plus larges, dominent partout, l'importance du clan et de la clientèle trouvant sa plus grande extension en Corse. La continuité et le culte du passé se retrouvent dans tous les domaines et possèdent les sympathies du peuple des campagnes et de l'artisanat; il existe toute une mythologie populaire mêlant étroitement culte des morts et culte des saints, rites religieux et rites de la vie quotidienne; l'eau difficile à conserver dans les régions calcaires méditerranéennes est entourée souvent de vénération, chargée aisément de vertus guérisseuses, à la Sainte-Baume, à la grotte de Saint-Cer; le culte de saint Agricol, qui fait pleuvoir, est répandue en bien des lieux. La vitalité des coutumes se retrouve dans la persistance d'un art populaire qui apparaît dans le mobilier rustique autant que dans les chansons populaires. Cette tradition qui condamne toute rupture brutale avec le passé a une teinte dominante contre-révolutionnaire sous la Restauration, mais elle s'insurge aussi contre les mutations économiques inévitables et encourage la réaction systématique contre le présent. Le Midi méditerranéen est peu porté au libéralisme et l'appui que celui-ci obtint sous la monarchie de Juillet du pouvoir central devait pousser les populations méridionales vers le mouvement démocratique, mais l'évolution économique y avait aussi contribué.

2. L'évolution économique et sociale

Fruit des circonstances locales ou d'influences extérieures les innovations économiques sont liées aux catégories dirigeantes — ce qui est inévitable dans une société qui a le goût de la hiérarchie. L'administration est un élément de modernisation. L'époque de la Restauration connut des préfets à la fois modérés sur le plan politique et partisans du progrès économique; Siméon dans le Var, Christophe de Villeneuve-Bargemont à Marseille, le père de Charles de Rémusat à Toulouse. La monarchie de Juillet ne donna que rarement une continuité fructueuse comme celle du préfet Delacoste, à Marseille de 1836 à 1848; le pouvoir administratif affaibli, l'évolution se déroula plus spontanément avec le libre jeu des initiatives individuelles et des contraintes collectives.

Les populations.

Les départements du Midi méditerranéen ont tous, à l'exception de l'Aude, un accroissement supérieur à la moyenne française pendant la première moitié du XIXe siècle. Il s'agit surtout d'un accroissement de la population des villes, or ces départements (à l'exception de l'Aude) ont un plus fort pourcentage de population urbaine et les villes les plus grandes, qui augmentent le plus, sont un foyer d'attraction. Marseille, qui avait environ 110 000 habitants au début de la Restauration, moins qu'en 1801, progresse très vite sous la Restauration (145 000 en 1831) puis après 1840 (183 182 en 1846). Tandis que la vieille ville a pour principaux centres le port, la Cannebière et la rue d'Aix, la ville nouvelle s'étend de la porte d'Aix à la place Castellane, et sur le cours Julien et les allées de Meilhan. Les constructions se multiplient avec l'augmentation de la population, et l'industrie du bâtiment à son tour fait appel à une main-d'œuvre étrangère à la ville. La mortalité reste encore élevée, très forte même au début de la monarchie de Juillet avec le choléra qui se fait sentir plus tard que dans le reste de la France et surtout en 1835 provoquant plusieurs milliers de morts et la panique des populations qui fuient la ville. L'augmentation ultérieure de la ville provient presque uniquement de l'immigration qu'elle vienne des Alpes, d'Italie ou de Corse.

Toulon connut aussi une rapide croissance, l'une des plus fortes de France; la ville qui comptait 20 500 habitants en 1801 en comprend 62 000 en 1846. Croissance liée au développement du port militaire et de l'arsenal qui emploie plus de 5 000 hommes et attire des immigrants (sans compter le cas particulier des bagnards).

Toulouse connaît une augmentation sensible et devient la sixième ville de France en 1846 avec 94 000 habitants, elle n'a pourtant qu'une activité industrielle très médiocre, ses principales fonctions sont administratives et commerciales. C'est son rôle traditionnel de métropole régionale qui attire les grands propriétaires rentiers du sol (dépensant à la ville les revenus de la terre) et la jeunesse des écoles qui fait rayonner son influence. Aussi la population active était-elle relativement faible et au contraire ce que nous appelons maintenant le secteur tertiaire élevé; l'abondance de main-d'œuvre, plus forte que la demande se traduit par l'importance de la domesticité.

L'augmentation de la population se retrouve dans toutes les autres grandes villes avec des caractères et des rythmes différents toutefois. Mais la population urbaine bien plus importante que dans le reste de la France est aussi représentée dans le Midi par de nombreuses petites villes qui commencent à décliner parfois mais qui n'en sont pas moins animées par un très vif esprit citadin; souvent « l'esprit de clocher » complique, de rivalités locales ancestrales, les problèmes nouveaux que pose l'évolution économique; les marchés ruraux comme les petites villes du Vaucluse donnent à ce département une population urbaine de 48 % en 1846 (contre 24,4 % pour la moyenne de la France), sans qu'il y ait une seule grande agglomération. Dans le Haut-Languedoc et dans la partie la plus occidentale du Midi la population est plus fortement rurale; les petites villes ont souvent une activité industrielle (Castres, Mazamet, Lavaur, Foix, Tarascon, en Ariège), artisanat traditionnel de plus en plus menacé par l'évolution économique, ce qui contraste parfois avec la richesse agricole de ces départements.

Le développement agricole.

Les populations rurales sont encore prépondérantes dans tous les départements du Midi à l'exception des Bouches-du-Rhône en 1836, la culture des céréales reste dominante; c'est le cas du Haut-Languedoc, du Vaucluse et de la Provence où la grande propriété est plus importante que dans le reste de la France; nobles ou riches bourgeois, souvent dépossédés de fonctions administratives ou politiques après 1830, exploitent leurs terres, introduisent des innovations et les vulgarisent dans leur canton. Cette grande propriété a recours soit à l'exploitation directe, soit à des métayers. Certes le morcellement de la propriété, accentué par des acquisitions paysannes dans le Gard et dans la région de Tarascon, plutôt citadines dans la Haute-Garonne, a développé le nombre des petits propriétaires.

On trouve dans une même région comme le Vaucluse, à la fois la grande propriété et une multitude de journaliers qui sont en même temps de petits propriétaires. La production des céréales joue le rôle essentiel dans les assolements pratiqués dans les plaines (principalement le blé) et aussi dans les zones montagneuses (davantage de seigle). Le blé est encore la culture dominante dans les plaines de l'Hérault et de l'Orb; il occupe une bonne part des nouvelles terres gagnées sur les marais dans le Bas-Rhône. Les céréales représentent la plus grande surface d'une polyculture pratiquée presque partout avec légumes secs et maïs à l'Ouest, cultures maraîchères dans le Comtat et en Provence donnant des rendements souvent faibles. Le blé commence à reculer dans quelques régions vers 1840 avec le développement des importations de blé russe en Provence, l'extension du vignoble dans le Bas-Languedoc.

Autres éléments de l'agriculture traditionnelle qui eux, sont plutôt en recul, les oliviers dans la région méditerranéenne et l'élevage des moutons. Oliviers, figuiers, mûriers bordaient les champs ou étaient complantés en vigne. Mais l'olivier est victime des grands froids des hivers 1820 et 1830, puis en 1828 des vers qui ont produit une huile rougeâtre; sa culture est aussi menacée à la fin de la période par la concurrence des graines oléagineuses.

Quant à l'élevage des moutons, la pratique de la transhumance associe et oppose depuis des générations cultivateurs et bergers; or l'évolution va à l'encontre des troupeaux qui reculent dans les plaines devant les cultures.

Des cultures pourtant spéculatives, en rapport avec une activité industrielle, se développent avec des méthodes archaïques : produits utilisés par la tannerie comme le sumac (un petit arbuste) dans le Vaucluse entre 1820 et 1828, ou chardons à carder. La garance enrichit les petits paysans au lendemain de 1815 dans le Vaucluse et en Provence. Le mûrier et l'élevage du ver à soie progressent aussi dans le Gard et le Vaucluse apportant un complément de ressources intéressant surtout les petits propriétaires. L'expansion de l'agriculture est facilitée par les sociétés agricoles et des publications comme les *Annales provençales d'agriculture* ou le *Journal de la Société d'agriculture de Toulouse* ou *Les Guides du propriétaire* et le *Cours d'agriculture* d'Adrien de Gasparin animateur de la Société agricole d'Orange, préfet et ministre sous la monarchie de Juillet.

Cette expansion est liée à des progrès techniques, par exemple l'extension des irrigations, travaux qui sont surtout le fait de grands propriétaires et représentent l'insertion d'un grand capitalisme dans l'agriculture; des associations de capitaux aboutissent sous la monarchie de Juillet à la *Compagnie générale de dessèchement* avec Talabot qui contribue à la mise en valeur de l'est de la Camargue.

La culture du riz notamment est introduite en Camargue. La mise en valeur de la Crau et des marais d'Arles est aussi commencée sous la monarchie de Juillet. A la fin de la période il y a près de 70 domaines de plus de 1 000 hectares en Camargue utilisant les techniques les plus modernes de l'époque à la fois pour assécher et pour irriguer, développant les fourrages et les prairies.

Le Midi méditerranéen n'a pas encore une prépondérance écrasante en quantité dans la production viticole française. En 1828 les quatre départements de l'Hérault, du Gard, de l'Aude et des Pyrénées-Orientales ne donnent que 12 % de la récolte nationale et les vignes ne monopolisent nullement encore le paysage dans ces départements. Toutefois dans le Bas-Languedoc c'est l'époque où le vignoble commence à se substituer à la polyculture. Les exportations de vin par le port de Sète passent de 119 554 hl en 1818 à 328 424 en 1844. L'extension des surfaces consacrées à la vigne est particulièrement forte dans l'Hérault gagnant surtout sur les costières, les collines et les anciennes terrasses marines. Le développement du vignoble maintient la population à la terre dans les gros villages. La vigne commence à gagner la plaine, dans l'Aude ou près de Frontignan et de Lunel, de part et d'autre de Montpellier, enfin près de Saint-Gilles. La vigne s'étend dans le Var et le Vaucluse. Le Haut-Languedoc a aussi un vignoble important (10 % des surfaces du Tarn-et-Garonne, 7,2 % en Haute-Garonne) qui sert principalement à la consommation familiale, mais dans la région de Gaillac (Tarn) se produit un vin de plus grande qualité, plus commercialisé. De nouveaux cépages sont introduits ainsi que des hybrides mis au point par Bouschet et Bernard. Le vin est de plus en plus produit pour la vente, surtout dans le Bas-Languedoc; mais si les prix sont élevés sous la Restauration, donnant un revenu bien supérieur aux céréales, il n'en va plus de même ensuite et la viticulture connaît une grave crise de mévente entre 1840 et 1843.

Le Midi méditerranéen présente une grande variété de paysages agricoles et des contrastes dans les ressources ou dans les formes d'exploitation. Son agriculture, archaïque ou modernisée, subit inévitablement le contrecoup d'une conjoncture modifiée par les changements apportés dans l'activité commerciale.

Le commerce et l'Algérie.

L'activité industrielle est plus qu'ailleurs tributaire de l'évolution du commerce. Que la faiblesse des communications assure la survivance d'une production artisanale locale comme c'est le cas pour une partie du textile languedocien ou pour les forges au bois de l'Ariège protégées, par l'isolement, de la concurrence des techniques plus modernes et possédées souvent par de grands propriétaires nobles souvent plus seigneurs que capitalistes; ou au contraire que cette activité réponde aux besoins d'une agriculture plus commercialisée : artisans du liège qui fabriquaient des bouchons dans le massif des Maures.

Le commerce intérieur est encore très lent. Toulouse, à la croisée de nombreuses routes voit plus de 60 diligences partir ou arriver chaque jour et donne du travail à 40 fabriques de carrosserie; pourtant il fallait 8 à 10 heures pour aller à Castres (à 75 kilomètres) et 26 heures pour aller à Perpignan en 1825; 15 ou 16 heures pour aller de Toulouse à Carcassonne et de là à Nîmes 38 heures; vers 1840 il fallait encore 27 heures pour aller de Toulouse à Marseille au rythme le plus accéléré.

En raison de la brutalité des crues des fleuves méditerranéens, les ponts sont souvent emportés ou leur construction nécessite des travaux considérables. Le pont d'Avignon est achevé en 1819 mais il s'écroule en septembre 1821 puis en 1830 si bien qu'on décide de le remplacer par un pont suspendu en 1840. Les six ponts construits sur la Durance sont abîmés ou enlevés par la crue de 1840.

Les projets de construction ferroviaire, discutés très tôt n'ont guère abouti avant 1848. La première ligne construite dans la région fut celle qui rattacha Alès et la Grande Combe à Beaucaire; sa construction était en rapport direct avec l'exploitation et l'écoulement du bassin houiller de la Grande Combe; en juillet 1839 Nîmes était reliée par chemin de fer à Beaucaire; en tout 89 kilomètres de voies ferrées en 1840, la production du bassin houiller d'Alès qui était passée de 20 000 tonnes en 1815 à 45 000 tonnes en 1835 s'élève à 415 000 tonnes en 1845. Les milieux d'affaires locaux sont mal adaptés aux projets de construction et sont dépassés par des milieux étrangers à la région. Il y a Talabot derrière le chemin d'Alès à Beaucaire et les Montpelliérains ont vu leur échapper le projet Montpellier-Sète au profit d'une société dirigée par un capitaliste belge, le duc de Mecklembourg. Le grand commerce s'opère par mer, par Sète (qu'on orthographie encore Cette) en plein développement, par Toulon et surtout par Marseille.

Marseille tire de son port une activité croissante renforcée à la fois par le transit considérablement accru avec l'expansion française en Algérie et par le développement de la production industrielle. Celle-ci comprend des entreprises anciennes qui se modernisent comme les savonneries qui commencent à utiliser l'huile de palme; elles font se développer la fabrication de la soude artificielle. Les huileries, à côté des récoltes d'olives, font appel à des graines oléagineuses et à partir de 1842 les frères Régis commencent à faire venir de l'arachide de Gambie. Les fabriques de chandelles (25 ateliers sous la Restauration dans les Bouches-du-Rhône) puis la stéarinerie se développent à Marseille. Les raffineries de sucre de canne travaillent aussi en association étroite avec le commerce extérieur (la plus importante appartient au marquis de Forbin-Janson). Les minoteries, dont certaines fonctionnent à la vapeur après 1840, augmentent la production de semoule et de pâtes. Le développement des activités industrielles et commerciales provoque l'essor des professions du bâtiment et aussi la production des ciments près d'Arles.

Vétuste mais en cours de modernisation avec le port de la Joliette, vers 1840, le port de Marseille est fréquenté par 3 800 navires, il reçoit 78 % des importations françaises de corps gras et de soufre mais aussi 71 % des céréales et blés étrangers venus de l'Égypte ou de la mer Noire, et 45 % des cuirs. Marseille en 1846 est en tête du commerce extérieur avec 18 % de la perception des douanes. La loi de 1845, qui augmente les droits sur les sésames, a réduit les importations sur les graines oléagineuses mais grâce au député-maire Reynard, les arachides n'ont pas été surtaxées. Les importations de charbon et aussi l'ouverture du chemin de fer Alès-Beaucaire en 1840, prolongé en 1841 jusqu'à la Grande Combe, abaissent le prix du charbon à Marseille et permettent une plus grande consommation industrielle.

La métallurgie en rapport avec les constructions navales établies à La Ciotat et à La Seyne est stimulée par la construction de locomotives ou de bateaux à vapeur en fer. En 1847 s'ouvre une première usine de traitement des minerais de cuivre à Marseille.

Toutefois même à Marseille et à Toulon l'industrie est encore souvent traditionnelle et l'emploi des machines à vapeur est encore rare à la veille de 1848. Parmi les activités disséminées les tanneries se développent dans le Var (alors qu'elles déclinent à Marseille) ou dans l'Hérault. Ailleurs l'industrie textile traditionnelle continue à animer Castres, Mazamet, Bédarieux, Lodève, Ganges.

Le Midi ne sait mobiliser que lentement ses capitaux; c'est en vain que, en 1825, le préfet de Toulouse incite les capitalistes à s'associer. Le commerce de détail ou de transit a peu recours à la banque ou au crédit. La banque de Toulouse constituée en 1828 eut une action assez médiocre. Marseille souffrait d'un déficit de numéraire dans ses opérations; après plusieurs projets une ordonnance du 27 septembre 1835 créa la Banque de Marseille, non sans difficulté. La crise de 1839 l'affecta; elle résista cependant, de même qu'en 1846, en facilitant les transactions commerciales. A Montpellier où existaient déjà des maisons de banque importantes (par exemple celle de Zoé Granier, député-maire de la ville) auxquelles il faut joindre le banquier de Sète Reynaud, un comptoir de la Banque de France fut créé en 1838 avec des membres de la chambre de commerce; il travaillait principalement avec le commerce des vins et des eaux-de-vie (notamment Reynaud) et avec le textile (en particulier les soieries à Ganges); sans doute aussi avec l'Algérie puisque c'est un négociant de Montpellier, Lichtenstein, en même temps consul de Prusse, qui avait été chargé par les négociants d'Alger de demander pour leur ville un comptoir en 1845. Les vins et les salines (avec le quasi-monopole que venait de constituer Lichstenstein) représentaient les principaux aspects d'un grand capitalisme en expansion. Les foires jouent encore un rôle prépondérant dans le commerce intérieur, en 1845 un régent de la Banque de France écrivait au sujet de la foire de Beaucaire : « aujourd'hui encore de tous les départements voisins on vient y faire son approvisionnement de l'année en toute espèce de marchandise ».

Marseille, Sète, Toulon trafiquent avec l'Algérie; en 1840, de Marseille seulement 403 navires sont partis vers l'Algérie. Le négoce en tire profit mais aussi l'industrie locale est stimulée; Toulon fabrique des chaussures, Lodève des draps pour l'armée d'Algérie, ainsi que les fabriques de Castres et de Mazamet (soutenues de plus par le maréchal Soult, ministre de la Guerre et protecteur tout puissant du Tarn). Aussi, pour des raisons différentes, plus liées à l'activité économique chez les notables orléanistes, plus affectives chez les légitimistes, toutes les opinions dans le Midi de la France réclament l'extension de la conquête en Algérie. A Toulon un journal prend le titre significatif de *la Sentinelle de la marine et de l'Algérie*. Le développement économique est en fait très inégal dans les différents départements du Midi et même au sein de ces départements; il accentue aussi des disparités sociales qui jouèrent un rôle dans le début du mouvement démocratique présenté plus loin. Le Midi méditerranéen est l'une des rares régions favorables au libre-échange à la fin de la monarchie de Juillet avec des exceptions, les fabricants de draps particulièrement ceux de Bédarieux restent protectionnistes et les légitimistes dans leur ensemble sont peu favorables au mouvement qu'ils accusent d'anglophilie. Bien qu'atteintes par la crise en 1847, notamment par la baisse du prix des vins, la région et Marseille ont été relativement à l'abri de la crise économique avant la révolution de février.

3. L'opposition au régime de juillet et le mouvement démocratique

Que les villes où les blancs avaient triomphé en masse en 1815 aient accordé une forte proportion de voix aux rouges de 1848 ou 1849 sous-entend une évolution latente pendant la monarchie censitaire.

Les oppositions.

Nous avons vu que la monarchie de Louis-Philippe n'était soutenue dans les départements du Midi que par une minorité qui prenait appui sur le pouvoir central. Certes elle rallia la masse des indifférents et des opportunistes à Toulouse, à Avignon ou à Toulon et dans la plupart des villes mais l'habitude d'accepter les régimes qui se succédaient ne devait pas être confondue avec l'acceptation enthousiaste ou même l'appui par la garde nationale.

L'opposition au cours des premières années de 1830 est surtout une hostilité profonde contre Louis-Philippe, animée par les passions légitimistes, diffusée par des journaux, des affiches, des caricatures. En agissant contre les menées des légitimistes, en grossissant leurs activités le gouvernement les renforce malgré lui en révélant qu'il les redoute, qu'ils représentent une force, ce qui était toujours estimé dans le Midi.

L'anniversaire de la mort de Louis XVI le 21 janvier 1831

provoqua des célébrations dans les églises. A Toulouse par exemple à la sortie de la messe des jeunes gens arrachèrent des affiches du théâtre annonçant le chant de *la Marseillaise*, ce qui souleva l'indignation des étudiants libéraux et des gardes nationaux. Des conciliabules, des voyages, des correspondances secrètes, des réunions qui se croient occultes regroupent les légitimistes et entretiennent leurs espoirs. Les partisans de Charles X étaient organisés en Haute-Garonne et dans les départements voisins ainsi que dans l'Hérault, le Gard, le Vaucluse et les Bouches-du-Rhône, mais une erreur d'appréciation sinon de leurs forces du moins de leur combativité entraîna le débarquement de la duchesse de Berry alors que ses partisans, depuis trop longtemps dans l'attente, se disputaient dans des querelles mesquines. Le soulèvement attendu avorta le 30 avril 1832 à Marseille; il n'y avait que 60 partisans au petit matin là où l'on en attendait 2 000; dans les autres villes qui attendaient un signal, rien ne fut tenté. Mais la traversée par la duchesse de Berry et sa suite de la Provence et du Languedoc alors que toutes les autorités orléanistes, d'abord surprises, étaient à ses trousses, n'a pu s'accomplir qu'avec un large assentiment des populations des régions parcourues. N'ayant pas combattu, l'organisation des légitimistes dans le Midi ne fut pas autant persécutée que dans l'Ouest mais, conséquence plus grave, la dérobade des carlistes, plus encore que ce qu'il advint ensuite de la duchesse de Berry, amena parmi eux de nombreuses défections.

Mais, non sans quelque paradoxe, l'accord se fit dans de nombreuses villes contre la nouvelle monarchie entre les deux oppositions extrêmes. Pourtant le mouvement démocratique s'était manifesté d'abord, au lendemain de la révolution de Juillet par une hostilité ouverte contre ce qui rappelait la branche aînée des Bourbons, contre leurs partisans et en particulier contre le clergé catholique accusé de lui être resté sympathique. L'opinion démocratique s'exprime dans quelques journaux éphémères; à Marseille *le Peuple souverain* (tirant à 650 exemplaires) dut, malgré son titre, s'interrompre pendant longtemps faute de clientèle. Les associations républicaines ne trouvèrent tout d'abord des partisans que dans les grandes villes. A Marseille Démosthène Ollivier fonde en octobre 1832 une association patriotique avec quelques bourgeois. A l'autre extrémité de la région, sous l'influence du savant Arago les idées républicaines se développèrent dans les Pyrénées-Orientales : la Société des Droits de l'homme compta plus de 300 militants à Perpignan mais l'on vit aussi des groupes formés à Estagel, à Rivesaltes, à Collioure et dans une dizaine d'autres communes, au total plus de 2 500 Républicains. A Toulouse après 1830 c'est par les sentiments bonapartistes que réapparaissent les idées républicaines et des banquets populaires fêtent la Saint-Napoléon le 15 août. La Société des Droits de l'homme s'y recruta surtout dans la petite bourgeoisie de la garde nationale, parmi les étudiants en médecine ou de l'école vétérinaire mais aussi parmi les ouvriers des faubourgs Saint-Étienne ou Saint Cyprien; en 1834, elle y comptait plus de 2 000 membres. Un journal de gauche *l'Émancipation* est créé à la fin de 1836; ce journal devenu quotidien en 1838 a pris pour devise « *Dieu et la loi, Réforme et Progrès* ». Entre Marseille et Toulouse, les principaux foyers républicains se trouvent dans la Vaunage (Gard), à Calvisson, à Sommières, à Clarensac, et à Montpellier où les républicains se révèlent aussi à l'occasion du passage des saint-simoniens en mars 1833. L'entrée des saints-simoniens à Marseille le 16 mars 1833 « suivis de quelques centaines d'hommes de la basse classe chantant *la Marseillaise* et *la Carmagnole* » explique qu'un rapport ultérieur qualifie de « commis voyageurs de la République » les saint-simoniens. On retrouve cette double influence aussi à Perpignan parmi les officiers, à Toulon avec un fonctionnaire de la marine, Blache, et Jean Aicard (le père du poète), à Castelnaudary dans l'Aude.

Le saint-simonisme qui avait pénétré dans le Languedoc avant 1830 se développe, surtout après cette date, dans le Midi, le plus souvent dans des groupes qui évoluent ensuite vers les idées démocratiques. Le succès des saint-simoniens auprès des ouvriers est dès 1833 à Marseille un symptôme d'une évolution républicaine dans une partie du peuple; le 14 juillet 1833 l'anniversaire de la prise de la Bastille fut célébré par 250 ouvriers. Les médaillons avec l'image de Marat ou de Robespierre, les bonnets rouges sont à la mode chez une partie des ouvriers cordonniers ou menuisiers gagnés par la Société des Droits de l'homme qui compte 700 membres répartis en plus de 36 sections à Marseille; de là elle s'étendit à Aix, à Tarascon, à Avignon et surtout dans le Var. A Draguignan, à Brignoles, au Luc se formèrent des groupes républicains : la verve de Flora Tristan à Toulon en 1844 provoqua la formation d'un cercle d'ouvriers. Cette opposition enfin se manifesta par des formes très diverses. L'agitation dans les rues par des charivaris devant le domicile de personnalités du régime ou des perturbations dans les théâtres ne sont le plus souvent que chahut de la jeunesse, notamment des étudiants à Toulouse et à Montpellier.

Le mouvement est parfois coordonné sous les formes d'une campagne d'opinion au niveau national, c'est le cas entre 1838 et 1841 de la revendication pour la réforme électorale réclamée par des pétitions et des banquets. Cette première campagne réformiste bénéficie dans le Midi de l'action d'Arago pour la région de Perpignan et de celle de Joly, autre député radical, près de Toulouse. Il y eut des réunions avec des banquets réclamant la réforme électorale en octobre 1840 à Marseille, à Toulouse et à Montpellier, à Perpignan, à Carcassonne, à Callas dans le Var...

Il ne faut certes pas exagérer l'influence des républicains du Midi; les mécontentements qui s'expriment trouvent leur principale cause dans la détérioration de la condition ouvrière ou de la situation des petits propriétaires. Mais légitimistes et opposants de gauche n'ont pas manqué effectivement soit d'exciter les mécontentements diffus, soit de défendre ensuite ceux dont les revendications ou l'agitation avaient été réprimées. Sans que les grèves aient jamais revêtu une gravité comparable à celle d'autres régions il y eut néanmoins des coalitions ouvrières. Il y en avait eu déjà quelques-unes sous la Restauration, celle des boulangers à Marseille en juillet 1823, celle des maçons à Toulon en mai 1826, mais les autorités locales avaient peu réagi. Le caractère artisanal des petites entreprises liait l'ouvrier et le patron qui travaillaient ensemble. Sous la monarchie de Juillet, ces troubles sont plus fréquents; Toulon en février 1838 connaît une grève des charpentiers de l'arsenal, ouvriers considérés pourtant comme très dociles; en mars 1845 a lieu la première grande grève de l'arsenal suivie par 2 510 ouvriers (la moitié des effectifs). C'est là un des rares exemples de grève d'un type moderne. Dans le Midi les coalitions ouvrières se produisent surtout, sous la monarchie censitaire, dans des métiers traditionnels (cordonniers, tanneurs, tailleurs d'habits, tonneliers) et dans les chantiers des grands travaux publics (ouvriers tailleurs de pierres du chemin de fer d'Alès en septembre 1839, ou terrassiers travaillant au canal de Marseille près d'Aix). Enfin dans le textile les fabriques souvent archaïques sont peu concurrentielles quand le marché s'élargit; la compression des salaires, l'hostilité des ouvriers à de nouvelles machines qu'ils soupçonnent de les priver de travail, la misère enfin d'une condition ouvrière aggravée par des crises provoquent aussi des grèves. Déjà en novembre 1828 de nouvelles machines à carder et à tisser avaient été détruites par des ouvriers drapiers dans l'Aude. Il y eut en février 1839 une grève dans la fabrique de Lodève. Les déplacements d'une main-d'œuvre saisonnière pour les moissons et surtout pour les vendanges sont une cause supplémentaire d'effervescence, de rixes, de délinquance aussi. La répression est généralement brutale comme elle l'est contre les grévistes, mais violents aussi sont les heurts entre compagnons des métiers différents : en mai 1839 le jour de la Saint-Honoré — la fête des boulangers —, entre ceux-ci et les charpentiers, une bagarre provoqua mort d'homme à Toulouse.

Une autre forme d'opposition davantage dirigée contre l'État se tourne contre l'impôt à l'occasion d'une modification assez ambiguë de l'assiette de l'impôt et de l'établissement du recensement de 1841; une très vaste agitation antifiscale se développa dans de nombreuses régions de France et notamment dans le Midi. C'est à Toulouse qu'elle prit les proportions les plus graves; le 9 juillet 1841 les premières opérations de recensement, dénaturées par des rumeurs auxquelles des opposants et des légitimistes en particulier n'étaient pas étrangers, provoquèrent des attroupements, des barricades, et par contrecoup des charges de cavalerie, des blessés et des arrestations; le 13 un manifestant fut tué; le préfet Mahul et le procureur général, assaillis, s'enfuirent et le calme ne revint que très lentement. Des conseils municipaux, à Toulouse, à Montpellier, déclarèrent les nouvelles formes de recensement illégales. Une autre forme d'animosité contre la fiscalité concerne l'impôt sur les boissons.

Les mouvements populaires ne traduisent pas nécessairement des aspirations démocratiques, mais l'expression collective du mécontentement, et plus encore de la revendication, favorise un comportement démocratique et c'est ce que manifestent les élections municipales (les seules comportant un élément populaire dans leur électorat) à la fin de la monarchie de Juillet. Dans le Midi de la France, le progrès du mouvement démocratique (qui apparaîtra en force sous la seconde République) provient de deux évolutions très différentes.

Du carlisme à la République.

Le passage du légitimisme aux idées républicaines est une conséquence de l'alliance carlo-républicaine qui s'était établie dans plusieurs villes du Midi. En 1834 légitimistes et hommes du Mouvement s'étaient coalisés et avaient obtenu la majorité au conseil municipal de Marseille. Or il est véritablement symptomatique de voir dans les villes où l'alliance carlo-républicaine s'était établie (ne fut-ce que temporairement) que le nombre des légitimistes décline au fur et à mesure des élections municipales. A Marseille par exemple ils passent de 17 élus (sur 41) en 1834 à 8 en 1837 puis à 5. Or ce rapprochement — quand il se produit — inquiète une grande partie des notables légitimistes qui se rallient plutôt au régime de Juillet devenu de plus en plus conservateur.

Plus significative de l'évolution dans les classes populaires, l'évolution démocratique d'une partie du petit peuple légitimiste tient à l'inaction grandissante de son parti d'origine alors que la dénonciation, par la presse notamment, de scandales ou seulement de profits tirés par les détenteurs du pouvoir suscite un mécontentement grandissant et une jalousie particulièrement sensible à l'encontre des parvenus. D'autre part les habitudes de groupement des artisans jouèrent longtemps en faveur des associations traditionnelles qui maintenaient les liens avec les notabilités royalistes et avec le clergé et ces liens restèrent vivants avec une partie des classes populaires du Midi bien après 1848. Mais précisément parce que le retard économique et le conservatisme spirituel ont évité à ces populations d'être gagnées par l'individualisme du libéralisme bourgeois, les idées radicales et une adhésion ardente à toute idée associant réforme politique et réforme sociale y pénétrèrent plus aisément. C'est aussi parce que les traditions pesant sur les corporations permettaient mal aux nouveaux ouvriers ou à des métiers en plein développement de s'intégrer dans ce système que le Midi vit apparaître la Société de l'union, à Toulon en 1830, semble-t-il : il s'agit d'une volonté d'émancipation de jeunes artisans par rapport au compagnonnage traditionnel même si celui-ci n'est pas en rapport avec le traditionalisme politique légitimiste.

Une autre évolution conduit vers les opinions démocratiques des libéraux partisans de la monarchie de Juillet à ses débuts, mais déçus par son évolution et tirant de la défense des libertés le souci d'une plus grande égalité, au moins politique. Ces sentiments égalitaires se manifestent surtout dans la région de Toulouse ou de l'Aude et s'appuient souvent sur la légende napoléonienne qui s'est perpétuée dans une partie de l'opinion de ces départements alors que, au contraire, elle a très peu d'emprise en Provence. La stabilité ministérielle après 1840, traduite sur le plan local par l'accaparement du pouvoir, des influences et des faveurs de l'administration toujours par les mêmes familles ou factions, multipliait les mécontents. En s'appuyant de plus en plus sur des légitimistes ralliés pour faire passer ses candidats aux élections de 1846 qui lui furent souvent favorables, le ministère a exaspéré l'opposition démocratique et celle-ci a largement participé, surtout en Languedoc et en Roussillon à la campagne des banquets réformistes de 1847 qui mit en valeur aux yeux des populations ceux qui allaient devenir quelques mois plus tard les nouveaux cadres locaux de la seconde République à ses débuts.

En dépit de ses progrès électoraux le régime de Juillet s'était mal implanté dans le Midi, les antagonismes locaux facilitaient la tâche de l'administration à qui revenaient les arbitrages et finalement les décisions dans tous les problèmes nouveaux : rivalité, par exemple, entre Arles et Tarascon ou bien entre Montpellier et Nîmes, que les projets ferroviaires ne firent qu'accroître. Au contraire les partis extrêmes (légitimistes et radicaux) se coalisent contre le ministère et tout ce qui est considéré comme la domination imposée par la France du Nord. Mais cette opposition commune n'empêche nullement les antagonismes et les passions locales de se déchaîner dans l'affaire Léotade qui se juge au début du mois de février 1848 à Toulouse. Un frère de la Doctrine chrétienne, le frère Léotade était accusé du viol et du meurtre d'une jeune fille de 14 ans. A ce stade, le fait divers revêt une signification sociologique et politique. Les passions anticléricales se déchaînèrent.

Les passions plus que les idées ont besoin de s'exprimer dans le Midi méditerranéen et languedocien. Le prédicateur de sa chaire, les artistes au théâtre, l'orateur politique dans un banquet réformiste et l'avocat au prétoire remuaient un auditoire (parfois le même) trouvant dans le fait quotidien le spectacle auquel il prend part; la vie publique tient une place importante dans la grande ville aussi bien que dans le petit village du Midi, elle s'y nourrit tantôt d'un fait local, tantôt d'un événement national.

3

Le Sud-Ouest

C'est vers l'Océan que regarde une partie de ces départements, le plus souvent avec la nostalgie du XVIIIe siècle et de la prospérité du commerce des îles. Il s'agit pourtant de régions à forte prédominance rurale, dans lesquelles les activités agricoles ont même progressé, en raison du déclin de l'artisanat et du reflux de l'activité commerciale desservie par le déplacement des grandes zones de trafic international.

Mais comment définir le Sud-Ouest? Région sans unité historique, elle englobe des pays aux fortes traditions comme le pays basque et le Béarn bien distincts du reste, région sans unité linguistique ni administrative, elle trouve peut-être une unité très relative dans l'existence d'une métropole régionale, Bordeaux. Mais cette influence s'exerce très inégalement et très diversement selon les milieux et selon les activités. Les Charentes, une partie du Limousin, le Périgord, l'Agenais, les Landes et la région occidentale des Pyrénées, le Gers aussi (qui par certains aspects penche plus vers Toulouse), au total neuf ou dix départements peuvent représenter le Sud-Ouest à cette époque. L'originalité du Sud-Ouest pendant la première moitié du XIXe siècle tient à la fois à la persistance d'une économie d'ancien type, dans laquelle les activités agricoles et commerciales prédominent et aux caractères d'un tempérament régional. Mais ce tempérament régional est-il politique? C'est moins ce fameux « girondisme », qui semble plus un mythe qu'une réalité, qu'une adaptation à la monarchie constitutionnelle, une propension au juste milieu, qui est une forme (conformiste) du libéralisme. Mais est-il la cause ou la conséquence du moindre développement qui au sud de Poitiers affecte les départements du Sud-Ouest? C'est plutôt par contraste avec les régions voisines que se définit le Sud-Ouest sous la monarchie censitaire, différent de l'Ouest qui s'étend jusqu'à la Vendée et aussi du Languedoc par un comportement politique autre qui correspond, en partie du moins, à d'autres structures sociales.

L'individualisme, non pas théorique mais vécu, avec un penchant plus vif pour la liberté que pour l'égalité, y répugne à la fois aux contraintes et aux perturbations; une plus grande tolérance (par exemple entre catholiques, protestants et juifs) s'y combine avec une méfiance pour ce qui vient de Paris et pour ce qui est trop brutalement nouveau.

1. Diversité et insuffisances du monde rural

La population rurale représente dans tous ces départements une prépondérance supérieure à celle qu'elle détient dans la moyenne nationale, plus de 90 % en Dordogne et en Charente en 1836, 89 % dans les Landes, 77 % en Gironde malgré la présence de l'agglomération bordelaise, la seule ville importante de la région. Après un accroissement partout sensible sous la Restauration, la population même si elle est peu dense (dans les Landes 30 hab. au km² en 1831), est arrivée à un niveau de saturation par rapport à ses ressources, soit que l'augmentation démographique ait été sensible dans des départements peu peuplés comme les Landes ou les Hautes-Pyrénées, soit que la population ait atteint un palier et reste stationnaire sous la monarchie de Juillet ou même commence à diminuer (Gers, Lot-et-Garonne). Mais ces quelques caractères généraux ne doivent pas nous cacher la diversité des paysages.

Les régions les plus viticoles voient se maintenir cependant une polyculture variée. En Charente et Charente-Inférieure, l'exportation des eaux-de-vie double sous la Restauration, faisant la fortune des arrondissements de Cognac et d'Angoulême et d'un grand nombre de petits propriétaires exploitants qui étendent ce vignoble. On retrouve au contraire des grands domaines viticoles en Gironde, le département qui possède en 1840 avec la Charente-Inférieure le vignoble le plus étendu. La vigne forme aussi une ressource importante dans le Gers, producteur de l'armagnac, le Lot-et-Garonne, la Dordogne dans la région de Bergerac et Monbazillac.

Dans la plupart des régions les céréales occupent la première place; le froment passe en Gironde de 61 000 hectares en 1825 à 69 000 en 1835 mais dans la même période la production (après des hauts et des bas) augmente de 30 %; dans le Lot-et-Garonne les surfaces cultivées en froment ont augmenté de 40 % et la production s'est accrue de 50 % après avoir même doublé en 1830. Dans les Landes et dans les Basses-Pyrénées, le maïs l'emporte sur le blé. Une zone à part est représentée par les populations de la côte : c'est en Saintonge que celle-ci est la plus peuplée, les marais salants sont le domaine de petites exploitations mais leur déclin commence après 1830 devant la concurrence des mines de l'Est ou des salines du Midi méditerranéen. Par contre les huîtres indigènes plates dont le verdissement commence à s'opérer sur la Seudre ne sont plus un simple produit de cueillette mais l'ostréiculture se développe dans la région de Saintes et de Marennes tandis que les moules ne représentent encore une richesse que pour la baie de l'Aiguillon. Quant à la pêche elle est plutôt en déclin au cours de la période : La Rochelle voit décliner ses campagnes vers Terre-Neuve; et ce n'est qu'à la fin de la période que la conserve de la sardine à l'huile mise au point à Nantes se pratique en Charente-Inférieure.

Les régions forestières dans le Sud-Ouest présentent trois aspects distincts. La forêt occupe une place importante dans la région pyrénéenne, elle forme souvent des biens communaux. Elle est en progrès dans les Landes, les semis de pins sont nécessaires pour lutter contre les marais et les étangs qui menacent les zones cultivées elles-mêmes. La forêt de pins entretient toute une industrie artisanale et familiale, des ouvriers gêniers ou résiniers recueillant la résine, des potiers fabriquant des ustensiles pour la recueillir. Mais les résiniers participent peu au profit tiré de la hausse des prix de la résine et de la térébenthine dont les emplois se multiplient; en février 1836, ils se soulèvent à Lespéron pour obtenir de meilleures conditions de paiement. Avec le charbon de bois se développa sous la monarchie de Juillet la métallurgie landaise exploitant le minerai de fer que l'on trouve dans le sol des Landes. Avec Bertrand Geoffroy venu des Ardennes en 1831 apparaissait la métallurgie nouvelle en dépit des entraves locales; la Société des hauts fourneaux, forges et laminoirs de l'Adour qu'il constitue avec des capitaux belges fut la première à utiliser la machine à vapeur dans son usine d'Abesse. En Périgord et sur la zone de transition avec le Massif central, les intérêts forestiers se heurtent surtout aux éleveurs, la transhumance des bestiaux de l'Auvergne aux pays de la Garonne inquiétant les cultivateurs. Dans les Landes, le baron Poyféré de Cère s'est fait le défenseur des bergers de moutons perchés sur leurs échasses. L'élevage des moutons reste une survivance d'une économie ancienne et celui des bovins n'est que peu développé dans la première moitié du XIXe siècle.

Parmi les éléments de richesse en progrès il faut citer les arbres fruitiers, en Lot-et-Garonne surtout; le pruneau d'Agen s'exporte bien, et la culture du tabac est une ressource en expansion pour le Lot-et-Garonne et le Lot. Par contre, la culture du chanvre est en déclin, quelques corderies continuant à travailler pour la Marine à Marmande et à Tonneins.

Exploitation rurale et répartition de la propriété.

Le métayage tient une grande place en Aquitaine à l'exception des régions viticoles où se juxtaposent faire-valoir direct et grands domaines. Il existe une grande diversité de conditions; quand la population est surabondante, la part du métayer tend à décroître au profit du propriétaire, par exemple dans le Gers. Dans d'autres régions, la décadence de l'activité artisanale gonfle la main-d'œuvre agricole qu'elle maintient à bas prix comme c'est le cas en Lot-et-Garonne et en Dordogne. Quand la vie est dure, comme dans les Landes, le métayer jouit exclusivement des produits de son jardin. Dans le métayage persistent les techniques agraires anciennes et la polyculture vivrière, ainsi la structure même de l'exploitation contribue au moindre développement économique dans une région qui ne connaît pas de grandes misères mais qui vit à l'écart aussi du développement capitaliste.

La petite propriété, le faire-valoir direct, l'emportent en Dordogne le long de l'Isle et de la Dordogne, en Charente, en Béarn. Dans les départements pyrénéens on observe un très grand morcellement du sol; dans le canton de Monein les 2 591 propriétaires que l'on trouve sur 10 581 habitants possèdent plus de 25 000 parcelles; dans beaucoup de communes rurales presque toutes les familles possédaient au moins un lopin de terre. La grande propriété foncière noble même si elle est très minoritaire désigne ses détenteurs à la considération des populations. Sous la Restauration, l'aristocratie foncière domine très largement les campagnes du Sud-Ouest aquitain et pyrénéen.

La dégradation des campagnes et l'exode rural.

La condition paysanne se détériore sous la monarchie censitaire dans plusieurs régions et sous plusieurs aspects. Il s'agit d'abord et peut-être surtout de la persistance d'une situation ancienne mais l'amélioration réelle ou supposée d'autres régions, l'attrait croissant des villes rendent moins supportable la misère chronique. La décadence de l'artisanat rural contribue à cette dégradation, ainsi le textile de la région de Nay est durement touché par les difficultés d'exportation vers l'Espagne. Le partage ou la vente des communaux en est un autre élément. Dans les Landes c'est l'administration préfectorale qui pousse le conseil général et les communes à vendre les communaux incultes. Mais les propriétaires s'inquiètent pour le parcours des troupeaux de moutons; d'autres s'opposent à la vente aux enchères des communaux, ce qui appellerait « des étrangers, même des compagnies qui, par spéculation, achèteront de grandes quantités de landes », cette remarque exprimée en 1836 vient d'un riche maître de forges, Lareillet. Ventes de biens communaux, assèchement des marais ou défrichement de landes, ont souvent aggravé les contrastes sociaux entre quelques propriétaires riches, instruits et dynamiques et la majorité des paysans dont la condition reste précaire, telle que l'a dépeinte un peu plus tard Eugène Roy : Jacquou le Croquant trouve un modèle dans la campagne périgourdine de 1830. Les campagnes du Sud-Ouest surpeuplées par rapport à leurs ressources ont atteint généralement leurs plus fortes densités au moment du recensement de 1846 avant qu'elles ne soient gagnées par la révolution ferroviaire qui aggrava le déséquilibre économique et démographique. Le morcellement de la propriété et la polyculture fondée sur les productions vivrières ne préparent guère le Sud-Ouest à affronter une commercialisation agricole plus poussée et la concurrence que la construction des chemins de fer allait leur faire subir dans le troisième quart du XIXe siècle.

2. Centres urbains et activités commerciales

Le Sud-Ouest n'a qu'une grande ville, Bordeaux, sa prépondérance est incontestée mais ses relations avec l'Agenais et plus encore avec le Béarn sont trop lentes pour être importantes sous la monarchie censitaire. La faiblesse de l'activité industrielle en faisant porter le commerce principalement sur des productions agricoles accentue la symbiose entre la campagne et la ville.

Bordeaux et les villes du Sud-Ouest.

C'est la région qui assura la croissance de Bordeaux, attirant des populations refoulées de terres qui ne pouvaient plus les nourrir; mais cette croissance fut lente. Bordeaux ne retrouva qu'en 1840 son chiffre de population de 1789. Le souvenir de sa splendeur à la fin de l'Ancien Régime reste empreint de nostalgie chez les Bordelais de la première moitié du XIXe siècle : en 1846, avec ses 121 520 habitants, Bordeaux reste toutefois la quatrième ville de France. Pour accueillir les populations venues des campagnes et souvent peu stables, Bordeaux s'étend : au nord, au-delà des Chartrons, le quartier de la grande bourgeoisie liée au commerce des vins avec ses larges cours; au nord-ouest où le faubourg Saint-Seurin se développe sans rejoindre encore Caudéran qui devient la commune de banlieue la plus peuplée; à l'ouest le quartier Saint-Bruno profite de la construction d'une manufacture de tabac décidée en 1811. Le quartier Saint-Pierre et la rue de la Rousselle rassemblent le commerce des denrées coloniales. Une forte mortalité qu'explique le voisinage malsain des marais, une forte natalité accrue par le refuge qu'offre la ville aux filles-mères,

Bordeaux sous la monarchie de Juillet

(Dressé par Pierrughes.)

caractérisent la démographie de Bordeaux; en 1831 près des deux tiers de la population sont nés à Bordeaux, proportion qui ira en diminuant.

La démolition du château Trompette commencée en 1789, reprise en 1816, permet de dégager ce qui deviendra les Quinconces. L'aménagement urbain est commandé par le fleuve, la construction du pont de pierre décidé par Napoléon est reprise en 1816; le 1er mai 1822 le pont est ouvert à la circulation sans gêner la navigation. Car Bordeaux est d'abord un port, même si celui-ci n'est que très lentement modernisé; en 1818 apparaît le premier bateau à vapeur, *la Garonne*, qui assure le service Bordeaux-Langon, mais le halage sur les chemins de tire subsista longtemps. Les travaux d'aménagement du port sont lents, ce n'est qu'en 1828 qu'on vit apparaître des grues, mues à bras. Des constructions de bateaux s'établissent à Bordeaux et à Lormont. Ville de négoce, les opérations commerciales sont facilitées par plusieurs institutions, la formation d'un entrepôt réel en 1822 et la fondation en 1818 d'une Banque de Bordeaux à l'origine de laquelle on retrouve Balguerie-Stuttenberg, Daniel Guestin, Paul Portal, W. Johnston; sur les 160 premiers actionnaires on compte 131 négociants et seulement deux industriels, un imprimeur et un constructeur de navires, ce qui traduisait bien la structure des affaires dans la ville. Pourtant les activités traditionnelles ne pouvaient guère donner un emploi au surcroît de population. Bordeaux y gagna au moins de ne pas connaître la mise au travail des jeunes enfants, même le travail féminin est moins utilisé qu'ailleurs. Il n'y avait que 23 entreprises englobant plus de 20 ouvriers, en 1840 la plus importante était la fabrique de céramiques de Johnston reprise par Vieillard. Ville de bourgeoisie (grande ou petite), instruite, tolérante, fière de son théâtre, Bordeaux connaît une vie intellectuelle active surtout sous la Restauration avec le salon de Mme Nairac mais aussi toute une littérature populaire gasconne illustrée par Meste Verdié. Bordeaux surprend agréablement ses visiteurs, parmi lesquels Stendhal et Victor Hugo : ce dernier qui s'y arrêta en 1843 écrivit : « Bordeaux est une ville curieuse, originale, peut-être unique. Prenez Versailles et mettez-y Anvers, vous aurez Bordeaux. »

Aucune autre ville du Sud-Ouest n'est comparable à Bordeaux

et la lenteur des communications n'a pas encore suscité de concurrence entre Toulouse et Bordeaux; cette lenteur permet aussi à Pau de conserver son originalité. Il ne s'agit pourtant que d'une petite capitale provinciale (elle atteint 24 000 habitants en 1946); elle doit une part de sa vitalité à la renommée de son climat et à la proximité des eaux thermales en particulier les Eaux-Bonnes qui attirent des riches étrangers. Aussi la capitale du Béarn est-elle très intéressée à tout ce qui concerne les transports : le choix comme maire en 1843 d'André Manescau, avocat mais aussi entrepreneur de diligences, suffirait à le montrer. Le tourisme entretenait une vie mondaine et les courses de chevaux avaient un rapport certain avec l'élevage des chevaux dans les Hautes et Basses-Pyrénées, mais aussi avec la présence de riches anglais pendant l'hiver.

C'est le commerce qui anime la plupart des villes du Sud-Ouest, commerce maritime de Bayonne et de La Rochelle. Rochefort est un centre, important pour l'époque, de constructions navales; vers 1830 la plus grande cale construit des bateaux de plus de 60 mètres de long; à côté de l'arsenal de la Marine un petit port marchand commence à se développer après 1840. Mais ces ports mal adaptés aux plus gros tonnages ne reçoivent pas non plus de l'activité économique régionale une impulsion stimulant des travaux d'aménagement. C'est le cabotage en rapport avec le trafic sur les fleuves qui les anime le plus, tandis que stagnent les villes souffrant du reflux de l'activité industrielle comme Agen. Angoulême présente le cas d'une petite ville (20 085 habitants en 1841) bénéficiant du commerce prospère des eaux-de-vie ce qui lui vaut l'établissement d'une succursale de la Banque de France. Sous la monarchie de Juillet, un préfet dynamique, Larréguy précédemment banquier et négociant à Paris et au Havre, resta en fonction de 1832 à 1842 dans le département; il contribua au progrès économique, collaborant plus volontiers avec des notabilités libérales (comme le président du conseil général, le député Albert) qu'avec des conservateurs ministériels; mais ces derniers obtinrent finalement son déplacement. L'activité industrielle est le fait principalement de petites entreprises et de l'artisanat dans le Sud-Ouest, aussi le compagnonnage y conserve — et notamment à Bordeaux — une importance que l'on retrouve dans le témoignage d'Agricol Perdiguier. C'est dans les villes que la dégradation de la condition des travailleurs provoque le plus de mécontentement. En 1831 scieurs de long et tailleurs de pierre provoquent des grèves à Bordeaux; des cordonniers et des tisserands d'Agen pétitionnent en janvier 1832 pour protester contre la concurrence que leur font les ateliers établis dans les prisons. Les tailleurs d'habits qui tentent de s'organiser dans plusieurs régions de France trouvent un écho en 1836 à Bordeaux et à La Rochelle.

Le commerce et ses difficultés.

Le retour à la paix avait permis la reprise du commerce maritime favorisé par les initiatives des grands négociants et armateurs bordelais parmi lesquels se distingue Balguerie-Stuttenberg, mais les espoirs de renouer avec la prospérité commerciale du XVIIIe siècle sont ruinés à la fois par des circonstances propres à la région (l'insuffisance de l'arrière-pays, le retard industriel de la région en raison même des progrès des communications) et par la conjoncture économique internationale.

Les voies de communication, routes, canaux et rivières suffisaient aux transactions locales; la polyculture et l'artisanat rural avaient appris aux paysans à produire presque tout ce dont ils avaient besoin. Aussi tout ce qui remettait en question l'équilibre commercial auquel on était arrivé engendrait conflit et malaise. La construction d'un pont sur la Dordogne, le pont de Cubzac, opposait Bordelais et Libournais provoquant des manifestations dans les rues de Bordeaux : les premiers souhaitaient améliorer le trafic routier en rapport avec leur politique d'investissement dans la construction des ponts, les seconds redoutaient qu'un pont reposant sur de trop grosses piles ne gênât la circulation fluviale qui enrichissait la vallée de la Dordogne. Sur la moyenne Garonne, bateliers et artisans vivant du trafic fluvial étaient en perpétuelle discussion avec les cultivateurs de la vallée. Un plan général d'aménagement de la Garonne de 1830 est appliqué entre 1835 et 1840; un canal latéral est commencé vers 1838 mais les travaux accélérés jusqu'en 1845 autour d'Agen sont ralentis par l'engouement nouveau pour les chemins de fer. En dépit du lancement dès 1818 d'un bateau à vapeur reliant Bordeaux à Langon, la Garonne fut le dernier des grands fleuves français à voir triompher la navigation à vapeur. Le cabotage représentait un élément important du trafic local, il fournissait au début de la Restauration 45 % des entrées en tonnage du port de Bordeaux et procurait une bonne part de leur travail aux métiers du port.

La construction des chemins de fer tourna court dans la région; le chemin de fer de Bordeaux à La Teste sur le bassin d'Arcachon concédé en 1837 achevé en 1841 avait provoqué bien des déboires. Le tracé (et une erreur de 10 mètres de dénivellement dans une région pourtant de faibles différences de niveaux), la localisation de la gare, l'usage qu'on pouvait faire de la voie avaient divisé la ville de Bordeaux en camps et en quartiers rivaux. L'échec subi par les Bordelais, Duffour-Dubergier et le député Wustenberg en tête, pour obtenir la concession du Paris-Bordeaux aggrave cette méfiance, la bourgeoisie bordelaise préfère placer ses capitaux dans la construction de ponts ou de maisons ou les utiliser dans les activités commerciales traditionnelles.

Le Sud-Ouest à l'écart des grandes voies internationales.

Le déplacement des anciennes lignes de navigation ne s'effectue que lentement. Le trafic avec les ports allemands ou russes se développa même au début de la Restauration, mais ce sont surtout des navires anglais, hollandais ou allemands qui apportaient des poutres, des merrains, du chanvre et même du fer et rapportaient du vin, de l'eau-de-vie ou des prunes. De même ce sont des navires anglais qui apportent la houille : 100 des 120 bateaux anglais mouillant à Bordeaux en 1840, 80 des 85 à La Rochelle sont des charbonniers. L'arsenal de Rochefort reçoit aussi du charbon d'Angleterre. Cependant pour le Sud-Ouest la houille est éloignée, donc chère, et par là même rare. Le commerce antillais, joyau des affaires bordelaises, est menacé; Bordeaux reste le premier port français en relation avec les Antilles sous la Restauration, mais il est concurrencé de plus en plus par Le Havre qui bénéficie du débouché parisien. De plus, le sucre représentait les trois quarts des retours de la Martinique et de la Guadeloupe vers 1818, or le sucre de canne est de plus en plus concurrencé par le sucre de betterave produit en France. Les vains espoirs de renouer avec Haïti (l'ancienne Saint-Domingue dont de nombreux colons s'étaient réfugiés à Bordeaux), les illusions entretenues sur l'Amérique latine, le déclin du trafic avec l'Espagne dont l'activité économique fut perturbée à la fois par la perte de ses colonies outre-atlantique et par l'anarchie intérieure, compliquèrent et réduisirent l'activité commerciale du sud-ouest de Bordeaux, de La Rochelle. L'industrie textile si florissante de la moyenne Garonne, sans débouché, dépérit. En 1821, le négociant Balguerie n'hésitait pas à écrire au conseil du commerce : « Le vaste continent d'Amérique du Sud offre à notre commerce et à notre marine une assez belle compensation de toutes nos pertes coloniales si nous savons en tirer parti. » Or le refus des gouvernements de la Restauration de reconnaître les nouveaux États américains anéantit les espoirs des traités de commerce réclamés par la chambre de commerce de Bordeaux. Le trafic avec La Plata, le Brésil ou le Mexique est largement distancé par le négoce anglais; les exportations de vin sont effectuées vers les États-Unis surtout sur les navires américains; quant au trafic vers La Plata il est atteint par une relative désaffection pour les vins de Bordeaux au profit des vins du Languedoc et de Provence. Les tentatives sans lendemain de Balguerie-Stuttenberg dans l'océan Indien et en Cochinchine vers 1820, le commerce en Afrique dont la maison Prom et Maurel avait été l'initiatrice en établissant dès 1828 des comptoirs au Sénégal, n'apportèrent pas de solutions de rechange.

Bordeaux était de plus handicapé par les gros frais provoqués par sa situation en rivière. Les ports du Sud-Ouest se trouvaient de plus en plus à l'écart des grandes lignes de navigation commandées par le port de Londres. Le trafic transocéanique avantage Le Havre plus proche des zones de grande industrialisation et profitant d'un arrière-pays bien plus peuplé; et Bordeaux est aussi distancé par Marseille qui bénéficie de la conquête de l'Algérie et du renouveau du trafic méditerranéen. A ce défi de la conjoncture, sans se rallier à une industrialisation pour laquelle il était peu équipé le Sud-Ouest — à la suite de Bordeaux — crut trouver une réponse dans la revendication du libre-échange.

Le mouvement libre-échangiste.

La politique protectionniste reprise par la Restauration avait déçu le Sud-Ouest, la monarchie de Juillet changea peu sur ce point; Duchatel, député de la Charente, fut l'un des rares ministres favorables à une libéralisation des échanges qui ne fut pas appliquée. Bordeaux faisait montre d'originalité dans la politique commerciale, allant à l'encontre de la politique protectionniste soutenue par la majorité de la France. Ce libéralisme économique restait toutefois très mitigé, les Bordelais n'hésitaient pas à l'occasion à réclamer des avantages, voire des monopoles de navigation par exemple dans les relations avec le Sénégal, ou au contraire des interdictions (contre le sucre de betterave notamment). La guerre des tarifs douaniers entre les États, les déceptions du commerce en Afrique, les difficultés du trafic avec les Antilles confirmèrent les Bordelais dans la nécessité de réviser la politique commerciale. C'est un fait exceptionnel que la naissance hors de Paris au XIXe siècle d'un grand courant d'opinion qui ne devait aboutir, il est vrai, que quelque quinze ans plus tard, de par la volonté du prince (en 1860 Napoléon III) sans traduire l'opinion de la majorité. Le mouvement libre-échangiste avait trouvé dans le journaliste Fonfrède un premier théoricien dès l'époque de la Restauration. Des vœux en faveur d'une atténuation du système protectionniste avaient été votés en 1842 par les conseils généraux de la Gironde et du Gers (déjà en 1841), de la Charente, de la Charente-Inférieure, des Hautes et Basses-Pyrénées. L'échec du projet d'union douanière franco-belge et l'exemple de la campagne de Cobden en Angleterre convainquirent les Bordelais de la nécessité d'agir et d'établir une solidarité entre les différents intérêts affectés par le maintien du protectionnisme. Cet élargissement fut d'abord régional; à propos des intérêts viticoles, des activités liées au commerce des produits coloniaux ou du vin, propriétaires et négociants furent amenés à se concerter, non que la critique du protectionnisme fût générale dans le Sud-Ouest; c'est en tant qu'éleveur de bestiaux et député de la Dordogne que Bugeaud est un adversaire acharné du libre-échange. C'est à Bordeaux que se constitue le 23 février 1846 une Association pour la liberté des échanges, une souscription réunit en quelques jours 60 000 F versés par 524 souscripteurs, ce qui donna une possibilité d'action et de propagande; son président était le maire de Bordeaux Duffour-Dubergier; cette association comprenait à la fois des légitimistes, des ministériels et aussi des opposants dynastiques comme l'économiste landais Frédéric Bastiat. Dépassant les oppositions politiques et les antagonismes personnels le libre-échange donnait un fondement idéologique à la défense des intérêts locaux, une idée force pour soutenir une attitude d'opportunisme, c'était aussi une réponse au moindre développement du Sud-Ouest.

3. Modération politique et juste milieu

C'est le déclin économique provoqué par les entraves que la guerre avait apportées au trafic maritime qui joua le plus grand rôle dans la désaffection du Sud-Ouest et surtout de Bordeaux à l'encontre du régime napoléonien; les départements du Midi océanique se caractérisèrent au début de la Restauration par leur priorité dans la reconnaissance des Bourbons et aussi par la traversée, sans trop de secousses, de ces périodes contrastées que représentèrent la première Restauration, les Cent-Jours et surtout les débuts de la seconde Restauration.

« La ville fidèle ».

Ces deux situations peuvent d'autant plus étonner que, dans la région, il y avait parmi les chefs royalistes des sympathies pour un « duché d'Aquitaine » qui aurait eu une large autonomie sous l'autorité du duc et surtout de la duchesse d'Angoulême. Le comte Lynch, maire de Bordeaux, avait remis le 12 mars 1814 sa ville aux Anglais dont les premiers détachements avaient été acclamés et il avait fait arborer le drapeau blanc pour recevoir le duc d'Angoulême. L'exemple de Bordeaux avait précipité la désaffection pour le régime napoléonien dans le Sud-Ouest; partout les gardes nationaux firent défection. Mais quelques mois plus tard, en mars 1815, la seule arrivée du général Clausel au nom de

Napoléon fit partir la duchesse d'Angoulême (qui n'avait pu engager les troupes à résister) vers l'Espagne. Si la population bordelaise n'avait aucune envie de résister, elle n'en était pas pour cela plus favorable à Napoléon. Dès que la défaite de Waterloo fut connue, seules les garnisons restèrent fidèles à Napoléon; le duc d'Angoulême retrouva toute sa popularité, il réussit à dissuader les Espagnols d'entrer en France et gouverna, au nom de son oncle Louis XVIII, tout le Midi. La journée du 12 mars 1814, la froideur envers Napoléon pendant les Cent-Jours avaient fait de Bordeaux la « ville fidèle »; c'est son nom qui fut donné en 1820 au nouvel héritier du trône, le fils posthume du duc de Berry. Le comte de Tournon, nouveau préfet de Bordeaux, suspect aux yeux des ultras de cette ville pour avoir été préfet de Rome sous l'Empire, n'en résolut pas moins le départ des troupes fidèles à Napoléon du château Trompette, sans heurt avec la population, et le passage de Clauzel en Amérique. Il ne put toutefois empêcher le jugement, la condamnation et l'exécution le 27 septembre 1815 des frères Faucher, deux anciens républicains de La Réole, officiers de l'Empire. Ce fut l'acte le plus grave de l'époque de la Terreur blanche dans la région. Tournon qui écrivait le 2 septembre 1816 : « Je suis loin d'obéir à l'esprit de réaction qui existe dans ce pays », évinça le comte Lynch de la mairie de Bordeaux qui fut confiée au vicomte de Gourgne, ancien émigré, affilié aux Chevaliers de la foi.

La région du Sud-Ouest contribua largement comme le reste de la France à la majorité ultra de la Chambre introuvable mais si la noblesse détient toute la députation dans le Gers, les Hautes- et Basses-Pyrénées et, à une exception près, en Dordogne, la bourgeoisie est largement majoritaire dans le recrutement des députés en Charente-Inférieure, dans le Lot-et-Garonne et en Gironde.

Le Sud-Ouest croyait bénéficier au début de la Restauration de plusieurs atouts; Bordeaux donnait à la Chambre des députés ses présidents, Laîné (qui devint ensuite ministre de l'Intérieur), puis Ravez; mais surtout le ministère de la Marine contrôlé par le baron Portal issu d'une famille de négociants établis à Bordeaux, semblait devoir combler les vœux des Bordelais souhaitant une reprise de l'activité coloniale qui avait fait la prospérité de la ville et de la région au XVIIIe siècle.

Le libéralisme aquitain.

Si le Sud-Ouest avait fourni les plus modérés des ultras en la personne de Ravez ou de Peyronnet, il donna aussi très tôt des leaders libéraux, Decazes, plus opportuniste que véritablement libéral, plus influent à Libourne et dans le reste du département qu'à Bordeaux même, plus tard Laffitte originaire de Bayonne et le général Lamarque influent dans les Landes; enfin Martignac était avocat à Bordeaux et député du Lot-et-Garonne. Charles X et les membres de la famille royale restaient l'objet d'une vénération populaire entretenue davantage par le clergé que par une noblesse dévouée certes, mais peu influente dans la région. Les idées libérales, réapparues à l'époque de Decazes à Bordeaux, s'appuyaient sur les sentiments de déception provoqués par le retour au protectionnisme dès 1822; dans les Charentes, elles étaient solidaires des sentiments bonapartistes qui s'étaient maintenus dans cette région à la différence de la Gironde.

Le corps électoral longtemps soumis aux influences des ultras et aux pressions administratives modifie son attitude aux élections de 1827, à l'exception du département des Hautes-Pyrénées resté ministériel. Partout s'affirme une majorité de monarchistes constitutionnels qui figureront dans la liste des 221.

C'était surtout à Bordeaux qu'à la veille de 1830, les attitudes intempestives du vicomte de Curzay multipliant les destitutions et traitant les Bordelais d'épiciers avaient soulevé la population contre le préfet. Aussi Bordeaux figure parmi les rares villes de province qui eurent leur propre journée révolutionnaire en 1830. Le 30 juillet quand la ville était encore dans l'incertitude sur les événements parisiens, des manifestants exaspérés par la saisie des presses des deux journaux libéraux mirent à sac l'imprimerie du journal ultra de Bordeaux, *le Défenseur de la monarchie de la Charte ;* puis le succès de la révolution parisienne connu, ouvriers, matelots, jeunes employés de magasin se portèrent à la préfecture; le préfet malmené, menacé d'être jeté dans le fleuve, ne dut son salut qu'à de jeunes libéraux, comme Galos qui lui trouva un refuge chez son père. L'émeute, détournée, s'en prit aux bâtiments de l'octroi et pendant quelques jours les produits pénétrèrent sans taxe dans la ville. Ce fut le plus grave événement de la région.

La passivité des partisans de la branche aînée des Bourbons contribua beaucoup à l'apaisement. Les légitimistes du Sud-Ouest bénéficièrent moins qu'ailleurs de l'appui du clergé soit que les prélats se fussent ralliés au nouveau régime soit que l'influence ecclésiastique eût été déjà atténuée. Les démissions des maires trop liés avec le régime de Charles X devancèrent bien souvent leur révocation. Les nouvelles autorités étaient prises parmi les notabilités à Bordeaux, l'ancien conseiller de préfecture Barennes qui avait donné sa démission quelques jours plus tôt pour marquer sa désapprobation des ordonnances devenait préfet, le nouveau maire, le marquis de Bryas, était un ancien conseiller municipal destitué sous le ministère Polignac. Les républicains eurent peu d'ascendant en dehors de quelques quartiers de Bordeaux, de La Réole et d'un très petit nombre de foyers locaux. Mais le Mouvement, c'est-à-dire les partisans d'une évolution plus démocratique dans le cadre du régime de Juillet, était influent au lendemain de 1830 avec des notabilités comme Laffitte, originaire de Bayonne, le général Lamarque dans les Landes, l'ingénieur Billaudel à Bordeaux.

Les difficultés économiques envisagées plus haut provoquèrent quelques troubles difficilement utilisables à des fins politiques; la Société des Droits de l'homme, à la fin de 1833, eut bien quelque influence à Bordeaux parmi les arrimeurs, les ouvriers du port et les tonneliers; mais au moment des troubles d'avril 1834, il n'y eut guère qu'une ou deux manifestations de jeunes gens le 14 avril à Bordeaux, un peu bruyantes et rapidement dispersées. Ni l'agitation sociale, ni l'agitation politique ne sont bien dangereuses dans le Sud-Ouest au début de la monarchie de Juillet. L'élargissement du pays légal satisfait la bourgeoisie. L'absence de contestations menaçant l'ordre social et politique enlève aux problèmes politiques leur caractère idéologique; la méfiance envers Paris engendre les sympathies pour la décentralisation. Le libéralisme du Sud-Ouest est plus sensible à la liberté administrative ou à la liberté économique qu'à la liberté politique qui semble suffisamment acquise sous la monarchie de Juillet. Le libéralisme présente des interprétations diverses qui sont autant d'adaptations à des situations locales différentes; même si le libre-échange est mis en théorie par Fonfrède ou Bastiat, dans un sens revendicatif, le libéralisme traduit dans le Sud-Ouest d'abord la défense des intérêts acquis d'une bourgeoisie dominant une société dans laquelle les transitions sont peu tranchées d'une catégorie à l'autre. Plus qu'ailleurs il évolue dans un sens plus conservateur que démocratique; la liberté y a plus d'attrait que l'égalité.

Le libéralisme conservateur.

Le Sud-Ouest semblait prédestiné à l'orléanisme, forme assagie du « girondisme »; n'est-il pas symbolique qu'il ait trouvé pour principal défenseur le journaliste Henri Fonfrède, fils du girondin Boyer-Fonfrède régicide mais guillotiné lui aussi en 1793? La notion même de « juste milieu » qui servit à désigner les partisans de Louis-Philippe se trouvait dans l'héritage de Montesquieu.

Les légitimistes peuvent compter sur l'appui de la grande propriété foncière aristocratique qui soutient le journal *la Guienne* fondé en septembre 1831, *le Périgord*, *le Mémorial agenais*, mais ils n'arrivent nulle part à s'imposer au corps électoral censitaire à l'exception, dans le Gers, de l'arrondissement de Lombez. Si l'arrondissement de Blaye a élu un légitimiste en 1837, E. de la Grange, cousin de Lamartine, celui-ci se rallia pendant la législature; les sentiments conservateurs des légitimistes du Sud-Ouest multiplièrent les ralliements au régime de Juillet, les affaiblissant ainsi en Gironde, en Dordogne et dans les Charentes.

Il y a des notabilités légitimistes mais il s'agit de notables sans clientèle politique et l'influence qu'ils peuvent exercer sur le peuple des campagnes ou même des villes (par exemple dans les quartiers populaires de Saint-Michel et de Sainte-Croix à Bordeaux) ne débouche pas sur une action politique légale. Or, toute autre action inquiète les cadres légitimistes, qu'il s'agisse des manifestations tapageuses au moment de l'affaire de la duchesse de Berry ou, en 1841, de l'agitation contre le recensement, sensible à Bordeaux.

Inversement, le Mouvement même représenté par la gauche dynastique plus que par les républicains, n'a pas conservé les positions prises au début du règne de Louis-Philippe. Le corps électoral du Sud-Ouest accorde de plus en plus sa confiance à des partisans de la monarchie de Juillet. Celle-ci trouve dans la région de hauts dignitaires du régime, le duc Decazes, et plusieurs autres ministres, Duchatel élu de Jonzac, Dufaure député de Saintes, Lacave-Laplagne et Salvandy dans le Gers, Dumon en Lot-et-Garonne, le maréchal Bugeaud gouverneur général de l'Algérie et député d'Excideuil en Dordogne. L'implantation du régime de Juillet, son aptitude à surmonter les difficultés lui rallient la majorité des notables : moins par conviction que par réalisme et opportunisme. Ainsi plusieurs députés du Mouvement deviennent-ils ministériels. C'est le cas du député de Mont-de-Marsan, Laurence, ancien protégé du général Lamarque, rallié aux idées conservatrices, promu directeur des Affaires d'Afrique, conseiller d'État, directeur général des Contributions directes; il devient le distributeur des faveurs du pouvoir dans le département des Landes.

Les prélats, Mgr de Cheverus, le premier cardinal nommé sous la monarchie de Juillet, puis Mgr Donnet à Bordeaux veulent se garder de toute alliance trop étroite avec les légitimistes. Par contre il se trouve parmi ces derniers des protestants (les négociants Journu à Bordeaux) et des représentants des professions libérales ou économiques.

Mais, inversement, le corps électoral s'adapte et choisit en priorité un candidat efficace (ou jugé tel). Bordeaux élit même, en 1837, Thiers, pourtant protectionniste; pour succéder en 1841 au très conservateur Wustenberg promu à la pairie, les Bordelais auraient souhaité pour député leur maire Duffour-Dubergier, celui-ci refusa en déclarant : « Entre la députation et l'administration de Bordeaux, je préfère cette dernière, par goût et par sentiment », et il fit choisir pour candidat l'économiste Blanqui, étranger au département. Sa candidature bordelaise qui réussit au troisième tour de scrutin traduisit le souci d'efficacité et la volonté de faire aboutir la campagne libre-échangiste déjà présentée sur le plan parlementaire.

La vie politique reste dans la plupart des cantons limitée aux problèmes municipaux et les conflits de personnes commandent la plupart du temps les modifications d'opinions; ainsi le maire d'Excideuil, le docteur Chavoix, en se fâchant avec le maréchal Bugeaud, de conservateur devint un opposant radical. La vie municipale transformée par la loi du 22 mars 1831 n'avait pas toutefois apporté des modifications aussi profondes dans le Sud-Ouest que dans d'autres régions; la participation électorale fut très vite très faible ce qui maintint la gestion municipale aux mains des plus riches propriétaires. La difficulté de trouver un conseiller acceptant de remplir les fonctions de maire jouait en faveur de la stabilité. La place croissante des questions financières et — particularité plus régionale — les problèmes des biens communaux facilitent l'intervention de l'administration préfectorale et fait aussi progresser en fait la centralisation. La politique de gestion des intérêts matériels menée par Guizot était approuvée par ceux qui formaient l'opinion dans le Sud-Ouest.

Les élections de 1846 virent partout un triomphe des conservateurs supérieur à la moyenne nationale : il n'y eut que des élus ministériels en Charente, dans le Gers, dans les Landes, dans les Hautes et Basses-Pyrénées; en Gironde 7 sur 9 le sont. Le système conservateur trouvait une application presque parfaite dans le Sud-Ouest. La centralisation administrative n'était guère subie, elle était certes critiquée mais elle était tempérée par l'influence des notables sur les administrateurs locaux.

Lyon en 1847

(Extrait de F. Dutacq, *Histoire politique de Lyon pendant la révolution de 1848*, Paris, 1910.)

4

Lyon et sa région

Lyon reflète, dans sa diversité et ses contradictions, ses relations avec toute une région; son rayonnement ne tient pas à des traditions historiques comme c'est le cas pour d'autres métropoles régionales; c'est d'abord à son économie que Lyon doit le tissu d'influences qui étend sa prédominance de façon plus ou moins exclusive selon les directions géographiques.

1. Lyon et sa zone d'influence

Lyon métropole régionale.

La zone d'influence de Lyon limitée au début de la période, s'étend avec le développement des échanges commerciaux; elle passe par l'intermédiaire d'autres villes jouant elles-mêmes parfois un rôle original et dynamique comme Grenoble et Saint-Étienne. De la bordure orientale du Massif central aux sommets des Alpes, du sud de la Bourgogne aux portes du Comtat Venaissin elle s'exerce sur des pays différents de traditions, d'économies et d'opinions; leurs contacts avec Lyon forment le seul trait commun entre les régions de riche agriculture de la Bresse ou du Sillon rhodanien et les pays de polyculture pauvre du Bas-Dauphiné ou du Massif central.

La population lyonnaise.

C'est un creuset dans lequel se fondent des couches différentes attirées par la grande ville. Non que Lyon connaisse pendant la première moitié du XIXe siècle une croissance exceptionnelle; Marseille s'accroît plus vite et Paris plus encore.

Lyon s'est accru par saccades, fortement sous l'Empire et au début de la Restauration; en 1821 Lyon seule comprend 149 000 habitants. Le recensement de 1831 révèle cependant une diminution de la population qui ne comprend plus guère que 133 715 habitants; la hausse est ensuite constante jusqu'en 1846 (177 976 habitants à cette date). Cette augmentation résulte un peu d'un excédent des naissances mais surtout de l'immigration qui affecte à la fois Lyon et le reste du département du Rhône. La mortalité était supérieure au reste de la France, s'élevant même à 30 pour 1 000 en 1834 (année de misère, de grèves et de troubles). Si le choléra n'a pas sévi au moment de l'épidémie de 1832, la typhoïde, le paludisme et la variole représentent une menace endémique.

L'apport démographique est surtout d'origine montagnarde, provenant de l'Auvergne, du Velay, du Forez, et même — par la route Limoges-Lyon — une partie des Creusois émigrent vers Lyon; l'immigration est aussi alimentée par le Jura et par la région des Alpes, le Dauphiné mais surtout la Savoie (étrangère) d'où venaient à la fois des jeunes filles (depuis le XVIIIe) et plus récemment des garçons. On dénombrait aussi d'autres colonies étrangères à Lyon, des Suisses et des Rhénans; ce qui contribuait à sensibiliser l'opinion aux événements qui se déroulaient dans des États voisins.

La croissance plus rapide des communes limitrophes s'explique en partie par l'octroi lyonnais; celui-ci renchérit les denrées et le prix de la construction; désavantage qu'on ne trouve ni à La Croix-Rousse ni à La Guillotière qui passe de 7 000 habitants en 1815 à 35 000 habitants en 1846; le très gros accroissement du Rhône (299 390 habitants en 1801, 545 635 en 1846) traduit l'ampleur du développement économique. Cette croissance démographique fait sentir ses effets sur la société (plusieurs notabilités lyonnaises sont arrivées sans gros bagages de leur village d'origine ou sont nées à l'étranger), sur l'activité économique mais aussi sur les conditions mêmes de la vie urbaine.

Le cadre urbain.

Ville de confluent, nœud de communications, Lyon connaît, après 1815, une extension conditionnée par le développement de ses activités économiques et par cette arrivée massive de nouveaux immigrants qui en est à la fois l'effet et la cause.

La topographie de la ville reproduit l'histoire et le développement de Lyon. Le centre de l'activité et du commerce se situe entre la place des Terreaux et la place Bellecour; Michelet décrit « cette fourmilière laborieuse entre les rochers et les rivières, entassée dans les rues sombres qui descendent sous la pluie et l'éternel brouillard ». La rue Centrale plus aérée ne fut ouverte que vers la fin de la monarchie de Juillet reliant la préfecture à la place Bellecour qui formait, avec la paroisse de Saint-Martin d'Ainay, le quartier aristocratique. Mais la noblesse de Bellecour descend soit de petite noblesse venue principalement du Forez, soit de négociants et de soyeux devenus grands propriétaires, anoblis par des fonctions gratuites comme l'échevinage des hôpitaux ou par l'acquisition d'offices. Ses membres — en dépit du peu de prestige des distinctions nobiliaires à Lyon, ville de marchands — tenaient à se différencier. Sous la Restauration, isolée, vivant de ses revenus ruraux, cette aristocratie a peu d'influence mais elle fournit les ultras les plus violents, héritiers de ceux qui avec les Compagnons de Jéhu ou du Soleil, avaient rêvé de Terreur blanche dès le Directoire. Les 5 députés du Rhône sont des ultras (dont 4 nobles) en 1815, mais dès 1818, les effectifs ultras ne sont plus guère que le quart des votants.

Les plus riches négociants ou fabricants établis près des Terreaux ou sur les quais de Retz et Saint-Clair sur la rive gauche du Rhône représentent au contraire, dès l'époque de la Restauration, les notabilités les plus représentatives de l'activité lyonnaise. Bourgeoisie dont l'accès à la richesse était récent, elle s'était en partie substituée aux anciennes familles qui avaient abandonné la Fabrique ou qui avaient été victimes de la répression sous la Convention montagnarde.

A l'ouest, la ville s'est étendue depuis longtemps sur la rive gauche de la Saône entre la rivière et la colline de Fourvière, qui compte de nombreux couvents et des écoles religieuses; près des quais de la Quarantaine et de Saint-Georges, des quartiers populeux; en amont les vieux quartiers de Saint-Jean et de Saint-Paul, avec le palais de l'archevêché, sont dominés par le clergé et le barreau. Plus au sud, le confluent du Rhône et de la Saône délimite la presqu'île pour laquelle Perrache (qui donna son nom au quartier) avait conçu dès 1776 de vastes projets sans suite; mais les terrains vagues occupaient encore la plus grande partie de la surface en 1832; ce fut surtout le choix de la gare de Perrache en 1845 qui détermina plus tard la croissance industrielle du quartier.

Tout en conservant leur autonomie, trois bourgs sont étroitement associés à Lyon; au nord-ouest, sur la rive droite de la Saône, Vaise, bourg paisible de propriétaires et de jardiniers maraîchers, se développe avec le trafic fluvial et routier; en amont aussi mais entre les deux fleuves, à flanc de coteau, La Croix-Rousse est peuplée de plus en plus de canuts. Sur la rive droite du Rhône, les Brotteaux et surtout La Guillotière — dans une zone encore partiellement marécageuse — connaissent un développement lié en grande partie à l'extension des relations commerciales, que commande le pont de La Guillotière. Des usines — notamment des fabriques de vitriol et de produits insalubres (difficiles à établir dans une ville resserrée comme Lyon) — se sont installées, des ateliers de canuts aussi, mais les inondations les menacent, surtout celle de 1840 qui détruisit 200 maisons dans le quartier ouvrier de La Guillotière.

Le centre d'attraction et de circulation.

Centre de consommation, l'agglomération lyonnaise oriente la production rurale des départements voisins qui contribuent à son alimentation : volailles de Bresse, produits de la chasse des forêts de l'Ain, poissons des étangs des Dombes, céréales et bétail de Saône-et-Loire et de l'Isère, élevage du Charolais, vins du Beaujolais ou du sud de la Drôme, légumes du Bas-Dauphiné. Lyon s'entoure de villages qui servent de relais à ce trafic. Des notables lyonnais possèdent des propriétés dans les Dombes ou à l'ouest : nobles, souvent maires de leur commune sous la Restauration; marchands, fabricants, hommes de lois, surtout dans l'arrondissement de Villefranche.

Carrefour de circulation, Lyon est d'abord la ville de la Saône et du Rhône; la situation par rapport au grand axe fluvial explique aussi la plus rapide croissance de Vienne, de Valence, de Chalon-sur-Saône, sous la monarchie de Juillet au moment où la navigation fluviale progresse avec la vapeur. La construction des routes des Alpes à l'époque napoléonienne (surtout celle du Mont-Cenis), et le détournement des axes commerciaux par le blocus avaient enrichi et multiplié les entreprises de roulage. Les deux routes venant de Paris aboutissent au faubourg de Vaise après 4 ou 5 jours de diligence; la route du Bourbonnais, par Nevers, un peu plus courte, était plus accidentée et avait une réputation ancienne d'insécurité; celle de Bourgogne par Auxerre gagnait la Saône à Chalon. Par La Guillotière deux autres routes gagnaient l'une les États italiens (mais en 1846 il fallait encore 15 heures pour aller à Chambéry et 40 pour Turin), l'autre par la rive gauche du Rhône gagnait Marseille en 3 jours, sans qu'on puisse franchir à nouveau le fleuve avant Pont-Saint-Esprit. A la fin de la monarchie de Juillet, combinant la route et la navigation à vapeur sur la Saône, la durée du trajet de Lyon à Paris est réduite à 40 heures. Mais le transport des marchandises restait très lent; les coches d'eau mettaient 60 heures pour remonter de Lyon à Chalon; entre Lyon et Marseille des groupes de 12 à 15 charrettes mettaient de 6 à 10 jours pour relier les deux villes abîmant la route en creusant des ornières.

Les voies d'eau bénéficiaient des préférences du commerce. Sous la Restauration la batellerie utilise une main-d'œuvre importante avec les halages nécessaires à la remonte; dans la traversée de Lyon, où les quais n'étaient pas continus, les chevaux étaient remplacés par des hommes, « les modères », organisés en compagnie; il leur fallait une journée pour remonter la lieue que représentait la Saône à travers Lyon. Une foule d'artisans et de métiers vivaient de la navigation fluviale : constructions de barques à Seyssel, à Condrieu ou à Chalon, à Auxonne, à Gray, fabriques de cordage à Vienne; mariniers mais aussi paysans fournissant leurs chevaux pour remorquer les bateaux. La Restauration qui se préoccupa d'achever le système de canaux précédemment établi, s'efforça d'élargir le domaine de la navigation de la Saône et du Rhône, par le canal de Bourgogne entre la Seine (à Laroche) et la Saône (à Saint-Jean-de-Losne) achevé en 1832 et le canal Monsieur (du Rhône au Rhin), achevé en 1834, navigable depuis 1826 de Besançon à Saint-Jean-de-Losne. Le petit canal de Givors transporte, vers 1826, 238 000 tonnes de houille, du minerai de fer.

Le halage usait un grand nombre de chevaux, mais cette batellerie pouvait être pratiquée par un artisanat familial et les gains étaient substantiels. Rouliers et mariniers, au gré des étapes, se retrouvaient dans une foule d'auberges faisant contribuer la vallée à la richesse tirée des transports, animant les campagnes, faisant appel dans l'Ain ou dans l'Isère à l'élevage des chevaux ou à la demande de fourrage pour les nourrir. Les irrégularités, les dangers aussi de ce trafic expliquent qu'avec le retour à la paix en 1815 les grands courants de circulation entre le Nord et le Midi aient recherché des voies plus rapides ou plus sûres. La crainte d'être doublé, non seulement par le trafic maritime mais aussi par la route qui, de Rotterdam par le Rhin et par la Suisse, menait à Milan, stimula les milieux d'affaires lyonnais dans leur recherche d'une amélioration des transports.

Centre d'activité et de décision.

La ville est le siège d'administrations publiques que la centralisation — maintenue par les Bourbons — rattache à Paris; la préfecture du Rhône connut de nombreux titulaires et usa bien des carrières (surtout au début de la monarchie de Juillet) mais le préfet de la Restauration exerce une toute puissance qui touche, au début, à l'arbitraire avec le comte de Chabrol de Croussol compromis dans des intrigues ultras qui l'obligèrent à abandonner ses fonctions à Lyon en 1817. Sous la monarchie de Juillet, Jayr, préfet de 1839 à 1847, doit sa réussite et son maintien à la fois à son mariage avec une Lyonnaise et à l'intérêt qu'il porta aux travaux concernant la navigation et aux projets ferroviaires.

L'autorité de l'État s'appuie à Lyon sur l'importance des forces militaires; la présence de celles-ci dès l'époque de la Restauration a moins pour but des considérations stratégiques que le souci de surveiller une ville dangereuse, suspecte pour son agitation libérale après les incidents de 1817 ou pour ses troubles ouvriers au début de la monarchie de Juillet. La moitié du conseil municipal dès la Restauration est formée de négociants et d'anciens négociants. A la veille de 1830, alors que les ultras ont retrouvé la direction de la municipalité, il y a encore 18 négociants, 9 propriétaires, 6 magistrats, un avocat et le receveur général sur les 36 membres du conseil, mais il y a 14 nobles ou pseudo-nobles.

La monarchie de Juillet vit se succéder plusieurs maires à Lyon, représentant les milieux les plus conservateurs avec le maire Martin (entre 1835 et 1840), ou la bourgeoisie d'affaires et la Fabrique avec le docteur Terme.

Le rayonnement politique et intellectuel de Lyon.

Il tenait surtout à l'influence qu'exerçaient la presse et les sociétés de pensée de la ville. Cependant on peut noter la présence de Lyonnais dans la députation ou dans les conseils généraux de départements voisins (Ain, Loire, Ardèche); Camille Jordan élu royaliste constitutionnel dans l'Ain avant d'être député du Rhône, n'est pas un cas isolé. A partir de 1819, plusieurs journaux représentent les diverses tendances de l'opinion : *la Gazette Universelle de Lyon*, organe ultra, d'abord assez prospère, dut interrompre sa publication en 1828; *le Précurseur*, devint le journal des libéraux en 1826. Mais c'est surtout sous la monarchie de Juillet que Lyon connaît le plus large éventail des journaux; depuis les premiers journaux ouvriers qui aient existé en France avec *l'Écho de la Fabrique*, jusqu'aux légitimistes; *le Courrier de Lyon* le plus répandu (3 500 abonnés vers 1833) était diffusé dans l'Ain, l'Isère, la Drôme, l'Ardèche, la Haute-Loire, le Puy-de-Dôme, la Saône-et-Loire, le Jura — ce qui donne assez bien une délimitation de la zone d'influence de Lyon.

Lyon est aussi un centre de vie intellectuelle par ses écoles, plus particulièrement par ses écoles religieuses. Frères de la Doctrine chrétienne (dont la maison mère était à Lyon), congrégations religieuses très nombreuses jouaient le rôle principal dans l'enseignement primaire. Le développement de celui-ci était une préoccupation constante de la bourgeoisie lyonnaise; en 1835, 73 % des enfants sont scolarisés à Lyon (80 % des garçons, 66 % des filles).

Lyon devient sous la monarchie de Juillet, une ville universitaire avec la création en 1835 d'une faculté des Sciences et en 1838 d'une faculté des Lettres. Elle avait aussi une École vétérinaire ancienne et célèbre ainsi qu'une école de dessin. Plusieurs sociétés savantes réunissaient des membres de la bourgeoisie et de la haute société. Par contre, la vie de salon était très réduite; tout au plus, peut-on citer celui de Mme Yemeniz (l'épouse d'un Grec qui avait établi une maison de commerce de soierie) issue d'une famille de la place Bellecour.

Le rayonnement du catholicisme lyonnais enfin est un aspect majeur de Lyon, en l'absence même de son archevêque, le cardinal Fesch, exilé pendant 20 ans. Lyon restait en effet une zone de ferveur religieuse; des missions religieuses en mars 1818 ont réveillé rapidement des traditions qui n'avaient jamais été éteintes notamment dans une partie des classes populaires. Jouy note, dans *l'Hermite en province*, le prestige de Notre-Dame de Fourvière : « Les paysans qui viennent à Lyon apporter leur lait et leurs fruits ne s'en retournent jamais sans avoir fait leur cour à la madone ».

Le catholicisme lyonnais porte un grand intérêt aux missions, d'abord en leur donnant des prêtres (106 entre 1816 et 1839, 13 évêques), ensuite en leur accordant un appui moral et financier coordonné par l'œuvre de la Propagation de la foi, constituée à Lyon vers 1820 avec Pauline Jaricot, la fille d'un riche négociant en soierie. Les progrès de l'ultramontanisme y sont liés aux relations étroites entre le clergé et les fidèles catholiques qui jouent, plus qu'ailleurs peut-être, un rôle actif, et à l'action, à l'archevêché de Lyon, à partir de 1840, de Mgr de Bonald, le fils du philosophe. Lyon est un berceau du catholicisme social avec Frédéric Ozanam, fondateur des conférences de Saint-Vincent-de-Paul, d'abord à Paris mais rattaché à Lyon par sa formation et aussi, pendant quelques années, par l'enseignement qu'il y a donné.

Un autre aspect est représenté par l'influence de l'Église catholique à Lyon sur une partie de la classe ouvrière : l'œuvre de Saint-François-Xavier, dont les membres payaient une faible cotisation et recevaient des secours, notamment en cas de maladie, regroupait 6 000 ouvriers en 1848. Des communautés-ateliers que l'on appelait des « providences » ou encore des « refuges » s'occupaient d'orphelins ou de jeunes filles. Ces ateliers déclenchèrent l'hostilité des ouvriers auxquels ils faisaient concurrence. Ceux-ci, plus organisés et plus conscients de leur condition, étaient les premiers à réclamer la justice plus que la charité comme base des rapports sociaux; ainsi le catholicisme social trouvait à la fois à Lyon ses premières manifestations et les premières critiques socialistes à son encontre.

Les centres industriels et commerciaux.

Lyon était la seule ville de plus de 50 000 habitants dans les quelque dix départements sur lesquels s'étendait son influence; celle-ci s'exerça pourtant à travers un réseau urbain assez lâche dont émergent quelques villes dont l'importance est tantôt administrative et ancienne (comme Grenoble), tantôt économique et moderne (comme Saint-Étienne).

Grenoble.

C'est une ville administrative en déclin pendant la première moitié du XIXe siècle (sa population est passée du 26e rang en 1832 au 33e rang des villes françaises en 1846), elle reste pourtant un important foyer politique et intellectuel. L'élection en 1819 de l'ancien abbé Grégoire souleva une émotion dans la vie politique française comme n'en provoqua aucune autre élection censitaire en province. Sa faculté de Droit et sa cour royale lui donnent une tradition libérale et parlementaire qui la rattache à la tradition de Vizille. Entre les quelques grandes familles qui dominent les principales branches de l'activité dans le Dauphiné s'établit un réseau de relations fondées souvent sur des alliances matrimoniales, ce qui renforce la cohésion d'une bourgeoisie qui passe peu à peu du libéralisme (dominant sous la Restauration) à la défense de l'ordre. La famille Périer (la dynastie peut-on dire), bien qu'elle ait essaimé à Paris et dans d'autres départements, tient la première place dans la société grenobloise de la première moitié du XIXe siècle.

Grenoble restait une ville fortifiée, proche de la frontière : cette situation contribuait à freiner le développement de la ville et à maintenir les rues étroites car l'extension de la cité était soumise au contrôle du ministère de la Guerre et conditionnée par la construction d'une enceinte nouvelle (l'enceinte Haxo) commencée en 1832. Le sous-intendant militaire Berriat, devenu maire en 1835 l'aménagea; on refit les ponts, construisit des quais sur l'Isère, assainit la ville en prenant des mesures draconiennes contre les nombreux chiens errants dont plusieurs étaient atteints de la rage.

Les attaches des Périer

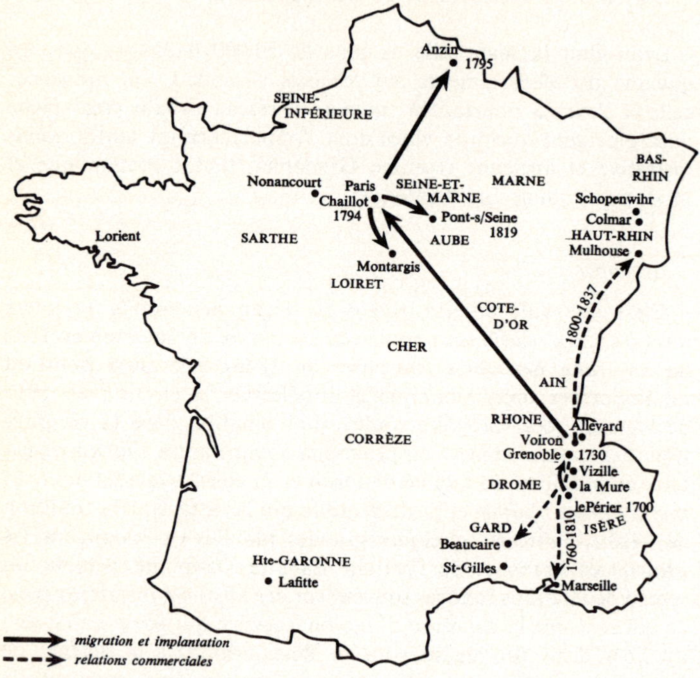

Les départements indiqués ont été représentés à la Chambre au cours du XIXe siècle par un membre ou un allié de la famille.

(Extrait de Pierre Barral, *les Périer dans l'Isère au XIXe siècle*, P.U.F., 1964.)

Mais ces mesures, souvent coûteuses, provoquèrent des crises municipales. Un nouveau maire, Taulier, professeur de Droit, se heurta lui aussi au préfet qui voyait partout des symptômes d'agitation. Taulier écrivait le 3 septembre 1846 : « La population de Grenoble est essentiellement amie de l'ordre. Elle se plaît à discuter, à contrôler les actes des pouvoirs publics, mais elle est toujours prête à se soumettre à la légalité... » Les notabilités économiques (à la suite des Périer) suivaient l'autoritaire Pellenc préfet après 1830, tandis que les autres notables, autorités judiciaires, ingénieurs, officiers et avocats se montraient plus libéraux.

La société grenobloise à la fin de la monarchie de Juillet comprend pour près d'un tiers une petite bourgeoisie artisanale et commerçante. La classe ouvrière proprement dite est relativement peu nombreuse; elle ne comprend guère que la moitié des salariés, l'autre moitié est fournie par les domestiques dont le nombre reste partout élevé; le commerçant ou négociant joue le rôle le plus important dans l'activité économique. Mais la fortune patrimoniale reste prépondérante, les mêmes familles détiennent à la fois propriété foncière et biens mobiliers. La campagne proche de la ville appartient à quelques grands propriétaires.

Saint-Étienne.

C'est une ville dont la croissance, très rapide, est fonction du développement industriel; simple sous-préfecture, sa progression de 19 102 habitants en 1820 à 49 612 en 1846 est une des plus rapides de la France; elle est due à une immigration venue principalement des montagnes voisines, attirée par le mouvement de l'industrie. Celle-ci repose sur des traditions anciennes, la rubannerie, la quincaillerie, l'armurerie. A ces anciennes activités s'ajoutent le développement de l'industrie houillère et de la métallurgie ainsi que les effets du chemin de fer. Depuis plusieurs générations les activités industrielles de Saint-Étienne dépendaient des capitaux lyonnais mais la ville était en train de s'en émanciper grâce au comptoir de la Banque de France (celui qui faisait les plus gros bénéfices en province). Frappé par la croissance de la ville et ses nombreuses constructions en banlieue, le sous-gouverneur de la Banque de France en 1840 relevait l'importance des spéculations sur les houillères, ce qui plaçait de plus en plus l'industrie sous la dépendance d'étrangers à la région. Par contre, l'administration municipale restait dominée par les fabricants de rubans et les négociants en soie. Des rivalités de personnes bien plus que des oppositions idéologiques cachaient le heurt des industriels locaux et des tentatives d'un grand capitalisme financier (s'appuyant à Lyon sur les Delahante). Saint-Étienne offre ainsi l'exemple d'une remise en question des caractères fondamentaux d'une société de notables par les formes les plus avancées de l'activité économique. Ces conflits dépassaient la bourgeoisie locale attachée d'autant plus à l'ordre que la ville comptait une population ouvrière de plus en plus nombreuse.

Les relations entre villes et campagnes sont partout ailleurs bien plus étroites; les centres administratifs étaient aussi des marchés; c'était le cas de Chalon (12 220 habitants), de Valence et de Mâcon (dépassant à peine 11 000 habitants, sous la monarchie de Juillet), de Bourg ou de Lons-le-Saunier. La centralisation administrative et le développement économique privilégiaient les relations de ces petites villes avec Lyon; elles servaient d'intermédiaire entre la métropole régionale et les populations rurales.

Les populations rurales.

Parmi les départements qui entourent Lyon, à l'exception du Rhône (50 % de population rurale en 1836) et de la Loire (66 %), tous ont une population à plus des trois quarts rurale en 1836 et même à 94 % dans l'Ain et à 86 % en Saône-et-Loire.

Mais les sociétés rurales sont très différentes. Il ressort d'une enquête menée en 1821 par les préfets sur les grands notables que la grande propriété nobiliaire restait importante, de la Drôme à la Saône-et-Loire, de l'Isère à la Nièvre; mais il ne s'agissait que de quelques dizaines de personnalités. Les grandes propriétés nobles se trouvent surtout sur les montagnes et les plateaux du Lyonnais ou du Forez, exploitées souvent par des métayers dans des petites exploitations. Dans les cantons ruraux du Rhône, surtout à l'ouest, la propriété noble restait considérable : la moitié des imposés de plus de 1 000 francs en 1829, principalement dans le Beaujolais où les paysans continuaient d'appeler le grand propriétaire noble, le seigneur. Même dans un département où l'influence de la noblesse était aussi faible que dans l'Isère, elle conservait une place importante parmi les grands propriétaires : 39 % des imposés de plus de 1 000 francs sous la monarchie de Juillet. Mais au cours de la période, la grande propriété tend à se morceler.

Les petits propriétaires étaient nombreux dans ces départements; parfois coexistaient quelques gros propriétaires se partageant à eux seuls le tiers ou la moitié du territoire de la commune et un émiettement entre un très grand nombre de petits propriétaires dont beaucoup étaient aussi journaliers ou fermiers des grands domaines : c'est la situation que l'on trouve dans le Grésivaudan ou dans le bas pays alpin près de Donzère. Les petits propriétaires sont particulièrement nombreux dans les régions viticoles, par exemple dans la plus grande partie du département de la Saône-et-Loire; ce dernier département comprenait en 1833, pour 485 communes arpentées, 658 000 hectares divisés en plus d'un million de parcelles appartenant à 125 950 propriétaires. Les propriétaires représentaient 27 % de la population en Saône-et-Loire; la proportion était plus forte dans l'Ain (38 % des habitants étaient des propriétaires en 1843), dans la Drôme (29 %), dans l'Isère (30 %). Dans ces deux derniers départements le nombre des propriétaires s'était accru de 50 % environ au cours des vingt dernières années.

Les ressources agricoles étaient très variées mais un élément important de perturbation de ces sociétés agraires, étudié par M. Philippe Vigier pour la région alpine mais sensible aussi ailleurs, était représenté par les prêts usuraires et par l'abus des hypothèques transférant à des créanciers (notaires, ou autres bourgeois) une partie de la propriété paysanne en temps de crise.

2. L'évolution économique

La région lyonnaise connaît de 1815 à 1848 une évolution marquée par une plus grande intensité des relations commerciales. L'industrialisation, dans cette région, apparaît plus étroitement liée au développement du capitalisme commercial et financier qu'à l'extension du système des manufactures.

LA FABRIQUE LYONNAISE.

Elle reste l'élément dominant de l'activité économique, reconstituée sous la Restauration avec ses structures artisanales. L'industrie de la soie entraîne une très grande diversité de travaux. L'élevage des vers à soie et la culture du mûrier se sont développés dans la Drôme, l'Isère, l'Ardèche et le Vaucluse; par exemple on passe dans l'Isère de 454 000 pieds de mûriers en 1820 à un million en 1847. Les négociants lyonnais n'en font pas moins appel aux soies italiennes et obtiennent par une ordonnance du 29 juin 1833 une réduction des droits d'entrée sur les soies étrangères sans régulariser pour autant l'approvisionnement de la Fabrique; toute mauvaise récolte provoque un renchérissement des prix à Aubenas, à Beaucaire, mais aussi à Bergame, sans compter les spéculations.

La filature et le moulinage des soies s'industrialisent rapidement dans la Drôme, l'Ardèche, le Vaucluse, et même dans le Gard, si le nombre des filatures diminue, c'est dû, en grande partie, à la concentration. Cette modernisation s'opère sous l'impulsion soit de fileurs et mouliniers, soit de marchands de soie ou fabricants lyonnais; ainsi la maison Arlès-Dufour a un moulinage à Clérieux dans la Drôme et une filature à Beaucaire. Le tissage de la soie est pratiqué par les canuts ou tisserands de la soie dans des petits ateliers; le chef d'atelier qui travaille à domicile et qui possède ses métiers (de 2 à 6) n'est pas un véritable maître artisan car il dépend du négociant qui lui fournit la matière première et écoule son produit fabriqué contre un salaire aux pièces, fixé par ce négociant qu'on appelle fabricant. Sous la monarchie de Juillet, quelque cinq cents maisons de commerce, dont le chiffre d'affaires global dépasse 115 millions, forment la Fabrique.

Le chef d'atelier loge les 4 ou 5 ouvriers ou compagnons qui travaillent avec lui. Mais la très grande variété dans la qualité des travaux et aussi dans les prix de façon différencie les salaires et la condition des canuts. A Lyon même se retrouvent les chefs d'ateliers créateurs de la mode des tissus à fleurs; ils travaillent sur des dessins compliqués, difficilement imitables, aussi ne redoutent-ils pas la concurrence. La pénurie de main-d'œuvre qualifiée contribue à sa cherté; un chef d'atelier produisant les meilleures étoffes façonnées gagnait jusqu'à 8 francs par jour (d'après Villermé). D'autres canuts à Lyon même, dans des rues étroites et insalubres (notamment dans le quartier Saint-Georges, rive droite de la Saône), ne gagnaient que 2 à 3 francs en tissant des étoffes unies ou façonnées de plus grande consommation mais concurrencées par les Suisses (Zurich surtout) et les Rhénans. L'utilisation du métier Jacquard avait nécessité des locaux plus vastes et plus salubres; des maisons à nombreux étages furent ainsi édifiées à La Croix-Rousse.

Les journées de travail étaient longues, souvent de 15 heures. Villermé, qui les a observés en 1835-1836, considère les canuts comme plus travailleurs et plus sobres que les autres ouvriers lyonnais; leurs salaires étaient plus élevés mais ils étaient davantage menacés de chômage en raison du caractère de luxe de leur production. En 1835 on estimait qu'à Lyon et dans ses faubourgs il y avait 8 000 chefs d'ateliers et 30 000 compagnons et apprentis. Le déplacement vers les campagnes voisines a été stimulé par la Fabrique lyonnaise qui cherchait ainsi à déconcentrer le tissage de la soie en espérant que le tissage rural, percevant de plus bas salaires, lui permettrait de contrebalancer la concurrence britannique. Dès la crise de 1825-1826, il y a 2 000 métiers qui travaillent dans les cantons ruraux de l'arrondissement de Lyon ou à Villeurbanne. Mais c'est surtout après les troubles de 1831 que s'opère cette implantation; en 1833, sur les quelque 40 000 métiers à tisser il y en a 17 000 dans Lyon, 9 000 dans les trois communes de La Croix-Rousse, La Guillotière et Vaise; plus de 5 000 dans les campagnes du département du Rhône : près de 9 000 métiers sont répartis dans les départements voisins de la Saône-et-Loire, la Loire, l'Ain, la Drôme et l'Isère. La manufacture concentrant la main-d'œuvre est un fait exceptionnel; on ne cite guère que le cas de la Sauvagère sur le bord de la Saône près de Lyon, établie par un négociant de Francfort, Berna, qui employait 4 à 500 travailleurs. A la fin de la monarchie de Juillet l'ensemble de l'agglomération lyonnaise comprend 80 000 habitants (ouvriers et leur famille) qui vivent de la soie.

Les fabricants ou négociants jouaient un rôle essentiel non seulement dans le commerce des soies et des soieries mais aussi comme banquiers locaux; les deux activités étaient étroitement liées en raison des importants mouvements de fonds provoqués par les achats des soies en juin, puis des achats de vin et d'eau-de-vie en octobre et les rentrées provenant des ventes des soieries qui s'effectuaient surtout en janvier. Lyon qui exportait les trois quarts de ses soieries vers l'étranger était plus ouverte qu'aucune autre ville de l'intérieur aux problèmes internationaux; aux alentours de 1830 le marché des États-Unis absorbe à lui seul le tiers de ces exportations; aussi comprend-on cette constatation de la chambre de commerce le 26 novembre 1835 : « Les crises américaines nous sont plus funestes que les crises françaises. »

Industries anciennes et transformations industrielles.

Les activités industrielles anciennes ont conservé, le plus souvent, une structure artisanale. Dans le Dauphiné l'activité industrielle s'était ralentie à l'époque révolutionnaire et napoléonienne; les communications restaient trop précaires et le choix du mont Cenis aux dépens du col du Genèvre désavantageait Grenoble. En 1815, les fontes d'Allevard ne s'exportaient toujours qu'à dos de mulet. La métallurgie dauphinoise traditionnelle qui fournissait fontes et aciers à Saint-Étienne ou à Thiers persiste dans la région de Belledonne avec ses hauts fourneaux au bois. Dans le département de la Loire les activités industrielles sont limitées aux cantons du nord près de Roanne et à ceux du sud; à Saint-Étienne les rubans, la quincaillerie et les armes représentaient des productions anciennes profitant de la force hydraulique et de la qualité des eaux pour la trempe ou les teintures.

A Lyon même les activités artisanales étaient multiples; quelques-unes en rapport avec la Fabrique, comme les 70 ateliers de teinturerie; d'autres, très anciennes, comme l'imprimerie ou la dorure.

A Grenoble, la ganterie reste un métier traditionnel que commence seulement à transformer après 1838 la coupe mécanique des cuirs; aux peaux mégissées fournies par le Dauphiné s'ajoutaient celles des tanneries de la Drôme ou de l'Ardèche et des peaux importées des États italiens.

D'autres activités anciennes se développent en se transformant. L'industrie chimique est encore artisanale à Lyon où existent 18 fabriques de produits chimiques en 1839. C'est vers cette époque cependant que s'implante à Lyon la chimie industrielle destinée à devenir l'une des principales richesses de la région. Claude Perret transféra une petite fabrique de soude des Brotteaux à Perrache et passa du stade artisanal à l'entreprise industrielle encore modeste, produisit des acides, des sulfates, de l'eau de javel, fabriqua ses propres appareils; il acheta une vitriolerie à La Guillotière, s'intéressa à des prospections de mines de cuivre, à l'exploitation du sel en Camargue et à d'autres entreprises que nous signalerons plus loin.

C'est surtout par la métallurgie et le charbon de terre que s'opère la rénovation industrielle dans la région. Toute une métallurgie se développe à Lyon avec la construction de machines à vapeur, de bateaux à vapeur et de matériels de chemin de fer en rapport avec les usines voisines du bassin de la Loire qui fournissent du charbon, de la fonte et des fers. Les ateliers de Perrache de la Compagnie du chemin de fer de Saint-Étienne à Lyon ont été fondés en 1827 par les frères Seguin. En 1844 un ancien ingénieur de la Compagnie de Saint-Gobain, Alphonse Clément-Desorme, fonde des ateliers de construction et forges à Oullins (sur la rive droite du Rhône). Enfin en 1847 les chantiers de la Buire sont fondés pour la construction du chemin de fer Lyon-Marseille. Les constructions pour la navigation fluviale (assurée tout d'abord par des bateaux venus d'Angleterre) se développèrent à Vaise sur la Saône et dans le quartier de la Boucle sur le Rhône.

Mais c'est en dehors du département du Rhône que se trouvent les principales entreprises métallurgiques de la région. En Saône-et-Loire Le Creusot connaît une gestion difficile depuis 1815. Mais l'entreprise fut rachetée en 1835 par les frères Schneider. Remise sur pied rapidement, l'entreprise du Creusot fabriqua dès 1838 la première locomotive pour le Paris-Versailles et en 1839 le premier bateau à vapeur. Sa progression apparaît dans la croissance du Creusot qui passe de 2 700 habitants en 1836 à 5 850 en 1845.

L'industrie houillère est l'un des principaux aspects de la modernisation économique; mais des exploitations anciennes se perpétuent. L'essor de la production est lié à la concentration de l'exploitation des mines commencée en 1837 à Rive de Giers, progressant par étapes, aboutissant à la formation en 1845 de la Compagnie des mines de la Loire. Sur le plan économique, la production de charbon stimule l'amélioration des transports (par canal et chemin de fer), ce qui relança ensuite l'exploitation des mines de houille par un effet cumulatif du progrès technique. La modernisation capitaliste apparaît surtout dans le développement de la société anonyme et c'est d'abord Lyon qui est un important centre de financement. Mais les capitalistes lyonnais ne devaient toutefois qu'occuper une place secondaire dans la Compagnie des mines de la Loire dont les dimensions étaient plus nationales que régionales.

La modernisation commerciale.

Le capitalisme commercial et financier l'emporte dans la région lyonnaise sur le capitalisme industriel. Aussi les problèmes de circulation jouent-ils un rôle capital dans les transformations économiques qu'il s'agisse de la circulation des capitaux ou de celle des marchandises ou des personnes.

Banques et crédit.

Lyon était encore vers 1830 la principale place intermédiaire de tout le commerce entre le Nord et le Midi ; entrepôts et transit amenaient des déplacements de fonds considérables. C'est à Lyon que se constituaient de nombreuses sociétés d'assurance, de batellerie ou d'éclairage au gaz.

L'activité bancaire était étroitement liée au commerce de la soie à Lyon. C'était le cas de la banque Guérin qui avait, vers 1840, 137 clients étrangers principalement en Italie (30 à Turin, 25 à Milan), mais aussi à Londres (9), à Francfort, à Leipzig, à Zurich, à Anvers ; elle en avait 140 en France, surtout dans la région mais aussi à Paris, à Montpellier et même à Bordeaux.

En 1835, une banque départementale s'était constituée à Lyon pour régulariser les fluctuations du taux d'escompte, très sensible avec les besoins de la Fabrique : son président fut le receveur général Delahante. Elle comptait parmi ses administrateurs les principaux banquiers ou négociants lyonnais : Bontoux, Laurent Dugas, Guérin, Morin-Pons.

Les premières tentatives de banque d'affaires échouèrent avec la faillite en 1838 d'une Caisse de commerce à Lyon. Mais la même année la création de l'Omnium lyonnais représente une véritable société d'investissements, regroupant les principaux financiers lyonnais.

La navigation à vapeur.

Elle fut stimulée par le développement du commerce et aussi par la concurrence d'une autre voie continentale qui, par le Rhin et la Suisse, menaçait de détourner une partie du trafic rhodanien. Les dirigeants locaux se préoccupèrent très tôt de développer la navigation à vapeur sur l'axe Saône et Rhône; sur la Saône dès le mois de mars 1827. Certes, la nouvelle navigation à vapeur se heurtait à de nombreuses difficultés, ne trouvant que des équipages médiocres mal vus par la batellerie traditionnelle. Pourtant, la navigation à vapeur l'emporta rapidement, d'abord sur le trafic routier entre Lyon et Chalon, puis sur les bateaux halés; ensuite à partir de 1833. Les compagnies de navigation se multiplient surtout entre 1839 et 1845 sur le Rhône. Une concurrence très active entre les compagnies provoque une recherche constante d'améliorations techniques, mais en raison de l'importance croissante des capitaux à réunir ces entreprises peuvent de moins en moins rester uniquement familiales. La remontée d'Arles à Lyon qui mettait un mois à se faire par barques et par halage s'effectue à la vapeur en 60 heures et même, à partir de 1843, en 35 heures.

Le trafic fluvial alimente toujours un important commerce de transit à Lyon; il enrichit aussi les petites cités qu'il traverse, c'est ainsi que l'avocat Grosson répond à une enquête dès 1833 : « A Montélimar et dans son territoire, traversé par la grande route il y a 29 auberges... jour commun, il y séjourne au moins 800 chevaux de trait, 230 rouliers et conducteurs de charrettes, pataches, voitures publiques et 120 voyageurs. » Montélimar était alors une petite ville de 6 300 habitants. En 1845, le mouvement annuel des marchandises passant par Lyon était estimé à 700 000 tonnes dont 500 000 venues par voies d'eau. C'est au moment où la navigation à vapeur semble s'être imposée qu'elle voit surgir un nouveau concurrent, le chemin de fer.

Les projets ferroviaires et les premières réalisations.

Les premières voies ferrées avaient été construites en France en étroite relation avec les mines de charbon. Le gouvernement, sans tenir compte des protestations des entrepreneurs de transport ou des propriétaires, avait accordé en 1823 une concession pour rattacher Saint-Étienne à Andrézieux sur la Loire; ce fut la première voie ferrée française, longue de 18 kilomètres. Un autre tronçon construit en 1830 entre Épinac et Pont-d'Ouche (sur le canal de Bourgogne) sous l'impulsion de Jacob Blum, qui dirigeait les mines d'Épinac, était aussi en rapport avec l'extraction de la houille. Le chemin de fer de Saint-Étienne à Lyon (56 kilomètres de long) fut concédé en 1826 aux frères Seguin et achevé en 1832. Le nombre des voyageurs s'accrut rapidement, passant de 171 000 en 1834 à plus de 500 000 en 1844; mais le trafic portait principalement sur le charbon. Le prix du charbon ne baissa pas pour autant à Lyon, ce qui provoqua dans cette ville de nombreuses polémiques et sur les tarifs des transports et sur les avantages généraux des chemins de fer. Les adversaires lyonnais des premiers chemins de fer étaient les maîtres de postes et les grandes familles de la navigation intérieure qui réussirent à mobiliser une partie de l'opinion de leur cité en faveur de leur cause. Leurs arguments influencèrent l'opinion lyonnaise au point que Lyon ne connut que tardivement son intégration dans un grand réseau ferroviaire.

Dans les multiples discussions soulevées par l'élaboration de la ligne de Paris à la Méditerranée, les initiatives lyonnaises jouèrent un faible rôle. Barillon, un des rares défenseurs des chemins de fer dans le conseil municipal, se plaignait en janvier 1842 du peu d'intérêt qu'ils suscitaient à Lyon. Après le vote de la loi du 26 juillet 1844, fixant le tracé du Paris-Lyon, l'adjudication fut donnée à quatre représentants de diverses compagnies qui s'étaient entendues finalement pour présenter une offre commune; sur les 35 membres du premier conseil d'administration il y avait 5 Lyonnais : cette compagnie fut victime de la crise en 1848.

Le commerce lyonnais est encore sous la monarchie de Juillet un commerce de transit, dominé par la navigation qui cloisonne la ville et isole les quartiers. La révolution des chemins de fer n'a encore réellement affecté que la région minière de la Loire, mais toute la région est agitée par les discussions sur les tracés, le-emplacements de gares, les constitutions de compagnie, les spés culations sur les actions de chemin de fer, à la veille de 1848. Ces compétitions, les méfiances, les accusations ainsi suscitées contribuèrent à user l'autorité des notables et à poser sous un aspect nouveau le problème du pouvoir et des catégories dirigeantes, en fonction d'antagonismes à la fois idéologiques et sociaux.

3. Mouvements sociaux et vie politique

Après 1815, les effets sociaux de l'évolution économique ont provoqué des crises aiguës, localisées le plus souvent dans les villes où se révèlent les antagonismes les plus violents. Ceux-ci toutefois proviennent aussi de la conjoncture politique.

Le conflit des ultras et des libéraux.

L'accueil enthousiaste de Grenoble, de Lyon, de Bourg, à Napoléon de retour de l'île d'Elbe, les fédérations qui s'étaient formées spontanément pendant les Cent-Jours, l'occupation autrichienne (brève) renouvelèrent les dissensions de l'opinion au moment de la seconde Restauration. Toutefois, la région de Lyon et de Grenoble n'a pas connu à cette époque les mêmes excès de la réaction ultra que le Midi. Les ultras n'en dominèrent pas moins la région, profitant de l'appui des députés de la Chambre introuvable et de la connivence des autorités ou des cours prévôtales. Mais une grande partie des classes populaires et de la petite bourgeoisie restait attachée aux sentiments bonapartistes; aussi dès le 4 novembre 1815 une conférence réunit chez le gouverneur de Lyon les préfets du Rhône, de l'Isère, de la Loire, de l'Ain, et de la Saône-et-Loire en vue de prendre « toutes les mesures d'ordre, de correspondance et de sûreté qui pourraient être nécessaires »; une telle concertation est exceptionnelle en même temps qu'elle révèle une certaine analogie de comportement entre les différents départements. Le préfet de Lyon note le 18 janvier 1816 : « Les 20 rapports qui m'arrivent tant du département du Rhône que des départements voisins me confirment que des symptômes d'agitation uniforme des esprits se sont fait remarquer partout d'une manière sensible. » Les membres des fédérations de 1815 étaient partout traqués, les maires destitués en grand nombre.

C'est à Grenoble que l'exaspération, provoquée par ces mesures chez les bonapartistes et les libéraux, engendra le premier complot (avorté) contre les Bourbons. J.-P. Didier, ancien doyen de l'école de Droit avec quelques anciens fonctionnaires ou officiers avait envisagé un coup de main sur le chef-lieu du Rhône dans la nuit du 20 au 21 janvier 1816, mais l'affaire échoua avant toute tentative. Didier reporta ses espoirs sur Grenoble; il comptait surtout sur l'appui de militaires et d'anciens officiers piémontais de l'armée napoléonienne, rejetés de tous côtés; ses menées entraînèrent aussi des paysans des cantons de Vizille, de La Mure, de Bourgdoisans. La prise de Grenoble avait été fixée au 4 mai 1816 au soir et devait entraîner un soulèvement général contre les Bourbons. Mais le général Donnadieu, d'autant plus inféodé aux ultras qu'il avait à faire oublier des massacres de Vendéens sous la Révolution, fortuitement informé, avait donné l'alerte; les insurgés, près de 500 hommes furent rapidement dispersés dans la nuit du 4 au 5 mai au premier contact avec la troupe. Il y eut 150 arrestations et 14 condamnés à mort, exécutés dans leur village pour mieux frapper les populations.

Didier qui s'était réfugié en Savoie fut trahi, ramené à Grenoble et exécuté le 10 juin 1816. Cette affaire — dont les origines restent confuses — provoqua une recrudescence de la répression sans que cesse une agitation bonapartiste surveillée par une multitude d'indicateurs de police. La condamnation (tardive) et l'exécution à Lyon, le 23 juillet 1816, du général Mouton-Duvernet étaient une mesure d'intimidation à l'usage des bonapartistes et des libéraux, elles ne firent qu'aggraver le fossé entre la population et les ultras.

Après la dissolution de la Chambre introuvable, les ultras lyonnais, furieux, s'appuyèrent sur une police militaire constituée par des généraux qui leur étaient dévoués, en dehors du lieutenant de police. C'est dans ce climat que survint une crise de subsistance consécutive à de mauvaises récoltes provoquant la misère pendant l'hiver 1816-1817. Des mouvements d'agitation se manifestèrent et les adversaires des Bourbons tentèrent d'exploiter ce mécontentement plus social que politique. Les troubles qui se déroulèrent le 8 juin 1817 à Lyon ne furent guère connus de la plupart des Lyonnais que par la proclamation du lieutenant général Canuel qui annonçait le lendemain l'échec d'un prétendu complot bonapartiste; l'agitation s'étendit à 11 communes voisines notamment à Ambérieu et à Saint-Denis-Laval avec un capitaine en demi-solde, Oudin. Il y eut plus de 200 arrestations soit à Lyon soit dans la campagne, souvent sur de simples présomptions; la cour prévôtale, qui se déplaçait dans les communes, prononça 79 condamnations (il y eut 11 exécutions, dans les campagnes), mais les principaux instigateurs du mouvement restèrent introuvables; le lieutenant de police Charrier-Sainneville, absent de Lyon au moment du 8 juin, découvrit aisément qu'à l'origine de ce qui avait été présenté comme le complot du 8 juin il y avait eu des agents provocateurs soutenus par l'autorité militaire. Le ministère le déplaça ainsi que le préfet Chabrol (promu néanmoins sous-secrétaire d'État à l'Intérieur) et le général Canuel. Le colonel Fabvier et Sainneville qui avaient publié chacun une brochure justificative, sévère pour les manœuvres des ultras, furent condamnés par la cour royale de Lyon à des amendes; une souscription ouverte par les libéraux lyonnais les acquitta aisément; il y eut 12 000 souscripteurs et le mouvement libéral se trouva ainsi solidement implanté dans la région de Lyon. En 1819, les libéraux organisés dans un comité appuyèrent avec succès Tircuy de Corcelle, préféré même à Jars, l'ancien maire des Cent-Jours, parce qu'on le jugeait plus hostile aux Bourbons; mais le principal succès des libéraux dans la région fut l'élection de l'ancien Conventionnel, l'Abbé Grégoire à Grenoble.

La vie politique s'était animée à Lyon avec la plus grande liberté apportée par le gouvernement Decazes; la libération de la presse avait profité d'abord aux ultras qui lancèrent en 1819 *la Gazette universelle de Lyon*; ce n'est qu'en mars 1821 que les royalistes constitutionnels eurent un organe *le Journal de Lyon et du Midi* devenu *le Précurseur*. Mais toute la région fut dominée par la réaction ultra après la mort du duc de Berry. L'application de la loi du double vote n'empêcha cependant pas la réélection de Corcelle en 1820, mais les deux nouveaux élus, désignés par le collège du département du Rhône furent des ultras, le négociant Pavy et le colonel de Chambost. La bourgeoisie censitaire n'en restait pas moins libérale mais, composée de commerçants paisibles, elle avait peu de goût pour la résistance violente aux mesures réactionnaires. Le contraste avait été sensible en 1820 entre Lyon qui avait reçu courtoisement le duc d'Angoulême et Grenoble qui l'avait fort mal accueilli.

L'avènement de Villèle provoqua la nomination comme préfet du comte de Tournon chargé de reprendre en main la ville; il intervint dans les élections de mai 1822 et fit échouer Corcelle, ce qui provoqua le 10 mai un tumulte et quelques jeunes gens, principalement des Sardes ou des Suisses, furent arrêtés. L'animosité contre les Bourbons et les sympathies pour Napoléon pénètrent de plus en plus dans les milieux populaires lyonnais; emblèmes bonapartistes, cocardes tricolores, chansons séditieuses apparaissent et réapparaissent malgré les interdictions.

Vers 1824, cependant, l'opinion ultra semblait à nouveau dominer Lyon et la prospérité était revenue. Dans la bourgeoisie lyonnaise il faut attendre quelques années pour voir la reprise d'une opposition plus modérée, peut-être, mais plus efficace, qui amena le succès des libéraux aux élections de 1827. Les libéraux l'emportèrent dans les collèges d'arrondissement de l'Isère, du Rhône et de la Saône-et-Loire, ce qui contrastait avec les collèges de département dominés par les grands propriétaires désignant des candidats ministériels.

La bourgeoisie lyonnaise réserva un accueil triomphal à La Fayette en septembre 1829 et ne cacha pas son hostilité aux mesures autoritaires de Charles X et de Polignac. L'agitation politique est incontestable à la veille de la révolution de 1830, doublée de mouvements sociaux, par exemple la grève des menuisiers en juin. Dès l'annonce des ordonnances, un mouvement de résistance s'était organisé le 29 juillet sous l'impulsion du Dr Mornand. Le 30, les chefs libéraux réunis dans les bureaux du *Précurseur* ont essayé en vain de transiger avec le préfet puis ont formé une Commission de vigilance qui arma des libéraux et se mit en contact avec ceux de Bourg, Vienne, Mâcon, Valence, Annonay. Des barricades s'élevèrent le 31 juillet place des Terreaux, le préfet, le comte de Brosse, dut céder, les troupes n'étant pas sûres; la Commission s'empara de l'autorité. Les ouvriers n'avaient fait que servir la bourgeoisie.

Les partisans de la branche aînée des Bourbons n'ont pas disparu à Lyon en 1830; ils représentent la plupart des électeurs qui se sont abstenus lors des élections parlementaires de 1831 (29 % des inscrits). Mais le conflit entre traditionalistes et libéraux s'estompa au début de la monarchie de Juillet en face des antagonismes sociaux que nous analyserons plus loin. De plus, le catholicisme lyonnais ne se laissait pas enfermer dans le cadre politique du légitimisme et le ralliement de l'Église au régime de Juillet entraînait sinon un ralliement du moins une participation à la vie administrative de notables légitimistes qui étaient peu séparés des autres notables lyonnais; ainsi Laurent Dugas, négociant, présida la chambre de commerce vers 1840. C'est pourtant la question religieuse qui ranima le conflit entre légitimistes et orléanistes à la fin de la monarchie de Juillet. L'ultramontanisme avec le cardinal de Bonald soutenant l'action du père Maillard, provincial des jésuites, provoque à la fois un soutien aux catholiques suisses et un mouvement en faveur de la liberté de l'enseignement appuyé par un nouveau journal, *la Gazette de Lyon*. Mais le conflit est plus idéologique que politique dans le chef-lieu du Rhône où les antagonismes les plus graves sont autres.

Au contraire, il existe des foyers légitimistes plus actifs dans l'arrondissement de Villefranche et en Haute-Loire, à Riom dans le Puy-de-Dôme ou à Moulins dans l'Allier. Les jeunes nobles démissionnaires de l'administration ou de l'armée s'y étaient retirés nombreux, exploitant des terres ancestrales. La noblesse représentait 42 % des imposés de plus de 1 000 F dans le département de l'Allier, surtout dans le nord; cette « Vendée du Bourbonnais » n'avait toutefois que peu de rapports avec Lyon à la différence des légitimistes de la Loire qui dominaient la région du Forez et qui contrôlaient électoralement les arrondissements de Feurs et de Saint-Chamond sans se livrer à une opposition systématique.

Ce n'est désormais plus entre aristocratie et bourgeoisie que se déroule le principal conflit social dans la région lyonnaise.

Antagonismes sociaux.

La révolte des canuts.

Dominée par la soierie, industrie de luxe sensible aux fluctuations internationales, l'économie lyonnaise, aux lendemains de 1815, connaît un effort d'adaptation dont la classe ouvrière subit souvent le contrecoup. Le resserrement du marché américain en 1816 provoqua un chômage que les mauvaises récoltes rendirent plus déplorable encore. Toutefois l'importance des œuvres charitables et les secours distribués assez généreusement par les autorités atténuèrent la misère ouvrière pendant la crise de 1816 à 1819. Le conseil des prud'hommes obtient, par une ordonnance municipale du 29 décembre 1817, la remise en vigueur d'un tarif de 1811 qui était un véritable contrat collectif avant la lettre, fixant un prix pour la façon du velours. La Restauration connut à Lyon quelques grèves mais il s'agissait surtout d'ouvriers chapeliers, ou de garçons boulangers et les poursuites — au moins au début — furent peu sévères. Une nouvelle crise économique vers 1825 inquiète d'autant plus la Fabrique lyonnaise que celle-ci redoute de plus en plus la concurrence des soieries de Zurich ou d'Angleterre. Or la main-d'œuvre lyonnaise était, comparativement, plus chère en raison de la pénurie d'ouvriers qualifiés.

Les troubles sociaux et la révolte des canuts de 1831.

Les profondes transformations de l'économie lyonnaise entre 1827 et 1832 aggravèrent les tensions sociales; l'appauvrissement, plus encore que la misère, engendre une situation de conflit. L'agitation provoquée par la révolution de 1830 devait rendre les ouvriers plus sensibles aux idéologies socialistes naissantes ou aux idées républicaines; elle relance aussi la crise commerciale, aggravée par les difficultés extérieures et par l'épidémie de choléra; la baisse des ventes durcit l'attitude des fabricants. Toutefois le travail ne manque pas. Ce n'est pas du travail mais une hausse des salaires qui est réclamée. Les canuts lyonnais avaient été habitués à voir les autorités municipales fixer les salaires; des sociétés de secours mutuel avaient été formées dès 1826. En octobre 1831 elles s'efforcent d'organiser les chefs d'ateliers afin d'obtenir un prix de façon fixe. Une commission centrale des chefs d'ateliers transmit le 18 octobre une adresse, rédigée en termes très modérés, en vue d'obtenir l'établissement d'un tarif minimum des salaires, au préfet Bouvier-Dumolart. Celui-ci voulut le 25 octobre faire établir ce tarif par une commission mixte composée de fabricants et de chefs d'ateliers. Un défilé de quelque 6 000 chefs d'ateliers et ouvriers parcourut sans tumulte ni désordre les rues de Lyon le 25 octobre pour appuyer cette revendication. Par crainte, de nombreux fabricants acceptèrent le 26 octobre de signer le tarif.

Mais devant le refus d'une centaine de fabricants de le reconnaître et d'augmenter les salaires, des placards manuscrits furent affichés, et des rassemblements nouveaux se formèrent en vue d'interdire aux canuts de travailler pour des patrons qui n'appliqueraient pas le tarif. Le rôle de Lacombe, un chef d'atelier, ancien capitaine de corps francs pendant les Cent-Jours devient prépondérant tandis que les chefs d'ateliers mutuellistes commencent à être dépassés par les compagnons ouvriers qui étaient organisés eux aussi. Le 21 novembre, sous la direction de Lacombe, les ouvriers de La Croix-Rousse élèvent quelques barricades pour empêcher la police et les gardes nationaux de pénétrer dans leur quartier; les premiers coups de feu sont échangés, on compte des morts. Mais une partie des gardes nationaux, chefs d'ateliers eux-mêmes, rejoignent les ouvriers. Les divergences entre les autorités facilitent l'extension de l'émeute. Le 22 novembre, l'insurrection s'étend à tous les quartiers ouvriers de Lyon, à La Croix-Rousse, à La Guillotière. Près de 900 fantassins ont pactisé avec les émeutiers, aussi le général Roguet retire-t-il les troupes de la ville dans la nuit du 22 au 23 et les autorités locales abandonnent-elles aussi l'hôtel de ville.

Toutefois les pourparlers se poursuivent; les ouvriers ont pris pour emblème un drapeau noir et pour devise : « Vivre en travaillant, ou mourir en combattant. » Le préfet Bouvier-Dumolart a fait appel à Lacombe qui réussit à éviter tout pillage. Des meneurs républicains, cependant, comme Rosset ou Dervieux, tentent de canaliser la colère des canuts mais ceux-ci se refusent à l'action politique. A la faveur de la confusion qui règne dans les locaux de l'hôtel de ville, le préfet, aidé de l'adjoint au maire Boisset, reprend en main la situation le 24 novembre en utilisant un conseil des 16, constitué par des canuts modérés. Pendant ce temps, les troupes envoyées pour rétablir l'ordre pénétrèrent dans Lyon sans résistance sauf par le quai Saint-Clair. Lyon fut placé sous la dictature du maréchal Soult, le préfet fut suspendu, le tarif aboli, la garde nationale licenciée et une garnison de plus de 10 000 hommes établie.

A l'annonce des troubles de Lyon, une certaine agitation avait gagné Tarare, Saint-Étienne, Rive de Gier, Montbrison, Roanne et même Grenoble. Alors que le mouvement avait été animé par des revendications essentiellement sociales, le rétablissement de l'ordre devait provoquer, par réaction, des sympathies en faveur d'une opposition plus politique et républicaine.

L'agitation républicaine et les émeutes d'avril 1834.

La propagande républicaine diffusée dans l'Est de la France par des associations et par des journaux étroitement liés trouve rapidement son principal foyer provincial à Lyon. Une section locale de l'Association pour la liberté de la presse est radicalisée en 1833 avec l'entrée de César Bertholon, fils d'un négociant fortuné, qui contribua à la fusion avec la section locale de la Société des Droits de l'homme, celle-ci, dans les locaux du journal *le Précurseur*, était dirigée par un comité constitué en octobre 1833 avec Bertholon et Eugène Baune, ancien membre de la Charbonnerie, auteur en 1832 d'une brochure, *Essai sur le moyen de faire cesser la détresse de la Fabrique de Lyon. Le Précurseur* d'Anselme Petetin devenu ouvertement républicain en 1832, tout en restant un journal de la bourgeoisie, était débordé par *la Glaneuse* sur sa gauche. Il existait aussi une presse ouvrière, influencée par les idées républicaines : *l'Écho de la Fabrique* fondé en octobre 1831 par Marius Chastaing. Le désaccord entre le préfet Gasparin, autoritaire, et le maire Prunelle plus libéral laissait aux républicains de Lyon des possibilités de propagande. Le radicalisme en 1832 s'exprime en dehors de Lyon avec *le Patriote de Saône* à Chalon, *le Patriote de la Côte-d'Or* à Dijon, *le Dauphinois* à Grenoble, *la Sentinelle du Jura* à Lons-le-Saunier. La réduction du salaire des ouvriers de la peluche provoqua en février 1834 une suspension de travail de la plupart des ouvriers de la Fabrique; de nombreux fabricants avaient vu là une occasion de résoudre un état de crise persistant mais les républicains avaient eux-mêmes recommandé la reprise du travail qui s'effectua le 22 février. Cet échec avait accru le mécontentement ouvrier. Quelques troubles eurent lieu le 5 avril, jour du jugement de mutuellistes inculpés pour la précédente coalition; un mutuelliste fut tué et un défilé de 8 000 ouvriers se rendit à son enterrement.

La reprise du procès des mutuellistes combinée avec l'agitation provoquée par les nouveaux projets sur l'association et contre les crieurs publics provoqua, du 9 au 12 avril, une émeute prenant pour mot d'ordre : « Associations, Résistance et Courage. » Les insurgés eurent pour dirigeants les chefs locaux des sections des Droits de l'homme : Charles Lagrange, un commis de trente ans, souleva le centre de la ville; dès le 8 avril, des rassemblements s'étaient formés sur les places Saint-Jean, de la Préfecture, des Terreaux, le lendemain les quartiers Saint-Georges, Saint-Paul et Saint-Just tombaient aux mains des insurgés lançant des ordres du jour datés du 22 Germinal an XLII de la République. Des insurgés désarmèrent la garde nationale des communes rurales le 11 avril pour obtenir des fusils.

Le ministre de l'Intérieur, Thiers, avait donné des ordres pour laisser se développer le mouvement pour mieux le réprimer. Le nombre des insurgés semble s'être élevé à près de 6 000, comprenant une minorité seulement de canuts et de mutuellistes. Les chefs républicains avaient établi leur quartier général dans l'église des Cordeliers et espéraient un soulèvement dans le reste de la France. Mais le 12 avril le général de Fleury enlève le faubourg de Vaise et le 13 au soir l'armée est maîtresse de la ville. Les troupes avaient eu 129 tués et près de 300 blessés; parmi les insurgés ou la population civile on compta 192 tués et plus de 500 blessés. Les troubles de Lyon provoquèrent des désordres dans plusieurs villes : à Saint-Étienne (avec Caussidière), à Arbois, à Grenoble, à Chalon, à Marseille, à Clermont-Ferrand, mais partout l'ordre fut plus rapidement établi. Ville suspecte et dangereuse, Lyon est désormais surveillée et entourée de forts. Mais les oppositions sociales y subsistent; elles résultent de l'écart grandissant des conditions : sur 13 752 décédés pendant les années 1845-1847, 10 724 n'ont rien à transmettre alors que les 18 plus riches ont laissé 45 millions.

La diffusion occulte des idées subversives.

Après 1834, les ouvriers découragés s'étaient séparés des républicains renonçant à toute activité politique.

La diffusion des nouvelles idées sociales avait commencé avec les missions saint-simoniennes à Lyon en 1831 de Laurent de l'Ardèche, Jean Reynaud et Pierre Roux qui avait été reçu par Arles-Dufour. L'action des fouriéristes qui avait commencé vers 1832 semble avoir eu plus d'affinités avec l'état d'esprit des Lyonnais (peut-être parce que Fourier avait séjourné plus de 10 ans dans leur ville). Les deux influences saint-simonienne et fouriériste se complétaient plus qu'elles ne s'opposaient dans l'esprit des ouvriers, en faisant pénétrer les notions d'associations, de salaire minimum, d'éducation. Un groupe phalanstérien se constitua en 1837 sous l'impulsion de Romano (mort en 1847) les fouriéristes lyonnais exerçaient une influence sur des ouvriers tandis qu'un autre groupe comprenait principalement des bourgeois, médecins ou avocats; ils bénéficiaient de l'appui de la franc-maçonnerie (dont faisaient partie Romano et Joseph Reynier, un ouvrier tisseur).

Lyon connut aussi un important mouvement babouviste sur lequel nous renseignent les *Souvenirs d'un prolétaire* de Joseph Benoit qui en fut le principal inspirateur. Il se développa enfin un mouvement icarien lyonnais; l'influence de Cabet apparaît surtout dans les articles d'Auguste Morlon publiés dans *la Tribune lyonnaise* et dans les polémiques avec *le Censeur*. Un fossé se creuse ainsi entre républicains bourgeois et ouvriers républicains ou socialistes.

Le divorce du pays légal et des populations.

La région lyonnaise n'eut aucune part dans la chute du régime de Juillet. Pourtant la révolution de 1848 y provoqua une secousse plus durable que dans le reste de la France. On ne peut comprendre cette apparente contradiction qu'en analysant, même brièvement, comment le système politique s'était bloqué sous la monarchie de Juillet à un point tel que son effondrement devait remettre en question le système social lui-même.

Le régime censitaire était encore très restreint dans la région après 1830; les départements de l'Ain, du Jura, de la Haute-Loire, de l'Ardèche ont moins de 5 électeurs pour 1 000 habitants. Il en résulte que de nombreux arrondissements électoraux comptent peu d'électeurs inscrits : 169 à Nantua, 150 à Saint-Claude. Les pressions ou les influences constituent dans plusieurs cas des fiefs électoraux et un modèle français de « bourg pourri ». Le préfet de l'Ardèche écrivait à propos des élections au conseil général en octobre 1839 : « Des électeurs d'opinions diverses concourent à faire prévaloir les chances de celui des candidats dont la position, l'influence ou l'habileté promettent au canton le représentant le plus utile ». Nécessité ou déviation, le régime électoral apparaît plus qu'ailleurs exploité en vue d'intérêts privés ou tout au plus particuliers à la catégorie sociale la plus riche. C'était même le cas de Lyon, seule grande ville à n'être représentée que par des députés ministériels à la fin de la monarchie de Juillet. Les troubles de 1831 et 1834 avaient marqué profondément la bourgeoisie lyonnaise; les députés libéraux devinrent rapidement des ministériels redoutant dans tout changement de politique une possibilité de désordre.

L'opposition libérale ou radicale est établie avec force dans plusieurs départements; elle compte à la veille de 1848 les quatre députés de la Drôme, cinq sur sept de la Saône-et-Loire, deux de l'Isère, mais ces opposants n'ont qu'une influence limitée car l'administration préfectorale et la magistrature s'appuient souvent davantage sur les éléments conservateurs que sur eux, de plus cette opposition est rarement très prononcée. Un banquet réformiste présidé par Alcock, conseiller à la cour royale et ancien député, se tint, le 23 novembre 1847, à la Rotonde des Brotteaux. Il attira près de 1 600 personnes mais ce banquet parut trop modéré à de nombreux ouvriers en raison du caractère étroit des revendications. Des banquets réformistes furent aussi organisés à Autun et à Chalon-sur-Saône, à Saint-Marcellin, à Vienne et à Grenoble; dans la Drôme opposants dynastiques, radicaux et même légitimistes participèrent aux banquets réformistes de Montélimar, de Valence et de Roanne.

La dernière élection du régime, celle d'un conseiller général conservateur du 4e canton de Lyon le 24 février 1848 révélait le décalage entre le pays légal et la population de Lyon.

5

Les montagnes du centre

Le Massif central, château d'eau de la France, contribue par les migrations qui en proviennent à la croissance de nombreuses villes, Lyon, Montpellier, Bordeaux et surtout Paris. Soumise à des influences diverses, contradictoires, cette région sans unité tient une place à part : elle isole le Midi méditerranéen, sépare l'Est de l'Ouest de la France au sud de la Loire en favorisant les relations nord-sud qui privilégient Paris. Dédaignée par une économie de concurrence qui lui soutire une partie de sa jeunesse, elle soutient les majorités ministérielles; c'est la région idéale des bourgs pourris attendant plus des faveurs de l'administration centrale que des maigres ressources de son dur travail.

La vie pénible et isolée des plateaux et des montagnes.

La forêt occupe une grande partie de la région, surtout la partie occidentale des massifs plus humides; elle en renforce le caractère sauvage. Les mœurs y sont rudes; comme dans les autres départements montagneux, les crimes contre les personnes y sont plus nombreux que les atteintes à la propriété, surtout en Haute-Loire, en Lozère, en Corrèze et dans la Creuse; aux terreurs suscitées comme celle de l'auberge de Peyrebeille où l'on tuait les voyageurs pour les dévaliser s'ajoutaient les rumeurs, par exemple la peur de la bête du Gévaudan. Les réfractaires au service militaire ne manquent pas; le préfet du Puy-de-Dôme, en 1823, parle de la désertion comme d'une plaie de la région.

L'élevage partout développé contribue aussi à l'isolement; la transhumance des bovins rythme la vie rurale du Cézallier, du Cantal et de l'Aubrac. Quelques propriétaires, tels que Tissandier d'Escors, premier président du comice agricole de Salers en 1845, pratiquent la sélection et l'amélioration des races, préparant ainsi l'expansion de la race de Salers. Plus sauvages encore, bien que leur climat soit moins rude, les Grands Causses au sud-ouest du Massif central ne se prêtent guère qu'à un élevage très extensif de moutons et surtout de brebis dont le lait est vendu à Roquefort, qui accroît considérablement sa production de fromage. Forêts et pâturages sont souvent des communaux, que réduisent les usurpations ou les ventes en dépit de l'influence contraire des préfets.

Quand les cultures sont possibles, le paysan vit surtout de ce qu'il produit. Cultivateur l'été, un peu artisan l'hiver quand il n'émigre pas pour la saison; dans bien des cantons, les récoltes produites avec des techniques archaïques ne suffisent pas à la consommation, et au moindre gain, le paysan songe à agrandir sa terre plutôt qu'à améliorer sa culture. Le faire-valoir direct s'est développé, mais dans les montagnes le métayage est très répandu. Sur certaines terres, des droits comparables aux anciens droits seigneuriaux sont encore perçus à l'époque de la Restauration. Quant à la production, on voit s'ajouter au seigle et au sarrasin, la pomme de terre qui ne gagne toutefois la Haute-Auvergne que vers 1830.

Cet isolement maintient l'ignorance et les vieilles hantises. *L'Annuaire de la Corrèze* pour 1834 constate : « Dans les communes rurales on ne voit que bien peu de personnes qui sachent lire et écrire et qui parlent l'idiome français. » En Haute-Loire, un rapport d'inspection de 1836 décrit « la pauvreté non industrieuse mais résignée, la peur entretenue de voir s'altérer les mœurs et les habitudes plus dévotes que religieuses ». Même dans le Puy-de-Dôme, pourtant plus riche, l'inspecteur primaire mentionne, dans son rapport de septembre 1836, « l'indifférence profonde des habitants de la campagne pour l'instruction ». Ce sont les hommes de loi (notaires ou avoués), parfois les médecins qui sont les représentants tout désignés dans les conseils locaux, qu'ils soient légitimistes, conservateurs ou libéraux. Hommes de loi et médecins forment près de la moitié du conseil général du Cantal en 1840, plus du tiers en Haute-Loire et en Corrèze. Les préfets n'avaient guère de choix dans la nomination des maires, surtout quand les conseillers municipaux furent élus; les préfets ne regardaient pas de trop près sous la monarchie de Juillet, quand il fallait nommer un maire dans une commune de montagne, quelles étaient ses opinions politiques pourvu qu'il eût un minimum de richesse et d'instruction. Par contre, les pressions administratives s'exerçaient facilement. Un exemple de stabilité parmi bien d'autres, le docteur Marsal est maire de Massiac dans le Cantal de 1831 à 1857 : les changements de régime ne l'affectent guère.

Plaines et villes.

Le Massif central a ses îlots de terres riches : les limagnes forment une région d'agriculture prospère et de fortes densités; plus de 90 au km² au début de la Restauration dans certains cantons. La propriété bourgeoise y est importante, c'est elle qui s'est le plus accrue avec la vente des biens nationaux au point que la proportion des terres dont la propriété échappe aux paysans est bien plus forte par exemple en 1829 qu'en 1789 dans la commune de Saint-Agoulin. Les nombreux domaines qui appartiennent à des familles aristocratiques comme les Chabrol sont morcelés en de petites fermes. La rente foncière a augmenté avec l'accroissement de la population, aussi le cultivateur cherche-t-il à augmenter son rendement. C'est le cas avec le vignoble; la vigne progresse dans le pays des Buttes, dans le canton de Clermont et dans celui de Pont-du-Château; elle atteint jusqu'à 60 % du territoire communal à Chamalières ou à Beaumont sous la Restauration, près de 40 % à Aubières. Ces deux dernières communes sont composées de vignerons prompts à l'émeute : en août 1831, contre l'impôt sur les boissons, et en août 1841 ils fournirent nombre d'émeutiers au cours de l'agitation anti-fiscale à Clermont-Ferrand, mettant à sac la maison du maire.

Une autre source de transformation et de prospérité dans la Limagne provient de la betterave à sucre; quelques fabriques de sucre s'étaient établies à la fin de l'Empire sans durer, on voit un renouveau de cette activité après 1829. Dès 1838, le futur duc de Morny, établi à Clermont-Ferrand, devenu propriétaire d'une sucrerie, lui consacre une part de son temps, tout en commençant une carrière politique comme député ministériel.

Les conditions naturelles autant que la richesse locale prédisposaient la grande Limagne à la vie commerciale et à la présence de villes. Riom a jalousement gardé la cour royale et se veut l'héritière de l'ancien parlement; son député pendant une bonne partie de la monarchie de Juillet fut un légitimiste, l'ancien préfet de la Seine, Chabrol de Volvic. La division reste encore tranchée entre la bourgeoisie commerçante et libérale des villes et l'aristocratie. Cette influence persistante entretient les susceptibilités de la bourgeoisie et provoque dans les campagnes après 1830 une méfiance à l'encontre des grandes familles de la part des petits propriétaires. Ceux-ci formant désormais une part importante du corps électoral choisissent pour députés des libéraux hostiles à tout rapprochement avec les hommes de la Restauration.

Au cœur du seul département de la région qui dépasse 500 000 habitants (601 000 en 1846), Clermont est une ville qui s'accroît assez lentement (34 000 habitants en 1846). Centre commercial de l'Auvergne, elle exerce une grande influence sur les départements voisins par ses foires, par ses journaux, par ses relations, entretenues par les courants d'émigration, avec Paris.

Limoges, dans un département moins peuplé et plus pauvre, connaît un développement plus rapide puisqu'elle double sa population au cours de la première moitié du XIXe siècle; en 1846 elle dépasse 38 000 habitants, en ayant gagné près de 10 000 au cours des cinq dernières années. Cette croissance rapide vient de l'immigration provenant du département et des départements voisins et s'explique par le développement de l'activité industrielle (papeterie et porcelaine); activité ancienne mais profitant de la crise des métiers parisiens et des initiatives du négociant fabricant Alluaud. Limoges s'impose sur le marché de la porcelaine après 1840 avec 24 manufactures et 5 000 ouvriers dans sa zone d'influence. L'installation de l'américain Haviland en 1842 lui ouvre le marché des États-Unis. La prépondérance de la bourgeoisie d'affaires est ancienne, antérieure à la révolution de 1830, et les représentants des professions économiques dans le conseil municipal sont même moins nombreux après les élections de 1831 que sous le règne de Charles X; une partie d'entre eux restèrent fidèles à la branche aînée des Bourbons comme les Pétiniaud, une des dynasties de la porcelaine qui donna un député légitimiste et les imprimeurs Ardant. Cette bourgeoisie enrichie acheta de grands domaines dans la région.

Aurillac n'est qu'une petite ville de 10 000 habitants sous la monarchie de Juillet, chef-lieu d'un département fort pauvre qui fournit un gros contingent annuel à l'émigration. Mais elle est au centre d'un bassin qui fait figure de riche : le commerce de la fourme y est prospère et ses 12 foires dont celle de Saint-Géraud le 13 octobre multiplient les mouvements d'hommes, de marchandises et d'argent.

Brive qui s'enorgueillit d'être la capitale du Bas-Limousin est au carrefour d'une plaine consacrée aux céréales et aussi au vignoble et cultivée par des petits propriétaires qui ne veulent pas morceler leurs terres, aussi les cadets vont-ils travailler en ville, et c'est là un élément de croissance de Brive. La commune ne compte guère que 9 600 habitants. La construction d'un pont sur la route de Paris à Toulouse pour franchir la Corrèze fut réalisée en 1833; elle montre bien que les efforts de modernisation sont liés aux problèmes de circulation.

Mouvements de population et communications.

En dépit de sa forte natalité la région du Massif central ne connaît qu'une faible augmentation démographique car elle est affectée par des courants importants d'émigration. Celle-ci s'oriente en fonction des vallées et alimente d'autres régions présentées dans divers chapitres. Martin Nadaud dans les *Mémoires de Léonard* a décrit la vie du maçon de la Creuse quittant le pays dès 13 ou 14 ans. Le nombre des migrants double dans la Creuse et atteint 30 000 en 1846. C'est parmi les paysans plus que parmi les ouvriers sédentaires que se recrutent les migrants et dans la zone de petite propriété plutôt que sur le domaine de la grande propriété qui retient davantage la population. Plusieurs traits commencent à se dessiner : scieurs de long, colporteurs, marchands de toile — soupçonnés de mendicité, quand ils ne sont pas accusés de tous les maux par les préfets, la police et le clergé — marchands de vin ou de charbon dans les villes et tout particulièrement à Paris où commencent à se préciser les traits du bougnat. Ces migrations sont le plus souvent temporaires et même saisonnières; elles affectent la cohésion familiale mais en même temps maintiennent le rôle des vieux en l'absence, provisoire, des hommes jeunes. Les migrants ramènent leurs gains et contribuent à leur retour à faire hausser le prix de la terre et à la morceler.

Les relations avec la vie nationale et avec l'État sont aussi assurées par les notables. Tantôt ceux-ci ne vivent que partiellement sur leurs terres, mais l'origine familiale et le retour périodique maintiennent l'attachement à ceux qui portent un nom connu, c'est le cas de Prosper de Barante, pair de France et président du conseil général du Puy-de-Dôme pendant la plus grande partie de la monarchie de Juillet. Tantôt c'est à Paris et de Paris, que s'affirme leur influence; c'est le cas du conseiller d'État Dessauret, directeur de l'administration des Cultes, conseiller général et député de Saint-Flour. Tantôt enfin — et c'est le cas le plus fréquent — il s'agit de petits notables locaux qui prennent appui sur les fonctions administratives ou municipales, par exemple Girot-Pouzol, fils d'un député de l'époque révolutionnaire, ancien opposant libéral à Issoire sous la Restauration, devient sous-préfet en 1830 et le reste pendant tout le régime de Juillet.

Ce poids conjugué des notables et des représentants de l'administration n'allait pas sans inconvénient. Certes l'Auvergne donna un opposant de marque sous la Restauration avec le comte de Montlosier, mais les départements du Massif central fournissent régulièrement des députés ministériels et les électeurs censitaires y ressemblent souvent à ceux d'Ambert à propos desquels le Procureur général écrivait le 24 juillet 1846 : « Les préoccupations politiques sont à peu près nulles dans cet arrondissement, les intérêts matériels absorbent les espoirs et les esprits et l'élection d'un député n'y est guère qu'une question de personne et d'influence locale. »

Le développement des communications est moins fonction d'aspirations locales que d'initiatives particulières venues de l'administration. Un témoin contemporain écrivait en 1836 : « Le Cantal n'a point de chemins vicinaux et il n'en fera point si l'administration n'intervient coercitivement. L'esprit de localité est ici étroit, ignorant, apathique, revêche. » Les agitations les plus graves sont le fait de paysans mécontents des mauvaises récoltes de 1816-1820 qui provoquent des troubles à Argentat, Ussel,

Eymoutiers, ou plus tard contre l'impôt; l'une des premières grèves de la région affecte les travailleurs de la porcelaine de Limoges, en septembre 1833; c'est parmi les terrassiers construisant une route départementale près d'Aubusson que se produit l'une des premières grèves de la Creuse en juin 1840.

Les modifications apportées aux structures traditionnelles apportent un inévitable déséquilibre, avec le jeu du libéralisme qui sacrifie les plus pauvres au profit des plus riches. Le maire d'Ardes se plaint au sous-préfet d'Issoire, dès le 20 décembre 1825, de l'exode de ses concitoyens : « C'est précisément l'ouverture des routes, source première de la prospérité publique qui a totalement anéanti le commerce de la ville d'Ardes, car Besse et Murat prospèrent aujourd'hui à son détriment. » La faillite de deux banques de Clermont en mai 1842 fut d'autant plus grave que, selon le sous-gouverneur de la Banque de France venu spécialement à Clermont à cette occasion, elle « frappe moins le commerce que ... les petits rentiers, les artisans, les domestiques qui avaient placé leurs épargnes dans ces deux maisons. Cet événement a fait sensation; il a mis en suspicion tous les autres banquiers... l'alarme est descendue jusque parmi les déposants de la caisse d'épargne ».

C'est dans la bourgeoisie que l'on trouve des idées libérales ou même démocratiques; à Clermont, Trélat avait fondé en 1839 un journal républicain *le Patriote* qui dura peu mais qui servit à la formation d'un petit groupe républicain que l'on retrouve actif en 1848. Un banquet réformiste tenu le 23 août 1840 près de Clermont sous la présidence d'Antoine Couthon, le fils du conventionnel, traduit même des survivances jacobines.

Le régime politique n'avait jamais intéressé dans ces départements qu'une faible minorité de population. La révolution de 1848 allait faire accéder à une vie politique active et parfois tumultueuse les habitants des régions où les traditions catholiques, familiales, et monarchiques (encore très vivantes au contraire dans de nombreux cantons) s'étaient estompées. Le régime de Juillet n'avait pas su s'implanter dans les populations et avait pris pour une adhésion l'appui intéressé et partiel de la bourgeoisie censitaire et l'indifférence politique des paysans.

6

L'Est de la France

1814 n'a pas pour l'Est de la France la même signification que pour l'ensemble du pays. Le retour à la tradition qu'il implique perd, dans des régions entrées tardivement dans la communauté nationale une grande partie de son sens : la Franche-Comté est devenue française en 1678, mais la Lorraine seulement en 1766, et l'Alsace, incorporée en grande partie au royaume de France sous Louis XIV a vu la république de Mulhouse ne perdre son indépendance qu'en 1798. Les trois provinces d'ailleurs gardaient en 1789 une originalité marquée par des enclaves territoriales de pays voisins, un enchevêtrement encore médiéval de privilèges et de libertés locales, une frontière douanière qui séparait ces provinces « réputées étrangères » du reste de la France en les ouvrant économiquement vers l'Allemagne ou la Suisse. La Révolution avait fait entrer les populations dans l'unité française. L'opération réussit, parce qu'elle s'accompagnait de la suppression des droits féodaux et parce que, peu après, ces régions devenaient les provinces clefs d'un Empire qui dominait l'Europe centrale. Le passage des troupes, le commerce légal ou de contrebande, les enrichirent tandis que les hommes faisaient volontiers carrière dans les armées.

L'invasion massive des ennemis et une défaite plus durement ressentie qu'ailleurs marquèrent l'année 1814 et 1815 amena une seconde invasion, prélude à une occupation militaire jusqu'en 1818 (40 000 hommes pour la seule Alsace). Les traités amputaient par ailleurs l'Alsace et la Lorraine de plusieurs cantons, mais surtout établissaient pour la première fois une frontière rigide à la fois militaire et douanière. Au même moment, la fin du blocus anglais permettait la réouverture au commerce des façades atlantique et méditerranéenne de la France. Le trafic frontalier des provinces de l'Est en était durement atteint.

Le statut de provinces frontières entraînait d'ailleurs d'autres conséquences : de nombreuses villes classées comme places fortes vivaient en symbiose avec l'armée. Le patriotisme s'y entretenait du souvenir de l'Empire et du mépris des temps présents. La faiblesse relative du loyalisme monarchique amenait l'esprit public à retrouver de ses vieux réflexes d'indépendance locale et les classes dirigeantes oscillaient entre une acceptation résignée des régimes politiques et une opposition d'esprit républicain.

Ces traits étaient particulièrement marqués en Alsace.

1. L'Alsace

Originalité de la population.

Les Alsaciens forment un bloc compact de 800 000 habitants en 1814, de 914 000 en 1830, de 1 067 000 en 1846; à cette date une densité kilométrique de 124 classait à ce point de vue le Bas-Rhin et le Haut-Rhin aux 5e et 6e rangs des départements français, l'ensemble du territoire n'ayant alors qu'une densité de 67. L'accroissement de population d'un tiers en 32 ans s'est produit inégalement : médiocre au début de la Restauration, il passe par un maximum entre 1820 et 1830 pour fléchir quelque peu par la suite.

Pays de forte natalité où un effort remarquable pour la diffusion de la vaccine a été accompli. Mais l'Alsace est aussi un carrefour recevant des apports multiples de l'extérieur : Lorrains, Badois, Francs-Comtois ou Suisses, attirés par l'industrie du Haut-Rhin; réfugiés politiques, des fonctionnaires de l'Empire napoléonien repliés dans leur patrie d'adoption jusqu'aux vaincus des insurrections polonaises en passant par les libéraux allemands fuyant la répression absolutiste. L'Alsace absorbe facilement ces éléments divers. Mais, comme les autres pays rhénans, elle alimente un courant d'émigration vers la Russie du sud et les États-Unis. Le gros en est fourni par un prolétariat rural rendu plus misérable par l'amenuisement des droits agraires collectifs et la répression accrue des délits forestiers. Chaque crise économique multiplie temporairement le chiffre des départs.

Sauf dans la région de Belfort et de Cernay et dans la haute vallée de la Bruche, l'Alsace parle des patois allemands ; les efforts centralisateurs de la Révolution et de l'Empire n'ont pu ébranler cet « idiome germanique ». Dans les villes, les classes supérieures savent le français ; les campagnes l'ignorent à peu près complètement. La Restauration et la monarchie de Juillet souhaitent comme les régimes précédents la « francilisation » : la première, en 1818-19, échoue piteusement en voulant que les instructions adressées aux maires ruraux ne soient plus bilingues. Cependant magistrats et percepteurs, voire sous-préfets, ignorent souvent l'allemand. C'est l'origine de difficultés sans nombre. Aux assises, les débats ont lieu en français et les jurés prennent une décision sur quelques indications qui leur sont traduites, cas d'annulation devant la Cour de cassation ! Aussi une des revendications les plus vives du particularisme alsacien est-il le recrutement local des fonctionnaires et le renvoi de ceux qui sont arrivés « par la malle-poste ».

Ce n'est qu'après la loi Guizot de 1833 qu'un effort sérieux est accompli pour enseigner le français à l'école primaire. Jusque-là, en Alsace, où le taux de scolarisation est plus élevé qu'ailleurs en France, écoles catholiques et protestantes ou d'enseignement mutuel, donnent un enseignement en allemand ; et, en dépit de l'existence de l'École normale d'instituteurs de Strasbourg, la seule de France jusqu'en 1821, les instituteurs capables de donner quelques notions de français sont rares.

La population alsacienne est divisée au point de vue confessionnel. Les catholiques forment environ les 3/5 du total. Mais, vers 1820, on dénombre environ 183 000 luthériens surtout dans le Bas-Rhin (154 000) (la ville de Strasbourg se partage à peu près également entre catholiques et protestants) et 40 000 calvinistes, qui forment à Mulhouse un groupe compact de 7 000 individus sur 9 000 habitants, mais sont ailleurs dispersés en petites communautés. Enfin, il y a en Alsace 14 000 juifs, pour moitié dans l'arrondissement d'Altkirch, disséminés en plus de 200 communautés souvent fixées en de minces bourgades. Ces différences confessionnelles entretiennent des tensions dans les villages. Le système du *simultaneum* qui, partageant l'usage de l'église lorsqu'il n'en existe qu'une, entre catholiques et luthériens, est la source de réciproques tracasseries entre gens du peuple; mais, même les classes supérieures sont divisées par les méfiances confessionnelles. Quant aux juifs, si leur situation légale est maintenant celle de citoyens français, le fait n'est passé dans les mœurs que pour quelques individus, comme le colonel Cerfberr, député de Wissembourg sous la monarchie de Juillet, et le problème de savoir si l'on doit se mêler aux goym divise les synagogues. En fait, le gros des israëlites continue à vivre à part. Les paysans les haïssent pour leur réputation d'usuriers (accrue du fait qu'ils sont parfois les prête-noms de capitalistes chrétiens) et de propagateurs d'épidémie en qualité de colporteurs ou de marchands d'habits. Jusqu'en 1848 inclus, il n'est guère de crise qui ne se soit traduite en Alsace par quelque poussée d'antisémitisme.

Les villes d'Alsace.

L'ancien et dense réseau urbain demeure un élément moteur de la vie économique et politique. La noblesse alsacienne, récente, mal implantée ou déracinée par la Révolution ne joue qu'un très faible rôle. Par contre la bourgeoisie, variée, entreprenante, menée par des familles riches et influentes, très conscientes des besoins de la province, forme une classe dirigeante efficace. Aux professions libérales, s'ajoutent le grand commerce et la banque, et les manufacturiers si puissants dans le Haut-Rhin qu'on y a parlé de « fabricantocratie ».

Les multiples petites villes, très particularistes, rappellent le temps des villes libres impériales. Chacune a son état d'esprit, parfois conservateur ou clérical ou au contraire quasi « républicain ». Des cabales divisent les habitants, chacune voulant exercer le pouvoir municipal à son profit : les maires de la Restauration prolongent de longues traditions d'abus de pouvoir et de concession. En outre, la rivalité entre villes est parfois très âpre : de longs conflits pour la possession de la sous-préfecture opposent Sélestat à Benfeld et Barr, Wissembourg à Haguenau. La variété de ces villes tient à leur structure géographique et à leur histoire qui déterminent leur fonction une ou multiple : Wissembourg ou Neuf-Brisach sont militaires, Sainte-Marie-aux-Mines utilise pour l'industrie les chutes d'eau de la montagne, Ribeauvillé proche du vignoble et de la forêt est un marché de vin et de bois en même temps qu'un centre industriel, Belfort, forteresse qui commande six routes, est aussi un grand centre d'entreprises de roulage, etc. Toutes ces villes d'ailleurs sont pénétrées de vie rurale : des campagnards y viennent travailler chaque jour, des jardiniers ou vignerons y habitent. Mais trois de ces villes jouent un rôle hors de pair : Colmar, Mulhouse, Strasbourg.

Colmar, chef-lieu du département du Haut-Rhin, demeure une ville modeste (15 000 habitants environ, en majorité catholiques). Ses remparts cependant ont fait place à des jardins en terrasses et à une promenade publique. Ses rues, bien pavées, restent étroites, assombries par l'avancée des étages supérieurs. Mais le quartier plus aristocratique de la rue aux Bleds abrite les magistrats de la cour d'Appel, successeurs de ceux du « conseil souverain » et les nombreux avocats : la révolution de 1830 amène un chassé-croisé entre les deux corps. De grandes familles de juristes portant souvent des noms français, mais implantées depuis l'Ancien Régime, dominent la société. Même les chefs de famille modestes possèdent hors de la ville un jardin planté de vigne avec un vide-bouteille qu'on qualifie de « gloriette ». En dépit de cette quiétude provinciale, Colmar demeure un grand marché agricole, particulièrement pour les vins; l'achèvement du canal du Rhône au Rhin (1834) et du chemin de fer Strasbourg-Bâle (1842) accroît et diversifie sa fonction de centre de transit. Et le faubourg du Logelbach possède des manufactures dont la célèbre fabrique d'indiennes de J. M. Haussmann, accrue d'une filature en 1822.

L'annexion à la France a résolument orienté Mulhouse vers l'avenir, en rupture avec un passé de modeste cité de type helvétique où le droit de bourgeoisie était parcimonieusement accordé. La population passe de 9 300 habitants en 1815 à 13 000 en 1827, à 17 000 en 1836, à 29 000 en 1847. Cette invasion par des hordes prolétariennes en majorité catholiques, recrutées dans toutes les régions pauvres, des Vosges au Jura et au Tyrol, n'empêche point la bourgeoisie de garder le contrôle de la ville et de la région. Formée elle-même de la fusion d'éléments allemands ou suisses et d'éléments autochtones, elle constitue à l'époque de la monarchie censitaire une caste fermée dont les familles s'unissent entre elles par mariage. Des dissentiments passagers peuvent troubler ces familles patriarcales (Kœchlin, Dolfus, Schlumberger, Mieg, etc.), elles n'en sont pas moins unies par une foi commune. Rarement l'alliance du calvinisme et du capitalisme a été aussi étroite. Le culte du progrès, avivé souvent par l'appartenance maçonnique, motive l'audace industrielle de cette bourgeoisie qui se retrouve à la chambre de commerce ou dans sa grande fondation, la Société industrielle de Mulhouse, créée en 1825 pour « faire passer l'industrie de l'état empirique au rang d'une véritable science ». Les grands fabricants de cotonnades, activité essentielle de Mulhouse, adoptent tout progrès technique susceptible d'améliorer leurs produits. Cette politique leur permet de compenser l'éloignement des marchés d'approvisionnement en matières premières ou de vente. Le futur industriel, souvent élevé en Suisse dans des écoles s'inspirant des principes de Pestalozzi, ayant parfois fait quelques études de chimie à Paris, apprend son métier en accomplissant de longs stages à l'extérieur, de la Normandie à l'Angleterre ou à la Russie, avant de revenir travailler à la manufacture paternelle.

Cette ouverture d'esprit s'accompagne de préoccupations de paternalisme : le patronat de Haute-Alsace crée des écoles primaires ou techniques, fonde les premières caisses d'épargne ouvrières, des sociétés de secours mutuel et de retraite, tente de résoudre le problème, crucial à Mulhouse surpeuplée, des logements ouvriers : sous la monarchie de Juillet les « maisons-casernes » ne s'avèrent guère satisfaisantes, mais en 1853 on y construira la première cité ouvrière française.

Malgré ses traits originaux, ce patronat est sincèrement rallié à la France, dont la langue est souvent parlée en famille; mais son patriotisme qui a une tonalité parfois bonapartiste s'accompagne d'un libéralisme très vif. Il éveille les méfiances de la Restauration qui imposera à Mulhouse un maire étranger à la ville. Ces méfiances n'entravent guère une influence qui prédomine dans toute la Haute-Alsace. En 1845 celle-ci a 167 manufactures de cotonnades, dont seulement 26 à Mulhouse (et 34 à Sainte-Marie-aux-Mines); toutes dépendent de la ville par les alliances familiales, les moyens financiers, la chambre de commerce et la Bourse. Les tisserands ruraux, nombreux, n'ont jamais joué le rôle prédominant que nous avons constaté en Normandie, car la première spécialité alsacienne a été l'impression sur étoffe, travail délicat qui appelle la manufacture. L'orientation vers les tissus de qualité a amené les industriels alsaciens à créer des filatures en particulier pour produire les filés fins qu'il fallait encore importer au début de la Restauration. La période de la monarchie censitaire voit le remplacement des métiers à tisser par les tissages mécaniques. Mais l'horizon industriel des patrons cotonniers s'étend même au-delà de l'intégration de toutes les opérations de l'industrie cotonnière, de la filature à l'impression des étoffes : ils orientent la métallurgie de la région de Belfort vers la construction de métiers pour le textile et le fabricant Nicolas Kœchlin prend l'initiative du premier chemin de fer français d'envergure, le Strasbourg-Bâle ouvert en 1842.

L'histoire de la production, de ses progrès, traduit ce perpétuel effort d'adaptation : jusqu'en 1823 on emploie le coton du Levant et des Antilles, mais à cette date le jumel égyptien aux longues fibres le remplace en grande partie, pour être supplanté à son tour vers 1840 par l' « Amérique ». Un grand progrès s'opère aussi dans les transactions : si les tissus sont encore pour partie vendus dans les grandes foires, la Bourse de Mulhouse, à la fin de la Restauration, centralise les opérations commerciales sur la matière première et les produits demi-ouvrés. Quant aux marchés, ils sont en pleine évolution : outre le marché national, les tissus alsaciens connaissent une lente reprise en Europe (Espagne, Pays-Bas, Italie, Allemagne), mais surtout conquièrent des marchés extraeuropéens (Perse, Mexique, Amérique du Sud, États-Unis, Inde, etc.). En 1839, les grandes fabriques exportent la moitié de leur production et les progrès, depuis le début de la Restauration, ont été considérables : employant plus du cinquième du coton brut importé, dotée de 683 000 broches et de 6 000 métiers mécaniques, la région de Mulhouse est la troisième région cotonnière après la Normandie et la région de Troyes. La variété des marchés entraîne la variété de la production, des andrinoples aux dessins rouges assez grossiers aux schalls de mousseline. Des événements divers (guerre en Espagne, Zollverein, rupture franco-mexicaine, etc.) freinent cette expansion à la fin de la monarchie de Juillet. La Haute-Alsace a d'autres industries : papeteries de la région de Munster, tanneries, hauts fourneaux et forges, dont celles d'Oberbrück, appartenant au député conspirateur Voyer d'Argenson qui, obligé de se réfugier en Angleterre, en 1822, y préparera leur modernisation. Mais c'est néanmoins l'influence prédominante de la bourgeoisie de Mulhouse qui fait de la Haute-Alsace une région industrielle dont l'organisation est particulièrement avancée et dont l'importance est reconnue par l'installation en 1846 — en même temps qu'à Strasbourg — d'une succursale de la Banque de France.

La Basse-Alsace, de son côté, n'est pas dépourvue d'industries. L'exploitation du minerai de Niederbronn, de hauts fourneaux et de forges qui l'utilisaient, avaient, dès le XVIIIe siècle, fait de Frédéric de Dietrich, le célèbre maire de Strasbourg, un véritable roi du fer. Sa veuve réussit sous la Restauration à relever l'entreprise sous la forme d'une société d'actionnaires où l'on retrouve Scipion Périer et Renaud de Bussière, employant 900 ouvriers et 350 bûcherons. Par ailleurs, sous l'Empire, ont prospéré la manufacture d'armes à feu de Mutzig et la fabrique de baïonnettes de Klingenthal, créée avec des ouvriers de Solingen, mais qui n'emploie plus au début de la Restauration que 16 étrangers sur 600 ouvriers. Lorsque cette « manufacture royale » sera transférée en 1830 à Châtellerault, ses directeurs, les frères Coulaux, lui substitueront une fabrique de faucilles et de faux. Notons encore qu'on exploite déjà le célèbre gisement de bitume et de pétrole de Pechelbronn.

Il n'empêche que la Basse-Alsace est d'abord un pays agricole et que Strasbourg ne lui donne pas la même impulsion que Mulhouse pour la Haute-Alsace. La fonction de Strasbourg est autre et beaucoup plus complexe : ville militaire, « entrepôt naturel des marchandises transitées sur l'Italie et la Suisse, la Hollande et Hambourg, ou des denrées venant de l'intérieur de la France », grand centre intellectuel et universitaire où cultures française et allemande se compénètrent.

Neuvième ville du royaume, sa population demeure stable sous la Restauration (50 000 habitants); mais sous la monarchie de Juillet elle connaît un accroissement de plus de 20 000 habitants.

Passée en 1815 de porte de l'Allemagne à ville frontière, Strasbourg ne semble avoir surmonté cette crise qu'après 1830.

La ville est bâtie dans un site qui demeure marécageux et malsain. Les bras de l'Ill, la Bruche et des canaux la traversent. Elle a gardé son enceinte percée de 7 portes et ses habitants sont à l'étroit dans ses 3 600 maisons. Les rues étroites, obscures, mal pavées, ne sont sous la Restauration éclairées qu'en hiver par des lanternes à huile. Mais le XVIIIe siècle français a, faute de crédits pour tout remodeler, inséré dans le fouillis de la vieille ville germanique de nobles perspectives et des palais d'un faste élégant. Cet effort s'achève sous la Restauration avec l'Orangerie et le nouveau théâtre. La monarchie de Juillet entreprendra l'assainissement de la ville : les maires Turkheim (1830-1835) et surtout Schützenberger (1837-1848) ont bordé l'Ill de quais, recouvert le fossé des Tanneurs qui empuantissait la promenade du Broglie, remplacé les petites boucheries groupées derrière l'Aubette par un marché couvert, construit une halle au blé, introduit les trottoirs et l'éclairage au gaz.

Le centre de l'activité de Strasbourg, c'est le port, clos lui aussi de murs. Il a l'avantage naturel d'être placé au point où, en remontant le Rhin, le trafic — la navigation du fleuve devenant difficile — est incité à prendre l'Ill et, par un transbordement, la voie de terre vers l'ouest ou vers le sud. Mais la législation douanière mise en place au début de la Restauration impose des conditions rigoureuses à l'entrepôt et au transit pour l'étranger, élève des droits protecteurs en particulier contre l'entrée du bétail allemand, signes aux yeux des Strasbourgeois de la faveur du pouvoir pour les ports et les éleveurs de l'Ouest.

Néanmoins Strasbourg demeure une ville aux activités les plus diverses sans même que manquent les jardiniers et les bateliers. Les métiers à tisser battent dans le quartier de la cathédrale, sont présentes la petite métallurgie, l'orfèvrerie, l'horlogerie. La bourgeoisie demeure à l'aise : à côté des vieilles familles qui gardent l'ancien esprit du patriciat de jadis, les parvenus se sont multipliés sous l'Empire, où « la moitié de la ville a fait de la contrebande » au moment du blocus, occupant les vieux hôtels des quais Saint-Thomas et Saint-Nicolas. Le type de ces enrichis est Jean-Georges Humann qui mourra ministre des Finances sous Louis-Philippe :

venu de l'épicerie et du roulage, en passant très vraisemblablement par la contrebande, ce grand brasseur d'affaires s'intéresse à de nombreuses entreprises : canal du Rhône au Rhin, bateaux à vapeur du Rhin, mines et forges de Decazeville et d'Audincourt.

Ville de banque et de négoce; ville judiciaire aussi avec un barreau influent dont l'aigle est le chaleureux orateur républicain Liechtemberger, Strasbourg est aussi un centre universitaire. Elle possède — seule avec Paris — les cinq facultés de Théologie, Lettres, Sciences, Médecine, Droit, la première se dédoublant en une faculté catholique et une faculté protestante organisée en 1821. L'influence de la faculté de Théologie de Strasbourg est profonde dans l'évolution du protestantisme alsacien, luthérien ou calviniste, qui connaît alors le renouveau du « réveil ». Quant à l'évêque de Strasbourg, son diocèse comporte toute l'Alsace et c'est au grand séminaire de cette ville que se forment les futurs ecclésiastiques. Mais Strasbourg est aussi ville militaire. Le quartier de la citadelle à l'est de l'Ill réunit des casernes, des magasins, l'arsenal. Une garnison nombreuse de fantassins, d'artilleurs, de pontonniers s'y loge et le général commandant la place est un personnage notable, souvent en rivalité avec le préfet, concourant avec lui au maintien de l'ordre. L'armée d'ailleurs a des liens avec la population, par l'entremise des demi-soldes, nulle part aussi nombreux, sauf à Paris. Enfin Strasbourg donne asile à de nombreux réfugiés surtout Allemands, colonie qu'illustre la présence de Goerres.

La sociabilité alsacienne fait de ces éléments variés une cité vivante, tumultueuse parfois. Il existe des salons catholiques ou protestants, le plus célèbre étant celui, très international, de la comtesse Levetzow, dont la fille, Ulrique, fut la dernière passion du vieux Goethe. Des *casinos* réunissent, pour la lecture et la discussion des nouvelles, négociants, avocats et professeurs. Une soixantaine de brasseries, dont les patrons vendent leur production, s'emplissent chaque soir d'une foule animée. Strasbourg vibre aux événements internationaux : arrivée des Polonais vaincus en 1831, rassemblement libéral allemand de la Hambach en 1832; elle inaugure dans l'enthousiasme les statues de Kléber et de Gutenberg. Son journal le plus lu, le plus durable et qui prolonge la *Strassburgische Zeitung* de 1789 est le bilingue *Courrier du Rhin*, indéfectiblement libéral. Ville frondeuse, prompte aux charivaris, aux manifestations où se retrouvent bourgeois radicaux, étudiants, artisans, demi-soldes, encadrés par des sociétés populaires, elle demeure patriote et libérale. Au lendemain de 1830 l'empressement cocardier à ressusciter la garde nationale et l'indiscipline de cette même garde vis-à-vis des autorités non élues par elle, rendent bien compte de son double état d'esprit.

Il se traduit aussi chez les poètes qui, comme Ehrenfried Stoebel, affirment en allemand leur attachement à la France, malgré les influences d'outre-Rhin qu'ils subissent. On assiste aussi à une tentative, bien de cette époque romantique, pour faire du dialecte local une langue littéraire. Parallèlement on se penche sur le passé local : l'archéologue Geoffroi Schweighoeuser et Philippe de Golbery publient les *Antiquités d'Alsace* tandis que le maire Kentzinger, maire de la ville pendant toute la Restauration, fait paraître les *Documents historiques tirés des archives de Strasbourg.*

Une telle ville n'est pas le paradis des préfets. Ni les préfets de la Restauration qui paraissent avoir été médiocres, ni un administrateur éminent comme Choppin d'Arnouville (1830-1837) n'ont réussi dans ce poste difficile. Cependant le sang-froid du Baron Sers qui remplace ce dernier, son souci de défendre les intérêts matériels de ses administrés, valurent à ce Bordelais protestant de gagner la confiance des notables locaux.

Paysans et ouvriers d'Alsace.

Le terroir alsacien a la même structure que les autres provinces de l'Est : division en trois soles avec champs allongés et ouverts, vieilles pratiques communautaires de la vaine pâture et terrains de parcours réservés au troupeau communal, habitat groupé. Mais c'est vers l'Allemagne qu'on trouve des affinités au village alsacien : maison à étage, en colombage de chêne et torchis, au toit de chaume ou de tuiles très incliné, ornée d'auvents et de balcons sculptés, présentant un pignon vers la rue et sa façade sur un côté de la cour où s'ouvrent grange et étable. Il faut escalader les pentes du vignoble sous-vosgien pour retrouver la maison de pierre en hauteur.

Mais les voyageurs sont moins frappés par l'aspect avenant des villages d'Alsace que par le spectacle rare à une époque où jachères et friches restent étendues « d'une terre qui ne se repose jamais ». Le fait certain pour les plateaux de loess qui s'étalent en Basse-Alsace, souffre, en fait, bien des exceptions pour les rieds marécageux ou les terrasses graveleuses ou caillouteuses du Sundgau. Cependant l'Alsace rurale présente une originalité indiscutable par l'avance qu'elle a prise dans la révolution agricole. Le vieil assolement triennal a été, depuis longtemps, entamé dans le nord par un assolement biennal donnant tous les deux ans du froment. Au cours de notre période progressent des assolements complexes de 6 ou 9 ans qui traduisent la variété et la commercialisation des cultures : blé, maïs, plantes fourragères ou industrielles (garance, tabac), plantes oléagineuses (colza, pavot), plantes textiles (chanvre), légumes cultivés en plein champ tels le chou à choucroute. Dès 1815 la pomme de terre est avec le pain la base de l'alimentation populaire; elle permet de substituer progressivement aux 5 500 porcs nourris à la glandée de 1798 les 60 000 porcs engraissés à l'étable de 1857.

Les labours entament les communaux dont la nécessité cesse avec les fourrages artificiels permettant la stabulation. Aussi les communautés rurales partagent les terres collectives soit en lots à cultiver au prorata des ménages, soit en les affermant. Ce mouvement se heurte à la résistance d'un prolétariat rural que menace dans ses moyens d'existence l'amenuisement du troupeau communal, mais il devient irréversible.

Cependant malgré la stabulation ou l'extension des prairies irriguées, le gros bétail demeure médiocre, sans renouvellement des races locales, les chevaux trop nombreux pour les nécessités de la culture. Surtout le morcellement des parcelles est poussé à l'extrême.

Certes il existe en Alsace quelques grands domaines, aux mains d'aristocrates ou de fondations luthériennes. Mais la vente des biens nationaux a assuré le triomphe de la propriété paysanne. La bourgeoisie alsacienne, contrairement à ce qui s'est passé ailleurs, n'a acheté que pour revendre avec bénéfice, et non pour exploiter. Mais la propriété des villageois est souvent très exiguë, autour de 5 ha, le propriétaire de 30 ha étant un « coq de village ». Ce qui est exceptionnel dans la France d'alors, c'est qu'à cette petite propriété correspond l'exploitation intensive du sol rompant délibérément avec la routine. L'action du préfet Lezay-Marnesia, le célèbre « préfet des paysans » mort d'un accident pendant la Première Restauration, y est sans doute pour quelque chose et son action est prolongée dans une de ses fondations, la *Société des sciences, agriculture et arts du Bas-Rhin* qui joue un rôle important jusqu'au second Empire.

Il faut d'ailleurs se garder d'idéaliser la vie du libre paysan d'Alsace. Non seulement il travaille dur, mais sa soif de terre l'a très souvent conduit à s'endetter auprès des usuriers. Les inégalités de récoltes si fréquentes sous ce climat, les invasions de souris, aggravent son sort, parfois de façon irrémédiable. La situation du viticulteur, propriétaire souvent d'infimes lopins, est pire : toute la période est celle d'une crise du vin d'Alsace. La politique douanière qui interdit l'importation du bétail de Bade ou de Suisse entraîne vis-à-vis des vins des mesures de rétorsion, tandis que la lourdeur des droits réunis freine la consommation française.

En résumé le vieux système agraire ne pouvait plus guère nourrir une population trop abondante vers 1750. Les améliorations qui ont abouti à rompre ses contraintes et augmenter le rendement agricole ont donné à la province un nouveau souffle. Mais vers 1850 le triplement de la population en un siècle débouche sur une nouvelle crise, non plus peut-être des subsistances, mais de l'emploi. Au cours de la première moitié du XIXe siècle la multiplication des artisans ruraux est symptomatique de la surpopulation rurale et il suffit de la fermeture de quelques manufactures pour réduire un groupe de population à la mendicité. Les mauvaises années qui commencent en 1845 vont provoquer une émigration sans précédent.

L'Alsace n'est guère en fait cette « démocratie rurale » qu'y avait vue Vidal de la Blache. Au contraire, un prolétariat agricole vient s'embaucher chez les plus gros propriétaires, pour des salaires dérisoires. Une partie de ce prolétariat rural passe dans la classe ouvrière, dont l'effectif atteint le dixième de celui de la France entière. Mais que cette classe ouvrière travaille à domicile ou qu'elle s'embauche dans les manufactures, les salaires alsaciens sont, en vertu de la loi de l'offre et de la demande, très bas. Dans l'industrie cotonnière les femmes et les enfants forment d'ailleurs la majorité de la main-d'œuvre (en 1847, une statistique donne pour

Mulhouse le chiffre de 13 000 enfants pour 60 000 salariés).

Il y a peut-être au total une légère élévation des salaires des ouvriers des manufactures au cours de la période 1815-1848. Cependant le moindre chômage saisonnier ou économique met en cause les moyens d'existence. Cela explique l'œuvre sociale du patronat mulhousien, mais en soulignant son caractère de palliatif.

La vie politique en Alsace.

Les masses alsaciennes sont cependant paisibles, les rapports des ouvriers avec leurs patrons rarement acrimonieux; sauf à Strasbourg, ces masses s'intéressent médiocrement à la politique, même lorsqu'elles regrettent l'Empire. Quelques manifestations sont cependant symptomatiques de leurs revendications économiques essentielles : émeute des bœufs à Strasbourg (25 septembre 1831) où la douane dut laisser pénétrer en franchise le bétail d'outre-Rhin; émeute des vins à Colmar (25-26 octobre 1833) au cours de laquelle la foule consomma publiquement et surabondamment des vins qui n'avaient pas été soumis aux droits; « fête des boulangers » de Mulhouse (26 juin 1847), émeute ouvrière contre le prix du pain. Il est d'autres sujets de mécontement : le monopole du tabac établi en 1810, mais appliqué seulement en fait après la fin de l'occupation alliée, qui lèse agriculteurs et manufacturiers, est l'un des plus aigus.

Les problèmes politiques et spirituels prennent d'ailleurs facilement un tour particulariste. C'est ainsi que la Terreur blanche s'y est muée en une épuration sévère du clergé : Napoléon avait imposé à Strasbourg, diocèse ultramontain, l'évêque Saurine qui y avait appelé nombre d'anciens jureurs, mal vus ailleurs. Saurine était mort en 1813 et les vicaires généraux en 1815 profitent des événements pour liquider cette « queue de Saurine ».

Ce fut l'évêque Tharin ultramontain, ami des jésuites et des rédemptoristes, qui rétablit la discipline. Mais il eut pour successeur (1826-1842) un vieux prélat, breton et gallican, Le Pappe de Trevern. L'administration de celui-ci fut troublée par l'affaire Bautain. Ce dernier, disciple de Cousin, professeur à la faculté des Lettres de Strasbourg à 21 ans, se convertit au catholicisme et fut ordonné prêtre en 1828. Influencé par la philosophie allemande, il tenta de renouveler les bases de la métaphysique, mettant en doute la possibilité d'être conduit à la foi par la seule raison. A l'instar de Lamennais à Malestroit, il réunit à Molsheim quelques disciples, parmi lesquels les juifs convertis, Ratisbonne et Level, le futur cardinal de Bonnechose et le père Gratry. Le Pappe de Trevern l'encouragea, confia au petit groupe la direction du séminaire, puis s'alarma de l'irrationalisme de la doctrine et la condamna. L'affaire fut portée à Rome où Bautain évita toute censure, mais quitta ensuite le diocèse pour Juilly. L'école théologique alsacienne qui s'était formée à Mayence autour de Mgr Colmar et dont le chef doctrinal était Liebermann demeura maîtresse du terrain et, après Le Pappe de Trevern, l'un de ses adeptes, Mgr Roess va gouverner de longues années le diocèse de Strasbourg.

Au point de vue politique, le libéralisme de la bourgeoisie censitaire se manifeste pendant toute la Restauration. A la Chambre introuvable, un seul député alsacien sur 13 vote avec les ultras; un seul figure dans le même parti en 1830. Malgré les efforts des préfets, de 1814 à 1829, le département du Haut-Rhin envoya 21 constitutionnels sur 29 élus, celui du Bas-Rhin 22 sur 30. A côté de Turkheim, Humann, Jacques Kœchlin, l'Alsace tient à honneur d'être représentée par des chefs de l'opposition, Voyer d'Argenson et Benjamin Constant, fêté à ses passages à Strasbourg.

Mais l'opposition révolutionnaire estime aussi pouvoir compter sur l'Alsace. Le 30 décembre 1821 un complot organisé par la charbonnerie devait soulever les garnisons de Belfort et Neuf-Brisach, et avec l'appui de la population, un triumvirat La Fayette-Voyer d'Argenson-Kœchlin prendre le pouvoir à Colmar. L'affaire, découverte, échoua, mais les chefs purent se mettre à l'abri. En juin suivant, une véritable provocation policière fut montée pour démasquer les partisans de l'Empereur en Haute-Alsace : des officiers et des troupes de Colmar parcoururent la campagne en criant : « Vive l'Empereur! » L'affaire n'aboutit guère qu'à l'arrestation du lieutenant-colonel Caron qui fut exécuté.

En 1828 cependant Charles X fut bien accueilli en Alsace. L'hostilité de beaucoup de libéraux à l'égard des Bourbons aurait peut-être fléchi devant une politique libérale, telle qu'on espérait alors que Martignac l'imposerait. Ce n'était qu'une illusion et l'Alsace applaudit à la chute du roi. Mais très vite les dissentiments entre le parti de la résistance et celui du mouvement furent très vifs. Humann dans le Bas-Rhin fut le chef de la résistance. Les partisans du mouvement cherchèrent très souvent l'appui des républicains. Les opposants l'emportèrent très généralement aux élections municipales de Strasbourg, mais, en 1948, 6 ministériels représentaient le Bas-Rhin à la Chambre. Le Haut-Rhin résista mieux aux pressions administratives et conserva 2 libéraux sur 5 députés.

A ce moment le clan Humann, malgré la disparition de son chef, domine la politique du Bas-Rhin, « sur le point de devenir le fief d'une seule famille dont le haut baron serait le préfet Sers » (*le National*) : celui-ci avait, en effet, marié sa fille à un membre du clan, et, par ailleurs, Humann fils, ses beaux-frères Saglio et Renouard de Bussière, son cousin Lemasson avaient été élus députés. Dans le Haut-Rhin, cet aspect familial n'était pas absent. Nicolas Kœchlin était alors le chef de l'opposition libérale et son cousin André Kœchlin le chef des conservateurs. C'est un autre cousin, Émile Dolfus qui venait de battre ce dernier aux élections. De toute façon, la prédominance des grands manufacturiers était incontestée.

Dans cette Alsace dont le libéralisme et l'attachement aux idées de la Révolution étaient indiscutables, l'étroit régime censitaire mettait en place une nouvelle aristocratie.

2. La Lorraine

Population et ressources de la Lorraine.

Les quatre départements entre lesquels se partage la Lorraine (Vosges, Moselle, Meurthe, Meuse) totalisent 1 406 000 habitants au recensement de 1821, 1 648 000 à celui de 1846, ce qui représente des densités kilométriques de 64,1 et de 69,3 à ces deux dates. Cet accroissement s'est produit suivant un rythme irrégulier : faible au début de la Restauration, il s'est accéléré dans les dix dernières années de ce régime pour ralentir sous la monarchie de Juillet au point de devenir à peu près nul à partir de 1841. En 1846, la densité de la population est légèrement supérieure à la moyenne française mais nettement inférieure à celle de l'Alsace.

Ces moyennes masquent des disparités que font apparaître les statistiques par départements : si l'on s'en tient à celles des densités kilométriques en 1821 et 1846, les Vosges passent entre ces deux dates de 58,8 à 73,3, la Moselle de 70,1 à 83,4, la Meurthe de 62,4 à 73,4, la Meuse de 46,7 à 52,3. Au premier abord, la faiblesse de la densité et la lenteur de l'accroissement dans la Meuse sont des faits frappants. La densité des Vosges, son rythme d'accroissement de 19 % supérieur à celui de la Moselle, sont aussi surprenants.

Les Vosges n'ont pourtant que des ressources naturelles médiocres. Les terroirs s'associent à un habitat isolé ou en minuscules hameaux, et présentent les difficultés traditionnelles de l'agriculture montagnarde : remontée de la terre arable à la hotte, travail du sol à la bêche. La plupart des champs sont d'ailleurs des friches qu'on ensemence pendant deux ans après écobuage et qu'on laisse reposer six ou sept ans ensuite. Une maigre polyculture d'un peu de froment, mais surtout de seigle, de légumes et de pommes de terre (qui furent assez précocement répandues) doit être complétée par les produits du troupeau qui, pendant la belle saison, paît les pâturages de la montagne. Surtout un appoint sérieux demeure le travail de la forêt, les besoins en bois des régions industrielles proches allant en croissant. On pratique le schlittage qui consiste à descendre par des pistes aménagées des traîneaux chargés de troncs d'arbres débités dans la forêt d'altitude. La montagne est pénétrée d'activités industrielles : scieries, fabrique de meubles, papeteries, mais aussi petite métallurgie qui emploie la force des chutes d'eau, industrie textile, d'abord du tissage à domicile du chanvre pour l'usage local et de plus en plus des cotonnades, dans de petites fabriques dépendant du groupe d'Alsace du sud dont l'influence rayonne sur le versant occidental des Vosges. Toutes ces activités n'empêchent pas un surpeuplement générateur de misère et de dégénérescence.

Les autres régions de la Lorraine sont de façon presque exemplaire caractéristiques de la structure agraire *d'openfield.* Les champs se présentent en longues lanières sans séparation et le terroir villageois dans son ensemble est divisé en trois soles sur lesquelles se succèdent le blé, les céréales de printemps, les jachères.

Chaque exploitation, souvent de faible dimension, est composée de parcelles dispersées dans les trois soles. Un rythme collectif de travail continue, comme sous l'Ancien Régime, d'être appliqué pour les labours et pour les récoltes, et même les vendanges des vignes qu'on trouve sur les pentes bien exposées se font simultanément; après la moisson, les terres cultivables sont livrées au troupeau communal suivant la vieille habitude de la vaine pâture. En dépit des partages ordonnés par la législation révolutionnaire et impériale, les communaux demeurent en général importants, ainsi que les droits d'affouage.

Le village, au centre du terroir, est souvent d'importance très médiocre, mais regroupe la totalité des habitants. De part et d'autre d'une rue dont la largeur dépasse parfois 40 mètres, s'alignent les maisons. Devant chacune, une bande de terrain, la « parge », sert à entasser le fumier, le bois pour l'hiver, à déposer la charrue. La maison construite en pierre présente sur la rue la demeure des hommes, chambre et cuisine séparées par un vestibule, et le « poêle » nécessaire à cet âpre climat. Sous le même toit mais communiquant directement avec les champs par une porte cochère se trouvent l'étable et la grange. Le lavoir, l'abreuvoir et le pressoir communaux sont à la disposition de chacun.

Le village lorrain présente souvent l'aspect d'une démocratie de petits exploitants, propriétaires de 10 ou 15 ha; l'abolition des droits féodaux et la vente des biens nationaux ont amélioré leur situation que menacent par contre les partages successoraux au sein d'une population en croissance. Mais au-dessous d'eux il y a aussi, surtout au début de la période, pléthore de journaliers qui vivent difficilement grâce à un lopin de terre et aux avantages communautaires. La paysannerie lorraine a une faim de terres qui la conduit parfois à l'endettement. Et cette société repliée sur elle-même, que « l'esprit de propriété domine bien plus que l'esprit d'amélioration », ne sait que tenter d'agrandir le terroir cultivable aux dépens de la forêt. Remède très limité car l'arbre en cette première partie du XIXe siècle est précieux pour l'industrie et protégé par l'État.

Il ne faut pas s'exagérer cependant la prédominance de la petite propriété paysanne. Les domaines de plus de 60 ha occupent 12 % du sol cultivable et ces propriétés sont aux mains de la noblesse ou surtout de la bourgeoisie. L'élément essentiel de la fortune de la haute bourgeoisie, messine à cette époque, est encore la terre. Le plus souvent le propriétaire se contente de percevoir les revenus de ses fermiers; cependant il existe des exceptions : Émile Bouchotte, neveu du ministre jacobin et futur maire de Metz, exploite depuis 1822 un domaine de 400 ha où il introduit de nouveaux assolements et surtout, à Roville, Mathieu de Dombasle fonde à la même date la première école expérimentale d'agriculture; il s'attache avant tout à l'amélioration du bétail et à la diffusion des plantes fourragères, à l'enseignement de la comptabilité agricole, avant de mettre au point la charrue légère sans avant-train qui porte son nom. Il aura des disciples dans toute la France mais son rôle sur l'agriculture lorraine sera limité.

C'est surtout vers la production de céréales et cela pour les besoins locaux que demeure orientée cette agriculture; seul le département de la Meurthe exporte des grains. Cependant à côté du blé, du seigle et de l'avoine, dont la production est parfois supérieure à celle du blé, de nouvelles cultures se développent : colza, houblon dont la diffusion suit les progrès de la bière comme boisson populaire. Le vin fait, en 1815, figure de production commerciale essentielle. 36 000 ha sont consacrés à la vigne et si la récolte est fort irrégulière à cause du climat, certains crus de rouges ou gris du Toulois, de blancs de la Moselle sont réputés. Le cheptel, comme dans l'ancienne agriculture, a gardé pour fonction essentielle de fumer les terres et comme jadis remplit cette tâche de façon insuffisante. Le bétail d'ailleurs est de qualité médiocre : si les porcs dont le nombre s'accroît permettent l'expédition de quelques salaisons, les chevaux sont petits et seuls les meilleurs trouvent un emploi dans la cavalerie légère, tandis que les moutons surabondent : 700 ou 800 000 têtes, mais de races que n'ont pu améliorer ni les mérinos ni les béliers anglais.

Les industries lorraines.

L'agriculture apparaît alors comme l'activité essentielle de la Lorraine. Cependant des industries traditionnelles sont largement répandues et on voit se manifester les premiers signes d'une profonde mutation économique.

Si l'industrie du chanvre, prospère au XVIIIe siècle, est en plein déclin, celle des draperies grossières se maintient soit tissées dans les villages de la région de Montmédy, Verdun, Briey, soit fabriquées dans des manufactures comme celle du baron Seillière à Pierrepont où 800 ouvriers produisent des draps, essentiellement pour l'armée. Autre industrie traditionnelle, la broderie connaît un bref essor sous l'impulsion du brasseur d'affaires messin Chedeaux mais se replie sous la monarchie de Juillet dans la région de Lunéville et Mirecourt. La chapellerie, industrie surtout domestique, est une activité très répandue dans la Moselle allemande; le chapeau de paille y est à partir de 1833 une spécialité.

Plus originales cependant sont les industries nées de la forêt et du sol et dont certaines connaissent alors un remarquable essor : papeteries et leur industrie complémentaire l'imprimerie, surtout spécialisée dans les almanachs ou, à Épinal, dans les célèbres images créées par Pellerin en 1790; verreries ou, à côté d'entreprises qui poursuivent la fabrication de produits courants, Baccarat et Saint-Louis sont devenus des cristalleries réputées ; faïenceries dont la plus remarquable est alors celle de Sarreguemines, réorganisée sous la Restauration par le Bavarois Utzschneider, et employant en 1847, 400 ouvriers.

Mais déjà apparaissent les bases de la prospérité future de la province : le sel, le fer, le charbon. La frontière de 1815 fit perdre à l'exploitation des sources salées une partie des débouchés qu'elle s'était assurés sous l'Empire et mit obstacle à l'arrivée du charbon sarrois utilisé pour la production du sel. En 1827, on découvrit les mines de sel gemme (tout d'abord à Vie-sur-Seille). Mais l'exploitation était entravée par le monopole de l'État. Celui-ci n'y renonça qu'en 1840. Des sociétés industrielles se fondent à la fin de la monarchie de Juillet pour exploiter les sources salées, les mines (la production en 1847 atteint 40 000 tonnes de sel) et développer la fabrication de la soude. L'avenir s'ouvrait aux industries chimiques.

La métallurgie si dispersée dans l'ancienne économie n'était pas absente de la Lorraine, riche en forêts. Si la Meurthe n'avait que quelques forges, on comptait vers 1815 une quarantaine d'établissements dans la Meuse, une trentaine dans les Vosges, autant dans la Moselle. La Meuse utilisait dans ses hauts fourneaux les mêmes minerais que la Haute-Marne voisine, alors grand centre de production du fer, et ces hauts fourneaux passaient de 10 en 1804 à 28 en 1833, 36 en 1840. Les forges des Vosges se rattachaient plutôt au groupe de Franche-Comté dont elles achetaient les fontes. Le groupe mosellan était double de part et d'autre de la Moselle, à l'est des établissements modestes proches de l'Alsace, à l'ouest des hauts fourneaux et des forges utilisant des minerais locaux qui donnaient un fer excellent, mais dont les gisements s'épuisaient, tandis qu'on hésitait à employer les couches épaisses de la minette qui affleurait dans les vallées de l'Orne et de la Fensch, les fontes qu'elle produisait étant cassantes. Toute cette métallurgie employait le charbon de bois et l'État avait dû réglementer strictement les coupes pratiquées dans les forêts. On avait tenté cependant d'utiliser le charbon sarrois, pour l'affinage des fers.

Ces essais avaient été avant 1815 surtout le fait de François de Wendel. Issu d'une lignée de maîtres de forges, il avait émigré, et, rentré sous l'Empire, avait pu racheter les forges d'Hayange, propriété de la famille, vendues comme bien national, puis de Moyeuvre en 1811. Il y avait ajouté des laminoirs et s'était pourvu de charbon en achetant La Quint au pays de Trèves. Les traités de 1815 lui enlevaient cette acquisition et Sarrebrück devenait prussien. Il décida de reconvertir ses entreprises après un stage en Angleterre, dont il revint en 1817. En 1822, les forges d'Hayange sont définitivement équipées pour fonctionner au coke, on y introduit le puddlage et en 1825 on décide d'exploiter en grand la minette. Il meurt à cette date mais son œuvre va être poursuivie par sa veuve, son gendre de Gargan, et son fils Charles. En 1846, 23 600 tonnes de minette sont utilisées mais on en extrait pour d'autres entreprises. A cette date l'entreprise, qui travaille pour l'armée et pour les chemins de fer, a 5 hauts fourneaux au coke et 1 au bois, 4 laminoirs à tôle, 1 marteau-pilon, 9 fours à réverbère, 16 fours à puddler, une circulation du minerai assurée par des wagonnets, etc. Hayange et Moyeuvre sont les établissements métallurgiques les plus modernes de France employant 2 000 ouvriers permanents. Aussi, malgré la crise de 1844 qui éteint les hauts fourneaux au bois, les progrès de la métallurgie lorraine continuent : en 1847, 71 000 tonnes de fer — 12 % de la production française — dont 47 500 pour la Moselle, plus du double de la production de 1834.

Afin d'affranchir la métallurgie lorraine du charbon sarrois, une société (Wendel, Hainguerlot, d'Hausen) tenta de retrouver la prolongation du gisement de houille en territoire français. En 1847, un sondage la révéla à Petite-Roselle, en pleine forêt de la Warndt, dont Charles de Wendel avait acquis la propriété.

En 1848 la vie de la Lorraine n'est pas encore profondément changée, mais une grande région industrielle se dessine.

Metz et Nancy.

Deux villes fières de leur passé, l'une de vieille cité impériale, l'autre de capitale du duché, dont le XVIIIe siècle a fixé l'aspect monumental, plus austère à Metz, fastueusement élégant à Nancy.

Ville d'étape et de transit sous l'Empire, Metz est en 1815 la dixième ville de France avec 42 000 habitants. Elle progressera peu jusqu'au milieu du siècle, alors que Nancy qui jusqu'en 1836 ne dépasse guère 30 000 habitants atteint 40 000 en 1848.

La première garde la physionomie d'une ville militaire enserrée dans ses fortifications que l'on franchit par d'étroites portes. Sa garnison est de 10 000 hommes, fantassins, génie, artillerie avec la célèbre école d'application d'artillerie. La seconde, après 1817, n'a conservé que ses murs, de son passé militaire; elle est ville universitaire, groupant faculté des Lettres, faculté des Sciences, école de Médecine et école forestière. Metz et Nancy sont des villes administratives et judiciaires. Les classes supérieures très compartimentées comprennent une noblesse souvent fixée là par la carrière militaire d'un de ses membres, de grands propriétaires bourgeois, des magistrats, des négociants. Metz est d'ailleurs plus active grâce au trafic de son port sur la Moselle qui distribue le charbon de la Sarre, grâce à ses routes vers Paris (qu'en 1848 la malle-poste atteint en 24 heures, et la diligence en 30), vers Strasbourg, vers Mayence. Mais le rôle de Nancy comme centre de communication se précise à la fin de la période : reliée en 1841 par bateau à vapeur à Metz, elle se trouve sur le tracé du chemin de fer Paris-Strasbourg entièrement ouvert en 1852 et sur celui du canal de la Marne au Rhin, achevé en 1853.

L'opinion publique en Lorraine.

Absorbés par leur vie rude, très attachés à leurs fêtes traditionnelles, parlant des patois romans et, pour la moitié est du département de la Moselle, germaniques, les paysans lorrains semblent avoir un horizon strictement villageois. Il n'en est rien : ils ont servi sans répugnance dans les armées révolutionnaires et impériales auxquelles la Lorraine a donné de nombreux généraux et semblent avoir oublié le passé de leur province. C'est avec résignation qu'ils ont accueilli les Bourbons en 1814, mais l'année suivante le retour de Napoléon a été salué avec enthousiasme. Si l'habituelle rivalité entre Metz et Nancy a empêché la formation d'une Fédération de l'Est, la Meurthe est en tête de tous les départements pour le nombre de voix au plébiscite qui approuve l'Acte additionnel. Après Waterloo, Metz refuse de capituler, tergiverse avant de reprendre le drapeau blanc, les paysans harcèlent les Alliés. Un patriotisme jacobin semble animer la province et les masses restent intuitivement attachées au drapeau tricolore. La réaction royaliste demeura modérée et ne s'accompagna pas de tracasseries cléricales comme en Alsace.

Le corps électoral qui, sous la Monarchie de 1830, comprit 2 000 électeurs dans la Meurthe, 2 400 dans la Moselle, 1 400 dans les Vosges, 1 100 dans la Meuse, montra une modération certaine, tout en oscillant entre les sollicitations du pouvoir et une tendance libérale. En 1815, les ultras l'emportèrent mais avec des élus sans sectarisme dont le plus notable est François de Wendel, président du Conseil général de la Moselle, qui en 1824 se brouilla avec Villèle pour avoir soutenu contre l'Administration la candidature de son ami de Serre. Hormis la Moselle, les succès de la droite ne furent pas durables. La Lorraine choisit surtout de grands propriétaires, des officiers, des magistrats ou des maîtres de forges libéraux, et manifesta son opposition en élisant des anciens députés des Cent-Jours, le général Grenier, Rolland, Étienne. Celui-ci, député de la Meuse, rapporta en 1830 la célèbre adresse des 221 qui refusait la confiance au ministère Polignac. Les élections qui suivirent virent le triomphe dans les départements lorrains d'adversaires du gouvernement, mais dont l'opposition demeurait dynastique, bien que parussent alors des journaux de tendance républicaine comme *le Courrier de la Moselle* de Dornès.

La révolution de 1830 fut suivie d'une renaissance de l'esprit révolutionnaire et patriote qui se manifesta en particulier dans le zèle des gardes nationaux. Metz vit naître une Association nationale pour la défense du territoire. L'évêque de Nancy, Mgr de Forbin-Janson, auteur d'un mandement malencontreux en faveur du ministère Polignac, dut s'enfuir, les grands séminaires de Metz et de Nancy furent fermés; à l'instigation du nouveau maire de Metz, Bouchotte, la magistrature fut épurée. Mais ce ne fut qu'un feu de paille. En 1834 — en dépit d'une tentative de complot de sous-officiers à Lunéville où se compromit le maréchal des logis, Clément Thomas, future victime de la Commune — le calme était revenu; sauf dans les Vosges, dont le député Gauguier réclamait à la Chambre une réglementation des incompatibilités parlementaires, le centre droit l'emportait : en 1846 d'ailleurs, sur 21 députés, 13 étaient fonctionnaires!

3. La Franche-Comté

La vie économique.

Le Jura montagnard demeure peu pénétrable. Les coûts de transport limitent l'exploitation des forêts de sapins. Autant qu'il le peut le montagnard cherche à se suffire à lui-même, cultivant l'orge et l'avoine, se nourrissant chichement d'un pain « meslé », de lentilles, de « seret », petit lait résiduel de la fabrication des fromages, d'un peu de lard salé et de viande boucanée, sans oublier les baies de la forêt. L'élevage des bovins est la ressource principale, mais les bêtes sont chétives : pendant les 4 mois sans neige les troupeaux sont confiés aux bergers qui montent aux pâturages d'altitude, font la traite du lait, protègent les animaux contre les loups; le reste de l'année, c'est la stabulation chez les propriétaires; mais les pâturages d'été sont surchargés, les prairies de fauche médiocres et les étables sans litière. Cependant la première moitié du XIXe siècle voit la généralisation du système des fruitières collectives pour la fabrication du fromage, celui-ci dominant maintenant le Jura central et gagnant le sud de la chaîne. Expédié en meules dans des tonneaux de sapin vers Lyon, Paris, Marseille, Bordeaux, sa longue conservation le fait particulièrement apprécier pour l'approvisionnement des voiliers. Des rouliers de la montagne assurent son transport et sa vente, activité supplémentaire pour des montagnards obligés de fuir l'inaction hivernale; d'autres montagnards s'engagent comme peigneurs de chanvre ou vont vendre de la boissellerie.

En contrebas de la montagne, les plateaux rudes et peu fertiles, portent des céréales secondaires, avec de longues périodes de jachère. Les petits propriétaires sont dans le Doubs 9/10e de la masse des cultivateurs, mais ils ont trop peu de terres et trop dispersées, une grande propriété nobiliaire tente de se reconstituer.

Le rebord du plateau présente une culture particulièrement soignée de vergers et surtout de vignes. Le vignoble jurassien occupe 30 000 ha vers 1820, et se divise en exploitations exiguës. Le travail y est épuisant : il faut remonter la terre arable et le fumier à la hotte, consolider les murettes qui rompent les pentes. Et ce n'est qu'aux fêtes que ces petits propriétaires peuvent boire le fruit de leur travail, car la vente du vin est leur seule ressource.

Dans les plaines de relief monotone, le terroir est beaucoup plus riche que sur les plateaux : il produit du blé, du chanvre, du maïs, des pommes de terre en quantité croissante. La vaine pâture est en régression et, avec les champs, alternent les prairies, les forêts de chênes, les étangs où l'on élève carpes et brochets. Cependant dans ce pays plus riche et plus densément peuplé, le paysan a une nourriture frugale : pain, bouillies de maïs, soupe au lard et sa demeure est une sombre tanière.

Si l'agriculture est dans toute la Franche-Comté l'activité essentielle, l'industrie n'est nulle part absente. Avant la Révolution on dénombrait 80 hauts fourneaux ou forges en activité, lesquels utilisaient les gisements de fer faciles à exploiter de la région de Gray et de Vesoul et le bois des forêts. Mais déjà l'industrie métallurgique connaissait des difficultés qui furent suspendues par les besoins des guerres. En 1815, il sembla que la protection douanière associée à des progrès techniques susceptibles d'économiser la consommation du bois, pût assurer l'avenir. La Haute-

Saône, à cette époque, produisait surtout de la fonte et le Jura des fers, mais une concentration capitaliste se produisit : on eut le domaine métallurgique franc-comtois du maréchal Moncey comme celui bourguignon, de Marmont. Néanmoins la crise de cette métallurgie dispersée dans des bourgades isolées, qui donnait presque artisanalement des fers de qualité est patente après 1830.

Mais d'autres activités se développaient. Au début du siècle les chutes d'eau, en particulier dans le pays de Montbéliard, étaient équipées industriellement surtout pour la production de cotonnades. Or une orientation originale vers une métallurgie de transformation très diversifiée va être donnée par deux familles de hardis novateurs, les Japy et les Peugeot.

Frédéric Japy (1749-1812), fils d'un maréchal-ferrant, avait introduit la fabrication des ébauches de montres en Franche-Comté, puis celle des mouvements de pendules. Ses cinq fils lui succèdent et lorsque les Alliés incendièrent leur usine de Beaucourt, ils avaient déjà assez de crédit pour pouvoir se relever. Bientôt, ils essaimèrent dans toute la région de Montbéliard (La Feschotte, Badevel, La Roche-sous-Chataillon, etc.), fabriquant des horloges, des serrures, de la sellerie, des vis, des faux, des objets de ménage. Parallèlement deux frères Peugeot, fils d'un teinturier, transformaient en 1810 un moulin en fonderie d'acier spécialisée dans les ressorts et les scies, tandis que leurs cadets exploitaient une filature. En 1833, après avoir vendu aux Japy la fabrication de broches à filer d'Audincourt, la famille créa près de Valentigney les ateliers de la Terre blanche où l'on fabriquait des outils, des ustensiles de ménage, des moulins à café, etc. En 1842, une scission dans la famille aboutit à créer les ateliers du Pont-de-Roide.

Cependant les petites villes de la montagne possédaient aussi leurs industries : au milieu du siècle Morez est un centre célèbre d'horlogerie, Saint-Claude, de tournerie de bois et expédie des pipes dans toute l'Europe. Les marchés au contact de la zone des graines et de celle des vignes sont moins actifs : si Salins tire de ses sources 140 000 quintaux de sel par an vers 1835, Arbois, Poligny et même Lons-le-Saunier restent peuplés de vignerons, d'artisans, de marchands.

La mise en service du canal du Rhône au Rhin et aussi les

efforts accomplis les années suivantes pour améliorer les routes de la montagne, eurent d'importantes conséquences : le vignoble, déjà en crise depuis 1815 par suite de la fermeture du marché suisse, fut en partie ruiné par l'arrivée des vins du Midi. Par contre, le rayonnement économique de certains centres, surtout de Besançon, la vieille capitale provinciale, fut accru.

Besançon n'a pas bénéficié sous l'Empire des conditions favorables d'autres villes de l'Est et, pendant toute la Restauration, sa population reste celle de 1789, 30 000 habitants; pourtant elle en aura 40 000 en 1846. Mais c'est l'amélioration des voies de communication qui fait de cette ville administrative et militaire un centre de négoce et de banque, dont l'importance est consacrée en 1841 par l'implantation d'une succursale de la Banque de France.

La vie intellectuelle et politique.

Balzac a décrit la ville avec ses rues étroites, ses vieux hôtels, mais les Bisontins de la réalité valaient mieux que les fantoches d'*Albert Savarus :* magistrats de la cour d'appel surtout issus de la noblesse parlementaire, professeurs de la faculté ou du lycée, clergé cultivé, tout un public qui fréquente la bibliothèque ou les salons de peinture et en particulier l'active Académie des Sciences, Belles Lettres et Arts.

Celle-ci eut des démêlés avec Proudhon après l'avoir fait bénéficier d'une bourse, elle refusa la dédicace de *Qu'est-ce que la propriété?* et l'irascible auteur la remplaça par une appréciation vengeresse sur l'intelligence des membres de l'assemblée. Ils en eurent cependant assez pour ne pas supprimer la bourse... En fait, les académiciens bisontins, en relation avec leurs compatriotes établis à Paris, l'historien Droz, le philosophe Jouffroy et Nodier, recrutés à la fois dans la noblesse et la bourgeoisie s'intéressent aux problèmes intellectuels de leur temps. Hostiles à la philosophie du XVIIIe siècle, partagés sur le romantisme, ils sont spiritualistes et traditionalistes. Mais il fut peu de régions en France où, comme à Pontarlier, un intellectuel non censitaire comme Weiss put être qualifié de « grand électeur ».

Le renouveau catholique en Franche-Comté marque aussi une vigueur originale, le jeune clergé a des appétits intellectuels qui manquent souvent ailleurs. Lamennais y exerça un moment une profonde influence. Goschler, envoyé de Strasbourg comme professeur au séminaire pour la combattre, dut quitter la place devant l'hostilité de ses élèves. Ce fut le franc-comtois Gerbet qui fonda le *Mémorial catholique* et tenta de retenir Lamennais dans l'Église. Plus tard, le clergé franc-comtois se détachera de lui et sous l'influence de l'abbé Gousset se répandra la théologie morale de saint Alphonse de Ligori.

Malheureusement ce goût des idées ne s'accompagna pas d'une politique tolérante. La Franche-Comté a connu au début de la Restauration une poussée légitimiste et cléricale ardente, marquée par des missions mémorables. La réaction était inévitable : en 1830 le cardinal-archevêque, de Rohan, fut malmené, des prêtres durent s'enfuir.

Si la Franche-Comté a connu, sous la monarchie censitaire, des émeutes populaires apolitiques (soulèvement des vignerons contre les droits réunis, révolte des « pommes de terre » en 1840 à Lons), il faut mettre à part celle d'Arbois. En 1830, la petite cité vinicole s'était spontanément soulevée et en 1831 s'y était formée l'Association républicaine du Jura composée surtout « d'hommes laborieux ». A son instigation, en avril 1834, à la nouvelle des troubles de Lyon, les Arboisiens proclamèrent la République.

Cet esprit frondeur était surtout le fait du Jura. En 1827, les électeurs censitaires avaient envoyé à la Chambre des députés un opposant très vif, Cordier, ingénieur des Ponts et Chaussées de Lons-le-Saunier, dont les tendances démocratiques s'affirmèrent après 1830. Sous la monarchie de Juillet, le député le plus notable est celui de Pontarlier, Demesmay, opposant modéré à Guizot, mais ennemi acharné de l'impôt sur le sel. L'opposition légitimiste borne ses ambitions à la publication d'un journal à Besançon *la Gazette de Franche-Comté*, puis en 1846, *l'Union franc-comtoise*. Muiron, disciple de Fourier, publie le gouvernemental *l'Impartial*, *le Patriote franc-comtois* représentant les idées du mouvement. De même à Lons, s'opposent l'organe juste milieu *la Sentinelle du Jura* et *le Patriote jurassien*.

Parfois turbulentes, d'esprit indépendant, les populations gardent au total une prudence modérée.

Si le trait dominant de l'Ouest de la France est une paysannerie traditionaliste hostile aux villes, l'Est au contraire est caractérisé par l'emprise des métropoles régionales ou des centres secondaires sur la vie collective. Une bourgeoisie active, libérale, patriote surtout, prenant conscience de sa solidarité en particulier dans les loges maçonniques, joue un rôle économique et politique déterminant. Le régime de Juillet n'a en somme que freiné l'évolution qui la conduit vers les idées républicaines.

7

La région du Nord

La région du Nord puise son originalité sous la monarchie censitaire dans son dynamisme économique qui concerne à la fois l'agriculture et des activités industrielles. Les six départements du Nord, de l'Aisne, des Ardennes, de l'Oise, de la Somme et du Pas-de-Calais se classent parmi les 17 départements les plus industriels dans *la France Statistique* d'Alfred Legoyt publié en 1843; leur situation au cœur de la zone européenne connaissant la plus grande modernisation économique fait prévaloir cet aspect sur les autres domaines de l'activité quotidienne.

1. Le développement économique

L'évolution démographique.

La progression entre 1821 et 1846 est très forte dans le département du Nord (surtout entre 1836 et 1846), forte dans l'Aisne et le Pas-de-Calais, un peu moindre dans la Somme et dans les Ardennes, faible dans l'Oise.

La densité élevée (sauf dans les Ardennes et dans l'Oise) est due à la conjonction du travail agricole et d'une industrie artisanale à domicile relayée ensuite par le développement d'une industrialisation moderne; c'est cette dernière qui explique déjà en 1841 la densité de 191 habitants au kilomètre carré que l'on trouve dans le département du Nord alors que les deux autres causes sont encore presque seules à jouer pour le Pas-de-Calais (104) et pour la Somme (91), la densité moyenne en France étant de 63,5.

Le département du Nord est le plus peuplé, dépassé seulement par la Seine en 1836; il est à la fois industriel et agricole; la population rurale y représente encore 61,1 % des habitants, proportion qui atteint — toujours en 1836 — 77,7 % dans le Pas-de-Calais, 84,1 % dans la Somme, 86,3 % dans les Ardennes, 88,2 % dans l'Aisne et 90,7 % dans l'Oise.

Il commence à exister une certaine concurrence entre l'agriculture et l'industrie en vue de recruter de la main-d'œuvre. Mais si le département du Nord connaît une immigration belge, au contraire le Pas-de-Calais et la Somme voient naître dès la monarchie de Juillet une émigration liée au développement des herbages qui restreint l'emploi des ouvriers agricoles; ce début de dépeuplement est encore très localisé dans les campagnes picardes.

En dépit de l'assèchement des Moers ou de la vallée de l'Authie (entre 1809 et 1827), il reste encore des zones marécageuses dans la Flandre littorale ou dans l'Artois. C'est par la façade maritime que le choléra pénétrera dans la région du Nord en 1832, mais c'est à Lille qu'il fut le plus meurtrier, dans les quartiers populaires de Saint-Sauveur et Saint-André.

La société rurale.

Elle s'inscrit dans le cadre de la commune, or, il existe un morcellement excessif : 903 communes dans le Pas-de-Calais, 838 dans l'Aisne, 841 dans la Somme, 700 dans l'Oise, ce qui rend la gestion locale précaire et dépendante des grands propriétaires, même s'ils sont peu nombreux. Car il existe un grand émiettement de la propriété; les biens nationaux ont été acquis pour plus de la moitié par des paysans dans les départements du Nord et de l'Aisne. Il y a sous la monarchie censitaire un grand nombre de petits propriétaires qui travaillent chez un gros propriétaire pour compléter leurs ressources. Avec le recul de l'artisanat qui permettait de remédier au surpeuplement rural, les ouvriers agricoles sont les plus touchés.

Mais la région du Nord comprend différents paysages agricoles, et différents types d'exploitations ou de propriétés dominent selon les pays; habitat dispersé des Ardennes ou de la Thiérache, cultures maraîchères des vallées picardes, propriété dispersée, divisée dans le Pas-de-Calais et la région des Flandres. Le fermage est au contraire prépondérant dans la Somme, dans le Cambrésis, dans la région de Douai où l'exploitant agricole impose sa loi au propriétaire, dans l'Oise. On trouve des grandes propriétés dans la Somme, dans l'Aisne et dans l'Oise. L'aristocratie foncière joue aussi un rôle prépondérant dans l'arrondissement de Saint-Pol, dans le Pas-de-Calais et dans l'arrondissement d'Hazebrouck dont le préfet du Nord disait en 1837 : « Cet arrondissement, fort riche, fort peuplé et enfoncé dans les terres est le plus arriéré sous plusieurs rapports de tout le département. Le clergé y exerça une grande influence et peut-être là plus qu'ailleurs compte-t-on des amis de la dynastie déchue. »

Une agriculture dynamique est partout présente. Le développement des villes entraîne une consommation urbaine accrue qui stimule la demande; les productions maraîchères se développent notamment dans la vallée de la Somme près d'Amiens. Les sols les moins riches à l'est en Thiérache ou dans les Ardennes voient un développement de l'élevage. Dans le Nord et dans le Pas-de-Calais, les jachères reculent de plus en plus et laissent la place aux prairies artificielles. La culture des céréales est partout développée; dans le Nord, en 1836, près du cinquième des surfaces cultivées est consacré au froment.

Mais c'est la culture de la betterave qui donne l'impulsion la plus novatrice; elle provoque de nouveaux défrichements par de petits cultivateurs, dans l'Aisne, dans la Somme (entre 1821 et 1833), en Artois surtout après 1830, dans le Nord. Mais une loi de 1837, taxant le sucre de betterave et la décision de 1839 d'établir progressivement un traitement semblable pour les deux sucres, provoquèrent inquiétude et crise chez les betteraviers. Le résultat devait être la concentration dans la région du Nord de cette culture; le Nord, la Somme, l'Aisne et l'arrondissement de Compiègne dans l'Oise lui consacrent 48 % de la surface réservée à cette culture dans toute la France et donnent 59 % de la production. En 1840, plus des trois quarts des fabriques (301 sur 389) se trouvaient dans ces quatre départements. En compétition perpétuelle avec le sucre de canne, producteurs et fabricants étaient stimulés dans la recherche de techniques nouvelles de culture ou de fabrication, adoptant les dernières découvertes des chimistes et des agronomes. Souvent les fabriques appartenaient à des propriétaires de domaines producteurs de betterave. La dernière opération, la raffinerie, était purement industrielle. Il y avait 7 raffineries dans le département du Nord en 1840. Les autres cultures industrielles ne connaissaient pas le même essor; le lin dans la vallée de la Lys subissait même une crise qui provoquait le recul de l'artisanat domestique.

L'activité industrielle.

Elle résulte à la fois d'une tradition ancienne et de conditions modernes. Stimulée par la concurrence, l'industrie connaît un effort important mais inégal de mécanisation.

L'industrie textile est à la fois la plus ancienne et la plus répandue. Les petits ateliers persistent avec des fortunes diverses; les dentellières de l'Artois, les tisserands de toile de la Lys, les petites fabriques de draps d'Abbeville sont en déclin. Dans la région d'Amiens près de 40 000 ouvriers travaillent le coton ou la laine produisant notamment des velours, sous le contrôle de quelque 150 négociants et fabricants. Dans la région de Saint-Quentin c'est surtout le travail du coton qui est important, employant plus de 75 000 ouvriers jusque dans les villages, surtout dans de petits ateliers. Dans la région de Sedan et dans les Ardennes, la draperie avait été l'élément novateur adoptant dès le premier Empire le système des manufactures. A l'influence des Ternaux, dominante sous la Restauration, se substitue sous la monarchie de Juillet celle de Cunin-Gridaine, parvenu de haute classe, plusieurs fois ministre, possédant une usine de filatures, de tissage et d'apprêts employant 500 ouvriers. La fabrique de Sedan faisait travailler environ 12 000 ouvriers vers 1834.

Le système des manufactures est surtout répandu dans le département du Nord où survivent aussi des industries rurales et artisanales, travail à domicile des dentellières, des brodeuses en tulle, des tisserands de laine à Avesne, au Cateau, filetiers de la vallée de la Lys. Le développement des manufactures va de pair avec la mécanisation; en 1827, il n'y avait que 69 moteurs à vapeur dans le département du Nord, en 1844, il y en a 570 dont 281 dans le seul arrondissement de Lille. Le travail de la laine est en recul à Lille au profit de Roubaix et de Tourcoing où le commerce des laines attira le tissage (encore peu concentré) et la filature. C'est après la crise cotonnière de 1827 que Roubaix devint la métropole de la laine. L'industrie du lin était encore la plus importante de Lille à la fin de la Restauration; les patrons sont issus d'anciens maîtres des corporations de filateurs et de filetiers, ou des négociants comme les Agache ou les Scrives. Le lin donnait de l'emploi aux deux tiers des ouvriers du textile à Lille à la fin de la Restauration; la mécanisation était récente, un constructeur belge à partir de 1823 livra des machines aux filateurs Droulers et Agache; Lille avait deux filateurs de lin en 1824, et 20 en 1829. Après une certaine stagnation les entreprises survivantes connurent un nouvel essor après 1840 aux dépens de l'industrie artisanale, ruinant les filateurs d'Armentières, de Valenciennes, d'Hazebrouck.

L'industrie cotonnière en 1845, compte 32 filatures à Lille et 6 en banlieue. Ce développement s'est effectué sous l'impulsion de pionniers âpres au gain mais dynamiques. Les progrès techniques entraînèrent une diminution du coût de production; de 1834 à 1845, la production des filés augmente de 50 % alors que le nombre d'ouvriers était en diminution. Pendant la monarchie de Juillet, il s'opère une très sensible concentration dans les filatures de coton du Nord, et dans l'agglomération lilloise plus particulièrement.

Le développement même de l'industrie textile contribue à une demande accrue de produits de la métallurgie et de charbon. Parmi les principaux foyers, les Ardennes connaissent une avance technique due en grande partie à Jean-Nicolas Gendarme qui avait introduit le four anglais à puddler en France. Une métallurgie artisanale persistait dans la région de la Sambre (fabrique d'armes de Maubeuge), ou le Vimeu (serrurerie). Encore peu développée dans le département du Nord, la sidérurgie progresse lentement sous la monarchie de Juillet; en 1845, le département du Nord fournit à peine 2 % de la production des aciers. On trouve quelques établissements dans le reste de la région, le plus important était celui d'Halette, à Arras qui construisit des machines pour bateaux à vapeur, et en 1844, des locomotives. C'est la construction des chemins de fer qui devait susciter l'essor de la métallurgie encore à peine esquissée à la fin de la monarchie de Juillet.

L'industrie minière, essentiellement la houille, était ancienne dans le département du Nord; la Compagnie d'Anzin comptait parmi ses administrateurs Casimir-Périer et le prince d'Arenberg, et plus tard, Thiers en relation avec les milieux d'affaires du Nord par son beau-père, le receveur général Dosne. La compagnie employait quelque 4 500 ouvriers en 1830 et extrayait 390 000 tonnes de charbon, sa concession s'étendait sur la moitié du bassin et, à partir de 1844, elle avait noué une entente sur les prix de vente avec les compagnies d'Ouche et d'Azincourt. De nouveaux gisements commençaient à être exploités, après 1831, près de Denain, et à partir de 1847, le bassin de l'Escarcelles près de Douai. Les gisements du Pas-de-Calais venaient d'être découverts mais n'étaient pas encore exploités.

Commerce et transports.

L'espace géographique des habitants du Nord s'est élargi avec le développement des moyens de communication. Mais celui-ci est très inégal, la région la plus occidentale manque de routes. Les relations avec Paris, en raison de leur importance stratégique, sont bien organisées, mais lentes; pour aller de Lille à Paris, il fallait 40 heures, au début de la Restauration; il fallait 30 heures pour amener des marchandises de Paris à Amiens par un roulage accéléré. Une ville comme Cambrai était assez bien desservie par les routes qui la reliaient à Arras ou même à Paris, mais fort mal dans ses relations avec les communes de son arrondissement. Dans les Flandres, les chemins vicinaux restent encore impraticables en hiver.

Les canaux jouent un rôle essentiel; le réseau est achevé sous la Restauration, assurant la liaison par eau du Nord et de la région parisienne; le trafic double et la durée est réduite. Le prix du charbon diminue à Paris. En 1825, sur les 1 725 bateaux qui utilisent le canal de Saint-Quentin, 1 540 transportent de la houille.

Le perfectionnement du trafic par eau explique peut-être le retard (relatif) des chemins de fer; les premiers ne furent établis qu'après la loi de 1842, la liaison Paris-Lille fut précédée de la construction par l'administration française du raccord nécessaire à l'achèvement de la section Bruxelles-Lille. Mais une campagne du *National* contre les Rothschild, désireux de construire la liaison Paris-Lille et les conflits entre villes qui voulaient bénéficier du passage de la voie ferrée, Boulogne contre Calais, Amiens contre Saint-Quentin, retardèrent les négociations jusqu'en 1845, date de la formation de la Compagnie du Nord qui réunissait les Rothschild, Laffitte, Hottinguer, et Baring. Le premier convoi, le 15 février 1846, reliait Paris à Amiens en 4 h 40 mn (au lieu de 17 heures par la route), puis Amiens-Abbeville était ouvert à la circulation le 15 mars 1847. En dépit de la catastrophe de Fampoux, un des premiers accidents ferroviaires, qui fit 20 morts en juillet 1846, le trafic se développa très rapidement.

Banque et crédit.

La région du Nord connut pendant la première moitié du XIXe siècle une divergence entre les progrès rapides de la production industrielle et la lenteur de l'organisation bancaire. Les besoins du crédit étaient surtout en rapport avec les activités agricoles, les céréales et le sucre qui nécessitait une accumulation de capitaux. Dans l'industrie textile l'auto-investissement semble de règle dans les entreprises familiales.

Les activités bancaires ne prirent de l'importance à Lille que sous la monarchie de Juillet avec la création de la Banque de Lille par ordonnance royale du 29 juin 1836, encore se heurta-t-elle à la méfiance durable de la population envers les billets de banque. Un comptoir de la Banque de France fut établi à Saint-Quentin. Un autre comptoir devait être ouvert à Valenciennes profitant surtout aux intérêts sucriers et métallurgiques; il semble que cette ville ait été préférée en 1846 à Arras. Boulogne aussi avait une activité bancaire importante grâce à la maison Adam fondée avant la Révolution. Les investissements extérieurs restent limités à quelques sociétés d'assurances comme *le Nord*. Frédéric Kuhlman, un chimiste alsacien qui avait fondé en 1825 une fabrique de produits chimiques près de Lille, trouva ses premiers capitaux auprès d'apprêteurs teinturiers de Lille et de Roubaix; une partie des profits était cependant placée dans des achats immobiliers, ce qui était encore le plus sûr critère d'ascension sociale et un signe supplémentaire de la relation étroite entre les campagnes et les villes.

2. Villes et sociétés urbaines

C'est une tradition ancienne que la domination des villes sur le plat pays de la région du Nord.

La vie religieuse et familiale.

Si, à Lille même, le clergé ne joue qu'un rôle subalterne, il n'en est pas de même des influences religieuses. La situation de l'Église catholique était complexe; le titulaire de l'archevêché de Cambrai était Mgr Belmas, ancien prêtre constitutionnel, gallican, nommé en 1802; il fut l'un des premiers sous la monarchie de Juillet à évoquer dans ses mandements de Carême les problèmes sociaux. L'évêque d'Arras, Mgr de la Tour d'Auvergne-Lauraguais, était au contraire étroitement lié aux milieux aristocratiques de son diocèse. Quant au diocèse d'Amiens, il était un foyer ultramontain avec le petit séminaire de Saint-Acheul confié à des jésuites dès 1814. La vitalité religieuse apparut dans la facile reconstruction des diocèses de Cambrai et d'Arras où l'on note très peu de paroisses sans prêtre au début de la Restauration (il y en a davantage dans l'Oise et surtout dans l'Aisne). Les sentiments religieux ont persisté à Lille dans les classes populaires, une des raisons de l'importance des associations de secours mutuel (Villeneuve-Bargemont en avait compté 113 en 1828, portant souvent le nom d'un saint); un rapport préfectoral, en mai 1831, mentionnait : « Le clergé a de l'influence et du crédit, et il y aurait autant d'impolitique que de danger à porter, dans les mesures de police, un esprit de tracasserie contre le culte de la presque universalité des citoyens. » Naturelle sous la Restauration, l'importance des œuvres religieuses est encore signalée sous la monarchie de Juillet : « C'est une tradition espagnole et monastique. Les dons sont fort abondants, la bienfaisance des habitants est inépuisable. » Cette influence est très forte dans l'enseignement primaire grâce aux frères des Écoles chrétiennes, mais aussi dans les collèges religieux pour la bourgeoisie : « A cause de la mère de famille qui souvent impose le choix de la maison dans laquelle sera instruit son fils », écrit le préfet de Lille en 1844. La mise à sac du collège de Saint-Acheul en juillet 1830 et sa fermeture n'avaient donc guère modifié les attitudes.

L'importance de la vie familiale apparaît sous différents aspects et les nombreuses publications de généalogies bourgeoises permettent à la fois de suivre l'évolution des familles et d'en mesurer la vitalité et la permanence. La religion joue un rôle important dans la vie familiale, comme l'atteste, l'existence à chaque génération des vocations religieuses, par exemple, chez les Motte, originaires de Tourcoing, chez les Bernard, de Lille. A l'appui donné aux congrégations religieuses s'ajoute, après 1835, la participation à la société Saint-Vincent-de-Paul implantée rapidement à Dunkerque, à Roubaix, à Douai, à Bailleul, à Armentières, à Lille où elle est présidée par Kolb-Bernard. C'est à cette époque que le patronat industriel catholique de la région du Nord prend sa physionomie. Les alliances matrimoniales jouent un rôle certain de cohésion sociale. Ces familles ont formé un milieu qui s'est renforcé et a renforcé son autorité sur le reste de la population à chaque génération.

Bourgeoisie et prolétariat.

Les traditions familiales de la bourgeoisie s'accordaient avec les traditions municipales toujours vivantes, de nombreux administrateurs donnent une appréciation comparable à celle du préfet du Nord qui se plaignait, en octobre 1841, « des envahissements de l'esprit municipal. Cet esprit, en effet, surtout dans une région où il a d'anciennes et profondes racines, tend sans relâche à dominer et même à anéantir l'esprit de centralisation. »

Cet esprit municipal domine surtout dans la bourgeoisie et par la bourgeoisie en Artois et en Flandres. Il est moins sensible en Picardie, peut-être, parce que les influences aristocratiques y étaient plus fortes. Dans la ville d'Amiens, l'aristocratie qui vit près de la cathédrale et de l'église Saint-Rémy reste très distante à l'égard de la bourgeoisie d'affaires. Il existe une séparation analogue dans la petite ville d'Abbeville; il existait une société aristocratique décrite par le marquis de Belleval dans ses *Souvenirs de jeunesse.*

Mais l'opposition aristocratie-bourgeoisie, persistante encore dans quelques villes après 1830, s'atténua car l'extension même modérée du régime censitaire renforça la primauté bourgeoise provoquant ainsi des nuances et parfois des divergences au sein de la bourgeoisie. La bourgeoisie présente une assez forte stabilité dans les villes du Nord, l'enracinement, l'enchevêtrement des familles y contribue. Elle présente une hiérarchie qui apparaît dans la structure censitaire, prenons l'exemple de Cambrai, ville de 20 000 habitants vers 1840, les deux cantons (plus vastes que la seule commune) comptaient 41 imposés de plus de 1 000 francs (dont 35 de Cambrai), pour 322 électeurs de députés et quelque 800 électeurs municipaux (pour Cambrai seulement). A Arras, sous la monarchie de Juillet, les professions économiques représentent plus de la moitié du corps électoral, comptant surtout des censitaires entre 500 et 1 000 F, une trentaine de marchands de charbon, autant de négociants, quelques fabricants d'huile et de sucre. Cette bourgeoisie possède une importante propriété foncière et immobilière. Non que cette bourgeoisie soit homogène, pas plus dans son origine que dans ses activités ou même sa mentalité; c'est plutôt son comportement qui la rapprche : attitudes prudentes, individualisme moins personnel que familial, confiance dans sa capacité et conviction profonde du caractère inéluctable de l'inégalité des conditions sociales, combinée avec un paternalisme d'origine religieuse chez les uns et rationaliste chez les autres. Soucieux de se distinguer de l'aristocratie qu'elle ne cherche pas à imiter même quand elle est profondément royaliste, cette bourgeoisie des départements du Nord se considère plus éloignée encore du prolétariat qu'elle fait travailler sous des régimes différents.

Les classes ouvrières non plus ne représentent pas un prolétariat homogène. La misère réelle et dénoncée des populations du quartier Saint Sauveur à Lille ne doit pas faire oublier la dure condition d'une partie de la population rurale; la proportion des conscrits réformés était vers 1840 plus forte par exemple, dans le canton rural de Clary où la population se livrait à la fois à l'agriculture et au tissage (150 réformés pour 100 valides) que dans les cantons manufacturiers de Tourcoing ou de Lille (100 réformés pour 100 valides). L'artisanat des campagnes qui travaillait le lin connaissait le sort le plus rude, les journées les plus longues (comptant jusqu'à 15 à 16 heures) de travail; seules les boissons fortes (surtout dans le département du Nord) offraient un fallacieux remède aux misères d'une existence qui se dégrada tout au cours de la période; mais, c'était aussi renforcer l'aliénation d'une population privée de toute prise de conscience sociale et dominée par les notabilités locales. L'artisanat rural rattaché à la fabrique de Sedan a un meilleur sort; Villermé constata — non sans idée préconçue peut-être : « Les tisserands de la campagne sont comme partout les meilleurs sujets », mais il insiste aussi sur le moindre développement de l'ivrognerie et la plus grande diffusion de l'instruction dans les Ardennes. Près d'Amiens et de Saint-Quentin, il existait aussi un artisanat rural prolétarisé par son intégration dans le système commercial.

Une deuxième catégorie correspond aux ouvriers artisans des villes, tisserands, tisseurs, presseurs, fileurs travaillant dans leur atelier familial ou employés par un maître artisan. Ils dépendent du négociant qui fournit la matière première et écoule le produit; d'une liberté apparente ils subissent surtout le revers, ce sont eux qui ont les logements et les lieux de travail les plus insalubres. A Lille, les ouvriers travaillant à domicile représentaient près de 50 % des travailleurs, plus de 10 000 personnes vers 1830; en 1828, plus de 3 600 habitants étaient logés dans des caves. Les cours de la rue des Étaques dans le quartier Saint-Sauveur sont tristement célèbres depuis les descriptions de Villermé; les dentellières au travail dès l'âge de 6 ans étaient rachitiques et la moitié d'entre elles devenaient bossues. A Saint-Quentin, les tisserands travaillaient « dans des espèces de caves ou de celliers humides, peu ou point aérés, où la température est basse mais égale ». Les quartiers ouvriers d'Amiens — situés dans la basse ville — avaient, d'après Villermé, « des rues étroites où les maisons, fréquemment en bois ont un aspect misérable et des chambres humides, mal éclairées, mal closes, malsaines ».

La condition des ouvriers des manufactures présente aussi des différences. Villermé visitant la fabrique de Sedan en 1836, rapporte — de l'aveu des ouvriers interrogés : « Ceux d'entre eux qui travaillent chez les fabricants sont communément dans une meilleure position que les tisserands qui travaillent dans leurs propres domiciles. » L'absence de journaliers agricoles dans le pays tient à la constatation « que tous ceux qui n'ont que leurs bras pour vivre préfèrent les louer à la fabrique »; il ne s'ensuit pas que la situation des ouvriers dans les manufactures était objectivement meilleure que celle des travailleurs agricoles, mais elle était imaginée meilleure. Villermé indique dans les différentes villes de l'industrie textile, Lille, Amiens, Sedan, de meilleures conditions de salubrité dans les manufactures que dans les ateliers d'artisans et, dans l'ensemble, des salaires plus élevés. En revanche, leur situation est inférieure à deux points de vue; leur emploi est le plus incertain et leurs conditions de logement souvent défectueuses, en ville les plus mauvais quartiers ou, dans les faubourgs, l'obligation d'un long déplacement matin et soir. A la fin de la Restauration, plus d'un habitant sur 6 était secouru comme indigent reconnu dans le département du Nord; en 1828, il y avait à Lille 31 664 indigents pour une population de 70 000 habitants. La pomme de terre et le pain formaient la base de l'alimentation des ouvriers, qui mangeaient rarement de la viande, si ce n'est de qualité douteuse. Le cabaret était le seul lieu d'évasion où ils consommaient de la bière ou du genièvre souvent frelaté. Aussi, l'intempérance est-elle fréquemment dénoncée par Villermé. Un témoignage différent mais significatif est fourni par un grand filateur de coton, Th. Barrois. Celui-ci nie que les ouvriers des manufactures soient gagnés par la corruption et l'esprit de désordre, déclarant que « le travail [leur] laisse seulement le temps nécessaire au repos du corps, non celui de faire le mal ». Car l'inquiétude soulevée dans les classes dirigeantes par la misère ouvrière est provoquée surtout par des appréciations morales (la dénonciation du « libertinage », la comptabilité des enfants naturels) ou d'ordre public. La charité recommandée par l'Église catholique (mais celle-ci devient suspecte après 1830) et la crainte qu'un excès de misère n'entraîne une émeute amènent une intervention des autorités locales dans les moments de plus grave crise, notamment entre 1826 et 1832, puis en 1837, en 1839 et surtout en 1846-1847.

Pourtant la population ouvrière du Nord est résignée en dépit de cette condition misérable. La dépendance envers le patron est totale dans les manufactures textiles; c'est lui seul qui fixe les salaires. Les conditions même de la rémunération sont imposées par les patrons; elles diffèrent selon les villes; à Lille les salaires à la pièce étaient maintenus en temps de crise et peu élevés en période de prospérité; au contraire à Roubaix les fluctuations étaient bien plus sensibles. Le bas niveau de vie des campagnes ou des provinces belges voisines et l'emploi de nombreux enfants dans l'industrie textile (14 000 dans le département du Nord, 6 700 dans les Ardennes, 5 900 dans l'Aisne vers 1840) maintenaient une offre constante de main-d'œuvre acceptant les bas salaires. Les conflits étaient rares; mais en 1837, des baisses autoritaires de salaires par des patrons qui comptaient tenir les ouvriers par des avances consenties auparavant, provoquèrent une agitation, surtout à Armentières. Mais la réaction individuelle était plus fréquente; une recrudescence des vols se manifestait à chaque crise.

Les sociétés de secours mutuel représentent le seul effort positif de regroupement ouvrier; la chambre de commerce de Lille redoutait qu'elles aient éventuellement un rôle dans une agitation sociale, ce qui ne fut presque jamais le cas. Il y avait à Lille une centaine de sociétés comptant total plus de 5 000 membres, surtout des ouvriers du textile. L'agitation urbaine est surtout provoquée par la cherté du pain ce qui amena quelques troubles en décembre 1830 à Bailleul, en juin 1831 à Douai, en mai 1845 à Lille. A l'exception de quelques grèves en 1830, dans le textile, puis en septembre 1839, l'armée dispersant à Lille 7 à 800 manifestants, il n'y eut de désordres importants qu'au moment de la crise de 1846-1847 : bandes de mendiants parcourant les rues de Tourcoing à Lille et surtout grève des mineurs d'Anzin et de Denain en juillet 1846. Les antagonismes sociaux dans la région du Nord sont moins vifs dans l'industrie textile, dominante, que dans les mines. Les socialismes utopiques eurent peu d'adeptes; l'apathie constatée dans les populations ouvrières tient à différentes causes, mais le particularisme municipal contribuait à cette situation, entretenant un esprit de clocher, voire de rivalités locales, préjudiciable à toute prise de conscience de classe dans le prolétariat.

Cadre et vie urbaine.

La vie urbaine est très diversifiée : métropole religieuse comme Cambrai, villes industrielles comme Sedan, Valenciennes, Roubaix, Saint-Quentin, centre judiciaire comme Douai, villes administratives comme Arras, Charleville. Quelques villes, Lille et Amiens, réunissent la plupart de ces fonctions et retiendront davantage notre attention. Mais le scrutin d'arrondissement favorise le rayonnement des petites villes, elles-mêmes chef-lieu de circonscription électorale (surtout après 1830); la presse locale contribue à faire prédominer les mentalités et les intérêts des citadins, minorité dynamique d'une région en pleine mais inégale croissance.

Lille était encore une place de guerre en 1815, les marécages à l'ouest isolaient la ville dont les abords ruraux s'étendaient sur la plaine à l'est et au nord. Au nord et à l'ouest, de la grande place à la rue Royale, s'étalaient les riches demeures de l'aristocratie et de la bourgeoisie; les paroisses Sainte-Madeleine et Sainte-Catherine à l'ouest, Saint-Étienne au centre étaient les plus riches et les plus paisibles. Les quartiers de l'est, Saint-Maurice et Saint-Sauveur, les plus insalubres; sous la monarchie de Juillet, quelques aménagements furent effectués avec le percement de la rue Wicar entre 1835 et 1838, dans le quartier Saint-Sauveur, conséquence sans doute des méfaits du choléra de 1832. Car Lille dont nous avons déjà présenté la population ouvrière souvent misérable était une ville malsaine; l'humidité, la malpropreté accrue par la surpopulation, les eaux stagnantes des canaux y contribuaient. La situation des faubourgs était meilleure, Wazemmes était un lieu de plaisance pour les Lillois. Fives qui se développe à l'ouest n'est encore qu'un village en 1821 : ce fut la construction du chemin de fer qui provoqua son extension, le Génie militaire refusant de laisser percer les remparts de Lille, c'est à Fives qu'on établit la gare en 1845. En dépit de la médiocrité de son cadre, Lille faisait figure de capitale régionale. Elle compte près de 70 000 habitants en 1830. Le préfet du Nord écrivait en 1831 : « La ville de Lille a nécessairement beaucoup d'empire sur l'opinion. C'est toujours la capitale de la Flandre. » Les grands propriétaires terriens avaient dominé la ville sous la Restauration. Ils laissèrent la place après 1830 à une bourgeoisie en majorité anticléricale.

Sans être un centre intellectuel Lille doit une part de son rayonnement à ses organes de pensée. En réaction contre les milieux traditionalistes et cléricaux, s'est développée sous la Restauration l'action des loges maçonniques. Dans le département du Nord des plaintes furent adressées après la révolution de 1830 contre « l'envahissement des places par des francs-maçons »; le sous-préfet de Cambrai répondait à une demande du ministère à ce sujet « que parmi les autres fonctionnaires, il est peut-être vrai que le plus grand nombre est affilié à la Loge, mais pour la raison fort simple qu'il y a dans la ville peu ou pas d'hommes libéraux et dévoués au nouvel ordre de classes qui ne soit franc-maçon ».

La presse locale est un moyen et un symptôme d'influence; sous la Restauration, Lille n'a encore qu'une presse peu développée. Toutefois, la publication à partir de 1819 par l'imprimerie Leleux, de *l'Écho du Nord* fournit un organe à la bourgeoisie libérale et anticléricale. Mais c'est surtout sous la monarchie de Juillet que la presse lilloise prend de l'importance avec un organe légitimiste, *la Gazette de Flandre et d'Artois* (tirage à 4 000 à la fin du règne), *l'Écho du Nord* (tirage à 6 000, un des plus forts de province), organe de la petite et moyenne bourgeoisie qui soutient les députés et la majorité des conseillers municipaux. L'opinion conservatrice n'a pas d'organe implanté mais plusieurs journaux se succédèrent comme *le Nord*, puis en 1843, le *Journal de Lille* sans grande audience malgré l'appui préfectoral. Au contraire, *le Messager du Nord* fondé en mai 1845, par des démocrates lillois connaît une rapide expansion.

La ville de Lille n'en est pas moins dominée par la bourgeoisie d'affaires sous la monarchie de Juillet, de 1834 à 1848; le maire Bigo-Danel est un grand filateur payant 3 420 francs de cens, 29 des 37 conseillers municipaux étaient des négociants, des fabricants ou des marchands, en bons termes avec les députés de la ville hostiles au ministère conservateur ce qui faisait écrire au préfet en 1844 : « L'opposition n'est pas une opinion mais une habitude. » Les habitants divergeant sur les questions religieuses, politiques et sociales, retrouvent une communauté d'opinion en faveur de la défense du protectionnisme sur laquelle nous reviendrons. Celle-ci entretient une opinion régionale fondée sur une défense des intérêts économiques favorisant la persistance d'antagonismes régionaux qui camouflent ou du moins atténuent les antagonismes sociaux.

La ville d'Amiens, en dépit de sa prestigieuse cathédrale, est moins sensible aux idées traditionalistes dès l'époque de la Restauration. Le rapide défilé des préfets sous les deux régimes (sept au cours des dix premières années de la monarchie de Juillet dont l'économiste libéral Dunoyer de 1832 à 1837) donnait à la municipalité une plus grande influence. Ville d'artisans travaillant le coton et la laine, Amiens, dont l'enceinte fortifiée fut démantelée en 1822, connut un regain d'activité sous la Restauration. A côté des notabilités des affaires (qui comptaient sous la Restauration des royalistes dévoués), la cour royale jouait un rôle important dans la société d'Amiens. Plusieurs conseillers démissionnèrent en 1830 et la cour allait devenir un centre important de la vie sociale sous la monarchie de Juillet, magistrats et professions libérales donnant davantage le ton que la bourgeoisie d'affaires conservatrice aussi bien en politique (ce qui la rendait facilement ministérielle) qu'en économie. Le maire, le Dr Lemerchier, faisait partie de l'Académie locale tout en présidant la société industrielle d'Amiens; il y avait en 1840 dans le conseil municipal, 16 négociants ou fabricants, 7 propriétaires, 6 magistrats ou hommes de loi et 2 médecins. Opposant ou favorable au ministère, le libéralisme d'Amiens sous la monarchie censitaire va de pair avec un épanouissement de la domination de la bourgeoisie qui l'a emporté, en 1830, sur l'aristocratie locale sans être encore contestée par les classes populaires.

3. Particularisme régional et appui de l'État

Les caractères économiques mais aussi sociaux et historiques, présentés au début de ce chapitre, font comprendre la diversité des attitudes politiques. Sans unité politique profonde la région du Nord partage à certains moments, une destinée commune en raison d'événements imposés par une situation géographique.

La fidélité aux Bourbons et à la Charte.

Les défaites de Napoléon ont porté la guerre et ses méfaits dans les départements du nord de la France. En 1814, Amiens fut occupée par les Prussiens pendant trois semaines. Dunkerque qui avait souffert des guerres impériales accueillit la chute de Napoléon aux cris de : « Vive le Roi; Vivent les Bourbons, Vivent les Alliés. » Au moment des Cent-Jours, Louis XVIII avait songé à installer à Lille le siège du gouvernement en raison des sympathies de la population; celle-ci toutefois n'allait pas jusqu'à se heurter à la garnison de 6 000 hommes hostiles aux Bourbons. Mais les royalistes restèrent nombreux dans le Nord et dans le Pas-de-Calais, à la différence des Ardennes. Le retour des Bourbons fut approuvé par les populations sans soulever passions et vengeances comme dans le midi de la France. Si les ultras représentés surtout par des nobles dominent comme partout, il se trouve néanmoins quelques élus royalistes constitutionnels, le baron de Brigode dans le Nord ou Gaudin, duc de Gaëte, ancien ministre de Napoléon et futur gouverneur de la Banque de France dans l'Aisne. Après 1816, sont élus des députés qui comptent parmi les premiers libéraux à se manifester, Harlé, dans le Pas-de-Calais, le général Foy, dans l'Aisne. C'est en Picardie que le libéralisme se développa le plus rapidement, l'esprit libéral y prenait appui sur la magistrature.

La fidélité monarchique reste profonde dans le peuple. L'émotion fut intense, en dehors de la bourgeoisie, à l'annonce de l'assassinat du duc de Berry qui avait reçu un accueil chaleureux à Lille en août 1815. Le voyage de Charles X dans les départements du Nord, en 1827, provoqua de grandes fêtes à Dunkerque, à Lille où il fut acclamé le 9 septembre 1827, à Amiens.

Dans cette même année cependant les élections allaient montrer le triomphe des idées constitutionnelles dans l'Aisne, dans les Ardennes, dans l'Oise, dans le Pas-de-Calais et dans la Somme; tous les collèges d'arrondissement, à deux exceptions près, élisent dans ces départements des députés constitutionnels ou même libéraux qui devaient voter la fameuse adresse des 221. Seul, le département du Nord et les collèges départementaux (regroupant les plus riches imposés) restent en majorité représentés par des ultras et des ministériels.

L'évolution libérale de la région du Nord.

Peut-être parce que les départements du Nord avaient davantage connu en 1815 la violence des guerres et des contacts avec l'occupant que des conflits internes, leur évolution politique fut dominée par un souci de légalité et par des préoccupations internationales (notamment la question belge en 1830). Des élections partielles confirmèrent l'évolution du corps électoral. La bourgeoisie libérale était de plus en plus opposée à l'Église, au clergé et à ce qu'on appelait alors la « congrégation » puissante dans le Nord. En 1830, Amiens, qui venait de réélire Caumartin par 365 voix contre 127 au candidat ministériel Daveluy, eut une journée révolutionnaire le 29 juillet marquée par quelques cris à la porte du maire Daveluy qui se retira en laissant la place à une commission municipale, et surtout par la mise à sac du collège de Saint-Acheul (faubourg de Noyon) dirigé par les jésuites.

Lille eut aussi sa révolution de Juillet. Les presses de *l'Écho du Nord* furent saisies, mais les policiers furent pris à partie par un groupe de libéraux que dirigeait un ancien officier de l'Empire; les soldats de ligne refusèrent d'intervenir pour rétablir l'ordre; le lendemain, les ouvriers intervinrent pour réclamer du pain et du travail et le 31 juillet il y eut quelques pillages de boulangerie et de charcuterie. Un député libéral de l'Aisne, Mechin, allait devenir préfet de 1830 à 1839; la mairie de Lille passait sous le contrôle de la bourgeoisie du textile.

La bourgeoisie libérale assure sa prééminence d'abord contre l'aristocratie légitimiste. Celle-ci conserve, en effet, une partie de son influence et s'appuie surtout sur le clergé catholique resté influent dans les milieux populaires et même dans une partie des milieux d'affaires. Les légitimistes comptèrent dans le Nord jusqu'à trois députés et huit conseillers généraux; la Somme eut deux députés légitimistes. Mais, il s'agit d'un légitimisme qui pratique le régime représentatif. Le préfet de Lille en décembre 1838 écrivait : « La noblesse [légitimiste] est exacte à faire des visites le matin à la préfecture, elle s'abstient des réunions du soir, voulant concilier ce que la politesse et la sorte de bienveillance qu'elle a pour le préfet lui suggère, avec une réserve qu'elle regarde comme lui étant commandée par les circonstances et ses antécédents. » Toutefois, dans le Pas-de-Calais et la Somme, le légitimisme est plus aristocratique, c'est en partie ce qui rendit la bourgeoisie plus orléaniste et même plus favorable au pouvoir central sur lequel elle prenait appui.

La région du Nord fut peu sensible aux idées républicaines répandues par quelques journaux au début de la monarchie de Juillet; par contre, les orléanistes se divisèrent selon les deux grandes tendances du mouvement et de la résistance. Mais conservateurs ou favorables à la gauche dynastique (dont nous allons voir bientôt les progrès), les bourgeois du Nord sont des modérés, leurs opinions sont déterminées par des considérations personnelles ou réalistes plus que par des options idéologiques, les relations de famille et d'affaires ne sont pas étrangères aux attitudes politiques. Le maire de Boulogne, le banquier Adam, correspondant des Rothschild dans cette ville, ne fut pas étranger sans doute à l'élection comme député de l'arrondissement du banquier parisien François Delessert. C'est à l'énergie d'Adam et du sous-préfet qu'il faut attribuer la rapidité avec laquelle la tentative de Louis-Napoléon Bonaparte échoua le 6 août 1840, « de tous côtés habitants et gardes nationaux arrêtaient les fugitifs et les livraient aux autorités », nota le préfet dans son rapport. Les opposants s'en tenaient dans la région du Nord à l'emploi des seules formes légales.

Les contradictions d'une bourgeoisie libérale.

A la fin de la monarchie de Juillet, le département de l'Aisne a une députation entièrement composée d'opposants; la Somme a une majorité de députés opposants; l'Oise et le Nord une forte minorité; depuis 1839, la ville de Lille donnait deux députés à l'opposition dynastique et le troisième était un légitimiste, le vicomte de Villeneuve-Bargemont, l'ancien préfet de la Restauration. Seuls les départements du Pas-de-Calais et des Ardennes élisent à une forte majorité des députés ministériels.

Toutefois, l'opposition dynastique dont les idées sont exprimées par *l'Écho du Nord* s'appuie sur une petite et une moyenne bourgeoisie dont l'idéologie économique et sociale diffère peu de celle du patronat conservateur. Ce patronat de la région du Nord est unanime sur la défense qu'il réclame à l'État contre la concurrence étrangère et plus particulièrement anglaise. L'anglophobie y était un sentiment dominant et allait de pair avec l'attachement au protectionnisme. Ce dernier sentiment avait amené les fabricants du Nord, en 1834, à faire manifester dans la rue les ouvriers contre une enquête du ministère soupçonné de vouloir abaisser les tarifs. Les différentes classes sont solidaires sur ce point. Le Dr Lestiboudois, député de la gauche dynastique, présenta en 1841 un long rapport légitimant l'opposition du département du Nord à toute réduction des droits de douane sur l'importation des bestiaux. L'opposition dynastique trouve des soutiens dans la grande bourgeoisie (notamment son chef parlementaire, Odilon Barrot, député de l'Aisne). Cependant une partie importante de la bourgeoisie reste conservatrice et ministérielle; tantôt elle s'appuie sur le régime de Juillet pour contrebalancer l'influence encore puissante des grands propriétaires nobles; tantôt ces conservateurs sont des notables habitués à représenter la région et à servir l'État depuis plusieurs générations (le député Harlé était le fils d'un ancien maître de forges, député libéral de la Restauration, son beau-frère Léon d'Herlincourt qui lui succéda à la députation était le petit-fils d'un ancien conseiller au conseil supérieur d'Artois). Tantôt enfin il s'agissait de grands manufacturiers (Cunin-Gridaine dans les Ardennes, ou Mimerel à Roubaix).

Opposantes ou ministérielles les bourgeoisies de la région du Nord sont unanimement favorables au protectionnisme douanier, mais en même temps hostiles à toute intervention de l'État dans les rapports sociaux; la seule loi de protection des enfants travaillant dans les manufactures souleva des réticences très nombreuses à Lille, à Roubaix, à Sedan, à Amiens, à Saint-Quentin. La grande bourgeoisie d'affaires est tenue en échec aux élections de 1846 dans le IIIe arrondissement de Lille par l'alliance entre la petite ou moyenne bourgeoisie libérale et anticléricale et les grands propriétaires catholiques et légitimistes. Mais l'opposition dynastique est elle-même dépassée par une opposition plus radicale à l'occasion de la campagne des banquets : dans celui de Lille qui réunit le 7 novembre 1847 près de 900 personnes — Odilon Barrot fut évincé par Ledru-Rollin réclamant le suffrage universel

et inquiétant libéraux, légitimistes et conservateurs du Nord.
L'opinion démocrate socialiste venait de trouver un moyen de s'exprimer avec la fondation du *Message du Nord* par Bianchi; ce fils d'un libéral toscan apportait la chaleur méridionale à la propagande d'une cause susceptible d'éveiller le prolétariat du Nord encore résigné, mais provoqua l'inquiétude de presque toute la bourgeoisie. Les idées radicales étaient aussi présentées à Valenciennes par *l'Impartial* de Charles Delescluze, à Arras par *le Progrès du Pas-de-Calais.*Toutefois les mouvements populaires dans la région du Nord sont des émeutes de la faim sans préoccupations politiques, dans l'arrondissement d'Avesne, à Tourcoing, à Cambrai, à Lille où des pillages de boulangerie se sont produits le 12 mai 1847.

La région du Nord n'a connu ni une agitation comparable à celle du Midi ou de l'Ouest de la France ni une agitation sociale analogue aux troubles de Lyon, elle est pourtant à la veille de la révolution de 1848, insatisfaite et inquiète. Un maire de Lille en 1841 constate qu' « à côté des industriels et des négociants qui réalisent de grands bénéfices les classes ouvrières font peu de progrès vers une existence meilleure », et d'ajouter que le gouvernement doit organiser le travail « car si la solution n'est pas rationnelle, légale et pacifique, il y en aura une autre qui pourra compromettre l'ordre social tout entier ». L'écart se creuse entre un prolétariat encore très composite et un patronat dont l'influence et les moyens s'accroissent avec le progrès technique tout en laissant la gestion municipale et la représentation politique à la petite et moyenne bourgeoisie. Le capitalisme industriel et bancaire, qui contrôle de plus en plus l'économie et conditionne la vie sociale, n'arrive qu'imparfaitement encore à maîtriser le pouvoir politique. Le pouvoir personnel des notables se transforme (mais encore incomplètement) en domination fonctionnelle des chefs d'entreprise. Dans la région du Nord l'inquiétude sociale (on ne peut pas encore dire la peur) est antérieure à la révolution de février; les notables divisés sont prêts à faire taire leurs dissentiments pour défendre leur influence sur une population rurale ou ouvrière encore inorganisée et soumise.

8

La région parisienne

L'espace compris entre les provinces de l'Ouest, les pays du Nord, ceux de l'Est, le Massif central, forme l'essentiel du Bassin parisien, grande région sans uniformité : le climat y présente de sensibles nuances, le relief oppose plateaux aux rebords festonnés et vallées alluviales; surtout la variété des sols offre des possibilités très inégales à l'exploitation agricole. Le contraste essentiel est l'opposition entre le nord avec des plateaux recouverts de sols propices à la grande culture des céréales et ayant fait très tôt figure de région ouverte au progrès, et le sud avec ses placages de sables et d'argiles sidérolithiques, ses landes, ses étangs, son occupation incomplète du sol, sa paysannerie routinière. Des bons pays de vieux renom comme le Valois, la Beauce ou la Brie, le langage populaire a toujours distingué les Champagnes trop sèches, les Gâtines désolées, le Hurepoix hérissé de broussailles, la Brenne marécageuse. Car la grande opposition entre la grande culture du nord et la petite culture du sud a des frontières imprécises avec des enclaves, des avancées et des reculs variables tout au long de l'histoire. L'isolement et la nécessité de se suffire le plus possible, accusaient encore au début du XIXe siècle ces contrastes locaux. Une fatalité pesait sur le destin des hommes des cantons pauvres, attestée par les procès-verbaux des conseils de révision. Presque tout le sud du Bassin parisien avait des fièvres endémiques, et le maximum de dégénérescence était atteint en Sologne où « l'espèce humaine paraît abâtardie », où chez les adultes, rescapés d'une terrifiante mortalité infantile, on ne voit que « visages hâves et décharnés ».

1. Développement des communications et densité des peuplements

L'époque de la monarchie censitaire est celle où, à un rythme inégal, mais de façon décisive, ces petites régions sont reliées à la circulation générale, même si toutes les conséquences n'en apparaissent pas encore en 1848. Un exemple fera comprendre combien, en plein cœur du Bassin parisien, la circulation demeurait difficile au début de la période : en 1817 le jeune Montalivet quitte Paris pour le château provincial de Lagrange à Saint-Bouize dans le Sancerrois, soit un trajet de 200 km : il part de bon matin de Paris par la voiture de poste, couche à Montargis; le lendemain, on arrive trop tard à Pouilly pour prendre le bac, seul moyen de traverser la Loire large de 700 mètres; c'est le troisième jour au matin qu'on embarque : « Il faut huit ou dix hommes pour y pousser la voiture de poste, y contenir les chevaux et y jouer de la perche appuyée à l'épaule... Trois mortelles heures après lesquelles on débarque sur une rive de sable » pour gagner Saint-Bouize par des chemins mal tracés, coupés de fondrières, où l'on risque sans cesse la rupture d'une roue. Vers 1820, lenteurs, frais de personnel pèsent sur le voyageur; ils pèsent encore plus et plus tardivement sur le transport des marchandises.

Aussi, jusqu'à l'âge des chemins de fer, les cours d'eau sont-ils animés par une vie de relations qui contraste avec l'atonie de la vie rurale. Une modeste rivière comme l'Orge voit passer des bateaux chargés du blé de Beauce. C'est au bord des petites rivières que se trouve la grande majorité des 600 moulins qui travaillent pour la capitale. La convergence des voies navigables autour de Paris joue un rôle capital dans son approvisionnement : l'Oise canalisée assure les liaisons avec le Nord dont elle reçoit, en particulier, la houille (sur 1 800 chalands qui descendent le canal de Saint-Quentin, en 1820, 1 300 sont chargés de houille); la Seine en amont de Paris draine marchandises et voyageurs : en 1828, le bateau à vapeur en transporte 200 000 de Paris à Corbeil, Melun ou Montereau; la Marne est active : 700 bateliers à Saint-Dizier transportent à la veille de 1848 les fers et les bois. La Seine pourtant présente des inconvénients : en amont de Paris, elle n'est navigable de façon sûre que 6 mois et, tous les ans, le trafic s'arrête au moins 2 mois; en aval elle décrit de multiples méandres et est peu propice à la navigation à voile. La Loire est une voie encore plus active et qui, chez certains historiens, a meilleure réputation. Cette réputation est-elle méritée? Sans doute est-elle sillonnée de voiliers entre Orléans et Nantes. Mais, en aval d'Orléans, le trafic de Roanne à cette ville, ne se fait guère qu'à la descente et n'est pas sans incertitudes ni dangers : « Les marchandises de la Méditerranée et du Midi destinées pour Nantes... se rendent à leur destination en suivant le cours tortueux de la Loire, exposées aux retards, par les sécheresses qui y sont si fréquentes, aux crues, si rapides et si dangereuses, aux débâcles, dont les funestes effets ne sont que trop connus. » Cependant la navigation à vapeur lui donne une nouvelle vie, les compagnies se disputent les lignes Nevers-Orléans et Orléans-Nantes. L'année 1843 voit l'éphémère apogée d'Orléans comme port fluvial, grâce à l'inauguration du chemin de fer : en une seule semaine 197 barques accostent à ses quais.

A la veille de la révolution de 1848, les transformations sont profondes : le chemin de fer depuis Paris atteint Lille, Compiègne, Abbeville, Le Havre, Versailles, Orléans, Tours, Vierzon, Bourges, Châteauroux (un habitant de cette ville pourrait même aller en chemin de fer jusqu'à Stettin via Paris, Bruxelles, Berlin!). Les chemins de fer Versailles-Chartres, Paris-Strasbourg, Paris-Lyon sont en construction. Les nouvelles facilités de circulation stimulent les collectivités régionales à créer des routes secondaires vers les gares, incitent les communes à participer à la réalisation du programme de 1836 de chemins vicinaux, qui doit relier chaque commune de France au réseau routier régional. Elles ne doivent pas faire oublier l'effort de la Restauration et de la monarchie de Juillet en matière de voies d'eau : outre l'amélioration de la navigabilité de la Seine et de l'Oise, on termine le canal de l'Ourcq et on ouvre le canal de Saint-Denis en 1823, on construit le canal latéral à la Marne (ouvert en 1848) qui sera prolongé par le canal de la Marne au Rhin (ouvert en 1851), on reprend le canal de Bourgogne abandonné à la Révolution et ouvert en 1832, on creuse le canal latéral à la Loire (1832), on réalise le canal du Berry dont les trois branches réunies à Fontblisse à 20 km à l'est de Saint-Amand se dirigent respectivement vers Montluçon, Bourges et Vierzon, et, en suivant le Cher, vers Noyers où cette rivière devient navigable, vers Marseille-les-Aubigny où la jonction avec le canal latéral de la Loire est assurée. Ces canaux aident à débloquer certaines régions, et facilitent les relations de la capitale avec le Nord, l'Est, le Midi et le Centre de la France.

Aucune métropole secondaire d'ailleurs ne peut faire contrepoids à l'influence croissante de la capitale. Parmi les villes du Bassin parisien, une seule se classe parmi les 25 plus grandes du pays : Reims qui occupe le 15e rang en 1831 avec 36 000 habitants, le 19e en 1846 avec 44 000. A de rares exceptions près, les autres villes joignent les fonctions administratives et judiciaires aux fonctions de marché local entre régions complémentaires et c'est le commerce qui y a fixé des industries souvent médiocres.

D'ailleurs, si l'on excepte la région proche de Paris, le Bassin parisien présente des densités de population nettement inférieures à la moyenne française. En 1846, tout de suite après les 5 départements les moins peuplés viennent 5 départements du Bassin parisien : l'Indre, le Loir-et-Cher, le Cher, la Haute-Marne, l'Aube. Une zone de faible peuplement apparaît en effet en Champagne où l'ensemble Marne, Haute-Marne, Aube n'a qu'une densité d'environ 43 habitants au km^{2} (moyenne française : 67). Un relèvement des densités, très relatif, se produit au sud-ouest de cette zone : la Côte-d'Or, la Nièvre, le Loiret, l'Yonne dépassent 45 habitants au km^{2} (l'Yonne seule atteignant une densité de 50). Mais, au-delà, sur la Loire moyenne, on note les densités les plus faibles : le groupe Indre, Loir-et-Cher, Cher n'a qu'une densité moyenne de 40. On retrouve un relèvement relatif dans la Vienne (45) et dans l'Indre-et-Loire (51).

La dépression démographique champenoise et celle de la Loire moyenne n'évoluent pas parallèlement : la Champagne de 1801 à 1851 a un accroissement de population nettement inférieur à celui de la moyenne nationale; les départements de la Loire moyenne ont au contraire des accroissements du même ordre.

Quant à la région parisienne proprement dite, elle a des densités supérieures à la moyenne : la Seine-et-Oise, pourtant restée surtout agricole, a une densité de 84 habitants au km^2, l'Oise de 69. Si ces départements marquent la transition avec le Nord, celui de Seine-et-Marne orienté vers la Champagne atteint à peine 60 habitants au km^2. Pourtant de 1800 à 1825 un fort accroissement s'y est produit grâce à l'excédent des naissances. La force d'attraction de Paris amenuise ensuite cet accroissement. C'est après 1850 que la Seine-et-Marne fixera des immigrants qui veulent se rapprocher de la capitale.

2. La diversité des plateaux

Au sud de la Loire alternent régions bocagères et paysages sans haies aux champs irréguliers. Ce ne sont pas les seules similitudes avec l'Ouest et le Midi : l'habitat est généralement dispersé, l'assolement biennal, la grande propriété se fragmente le plus souvent en modestes métairies. L'exploitation rurale a gardé son caractère familial, mais avec cette réserve que des communautés taisibles demeurent, aussi bien en Berry qu'en Nivernais. Surtout l'espace consacré aux labours se présente comme un îlot au milieu des « brandes », landes de genêts abandonnées aux moutons, et des forêts. La pratique de l'écobuage, la coutume de faire un engrais des plantes de la lande, amoindrissent l'importance de la vaine pâture. Une population flottante de misérables s'approprie parfois quelque coin de brande, des bûcherons et des charbonniers redoutés des sédentaires travaillent dans la forêt. Celle-ci est un repaire de sangliers et de loups. Même les plateaux calcaires sont ici médiocrement cultivés. La mise en valeur de la Sologne n'atteint pas 20 % du sol. Certes des progrès sont accomplis : dans l'Indre le blé occupe 59 500 ha en 1840 contre 48 100 en 1803, le seigle reculant de 52 600 à 20 600, et les rendements augmentent. Mais les prairies artificielles demeurent insignifiantes, la pomme de terre ne se répand que très lentement. Le troupeau de moutons en 1840 atteint 274 000 têtes, soit 30 000 de plus qu'en 1803.

Tout cela n'entame guère l'économie ancienne, mais les grands propriétaires fondent des sociétés d'agriculture actives, aussi bien pour améliorer les cultures, que pour conquérir de nouvelles terres sur une nature ingrate. Comme sous l'Ancien Régime, lorsque les cours des grains sont élevés par suite de la pénurie, des émotions populaires ont lieu sur le marché. On cherche alors à piller les greniers, à empêcher le départ des grains hors de la région. C'est ainsi qu'il y eut des troubles frumentaires en mars 1840 à Aubigny, puis à Lignières et à Châteaumeillant, où la troupe dut intervenir. En 1847, de nouveaux troubles frumentaires, à Buzençais, Lignières et Châteauroux, furent suivis de condamnations à mort. En Sologne les grands propriétaires préparent la conquête du sol qui aura lieu sous le Second Empire : en Berry, les Charlemagne, de Vogué, Muret de Bort (qui multiplie les plantations de pins sylvestres) obtiennent des résultats notables, en particulier dans l'amélioration du cheptel. Cependant Léonce de Lavergne note encore en 1866 que ces provinces du centre sont parmi les plus pauvres de France.

L'archaïsme domine aussi dans un massif impénétrable comme le Morvan, au-delà de la Loire, dont le célèbre avocat et homme politique Dupin, nous a laissé à la fin de la monarchie de Juillet une description très vivante. Dans ce pays bocager, d'habitat dispersé, sans industrie et presque sans artisanat, chaque paysan fait son pain, creuse ses galoches, fabrique ses outils, faisant appel pour la construction de la seule charrette à un ouvrier itinérant. La production locale de laine et de chanvre (celui-ci cultivé dans un clos plus soigneusement fumé) est la matière première qui servira à confectionner ses vêtements traditionnels. Les ouvriers agricoles sont payés en nature : en échange de leurs journées de travail on leur concède un coin de terre à cultiver. Le sol granitique exclut presque le froment et l'on continue à cultiver le seigle, le sarrasin, l'avoine et la navette, tandis que les jardins fournissent haricots, navets et choux-raves. Une innovation cependant : la pomme de terre qui relativement tôt s'est substituée à la châtaigne. Le Morvandiau se nourrit donc surtout de soupe et de bouillie, d'un peu de porc. L'élevage cependant a des conditions plus propices, la multiplicité des cours d'eau permet d'irriguer les prés. Mais c'est pour la vente qu'on engraisse des bœufs, qu'on élève des oies. Sans grande hygiène d'ailleurs : les écuries sont basses et sales, les volailles passent la nuit sur une claie dans la chambre. Autre forme d'élevage, les « petits-Paris », les nourrissons amenés de la capitale, dont un médecin du Morvan, le Dr Monot, révélera sous le second Empire les scandales : malheureux bébés succombant d'inanition ou de crasse, encouragement aux filles-mères, maris à mentalité de souteneur. Cependant, sous la monarchie de Juillet, la spéculation commerciale essentielle demeure le bois : chacun abat des arbres et débite des bûches portant sa marque : celles-ci confiées aux rivières sont rassemblées à Clamecy en trains destinés à la consommation parisienne.

Au nord, les plateaux de Basse-Bourgogne présentent un aspect bien différent : la structure agraire est celle d'un classique *open-field*, avec des jardins autour des villages, des vignes. La Révolution a modifié plus que bouleversé le régime de la propriété : la noblesse qui possédait 16 % du sol en garde 14 %, mais ce sont surtout des bois; la part de la bourgeoisie s'est accrue de 16 à 24 %, la paysannerie possède le reste. Ce qui domine, c'est la moyenne propriété; il y a des petits propriétaires, surtout vignerons qui comme ressource d'appoint vont moissonner en Beauce. Mais la spéculation essentielle demeure les céréales, en premier lieu le blé, cultivé suivant les pratiques traditionnelles, en faisant fumer les terres lors de la vaine pâture. Or, il existe ici une tension démographique croissante et il est impossible d'étendre le terroir, les communaux consistant en bois qui forment une ressource essentielle. Il faudrait donc accroître les rendements, ce qui signifie accroître les fumures, donc le troupeau; cela n'est possible que grâce aux fourrages artificiels exclusifs de la vaine pâture. Or celle-ci est nécessaire à un prolétariat agricole qui ne saurait vivre sans les quelques têtes de bétail qu'il possède dans le troupeau communal.

Une solution provisoire fut essayée avec l'extension du vignoble. La région avait au XVIIIe siècle des vins comme le chablis apprécié en Angleterre et expédié aussi jusqu'à Marseille. Le déclin du vignoble septentrional de la région parisienne et les aléas de ses récoltes fournissaient un débouché aux petits vins du Tonnerrois qu'on expédiait à Paris, en Normandie, en Flandre, et la vigne, pour faire face à ces besoins, gagne sur le plateau. Mais ces vins légers et médiocres, grevés de droits aussi lourds que les bons crus, n'atteignirent pas un prix de vente rémunérateur. Il restait donc l'émigration; celle-ci existait déjà au XVIIIe siècle, malgré la plus grande aisance du pays, attestée par l'œuvre de Restif de la Bretonne. Le rythme des départs à Coulanges-sur-Yonne calculé par J.B. Moreau va s'accentuer : de 0,56 % par an pour cette localité dans les 25 premières années du siècle, il passe à 1,5 % pendant les 25 suivantes. Cependant ce n'est pas seulement Paris qui absorbe ces émigrants : une partie se fixe dans les vallées où le réseau de communication apporte des ressources nouvelles, et où de grands travaux provoquent un appel de main-d'œuvre.

Plus au sud, le département de la Côte-d'Or, peut-être parce que la tension démographique est moins forte, demeure exportateur de blé qu'on expédie par la Saône vers Lyon et le Midi; de grands propriétaires (Marmont, Heudelet) créent dans leurs terres des cycles complexes de cultures où trouvent place plantes sarclées et fourrages artificiels, mais leurs efforts restent isolés. L'effort des préfets pour transformer la vieille économie à partir de leur exemple, pour faire jouer un rôle d'animateur aux sociétés d'agriculture, reste vain. Ici ce n'est pas, comme au-delà de la Loire, à la nature qu'on se heurte, mais aux hommes : tout un prolétariat rural défend obstinément le ban des récoltes (pourtant légalement aboli), les droits d'affouage et la déprédation des forêts (malgré le code forestier), la vaine pâture et toutes les vieilles coutumes communautaires : Balzac dans *les Paysans* a décrit avec acuité cette lutte des masses paysannes contre la loi et les riches Sans doute les progrès ne sont pas nuls : le blé gagne du terrain sur le seigle parfois avec la phase intermédiaire du méteil; surtout des progrès sont faits en matière d'élevage, qu'il s'agisse de l'embouche en Auxois ou de l'amélioration du cheptel ovin d'abord orienté vers la production de laine grâce aux croisements avec les béliers mérinos puis, quand le prix de la laine baisse, vers la production de viande. Mais, en contraste avec la grande agriculture de la région parisienne, on demeure en général dans le domaine de l'ancienne économie.

La Champagne dans son ensemble, région d'assolement triennal où domine la petite propriété, regroupe des terres inégales et il est difficile d'y analyser les problèmes agraires. De bonnes terres en Haute-Marne exportent du blé, ailleurs la Champagne « pouilleuse » n'a que de maigres récoltes de seigle ou de sarrasin.

L'exploitation des grandes forêts pour la métallurgie, fait qu'on s'est préoccupé très tôt de reboisement. Le préfet Bourgeois de Jessaint, dont la longévité administrative fit de ce camarade de Bonaparte à Brienne un préfet de Louis-Philippe, en pratiquant le reboisement des savarts en pins d'Autriche, aulnes ou bouleaux, ne fait qu'élargir l'action de l'intendant Rouillé d'Orfeuil. Le même Jessaint s'efforce d'améliorer la laine locale pour l'industrie du drap : il fait venir des mérinos, donne en exemple son propre troupeau; en 1828, la moitié du cheptel ovin de Champagne est composé de mérinos et de métis à la laine superfine. Mais la reconversion en moutons à viande sous la monarchie de Juillet n'obtint pas le même succès.

Par contre, dans la région parisienne (Soissonnais, France, Valois, Brie occidentale, Beauce) on trouve le modèle d'une agriculture de rendement, largement commercialisée.

La petite propriété (moins de 5 ha) ne représente ici que le dixième du sol. Au contraire les grands domaines supérieurs à 100 ha en occupent plus de la moitié. Cette grande propriété attestée par le nombre élevé des châteaux, qu'on continue d'ailleurs de construire dans la première moitié du XIXe siècle, est ancienne et n'a pas été bouleversée par la Révolution française. La noblesse d'Ancien Régime (Condé à Chantilly, La Fayette à Rozay-en-Brie, Bertier de Sauvigny à Morsang, etc.) occupe des positions solides; la noblesse d'Empire, les maréchaux (Davout à Savigny-sur-Orge), les banquiers (Laffitte à Maisons-Laffitte), les agents de change et notaires parisiens partagent avec elle les grands domaines. Ces grandes propriétés ont tendance à s'accroître en surface; elles se divisent en grandes fermes atteignant parfois 200 ha, contrairement à ce que l'on constate dans les pays de la Loire. Grandes propriétés, grandes exploitations, mais aussi grands champs en trapèze d'une dizaine à une cinquantaine d'hectares, type d'*openfield* bien différent de celui de l'est. Sur ces plateaux découverts, note G. Dupeux, « un dixième seulement du territoire échappe à la charrue. Point de pré, point de vigne; sur ce sol de limon, le laboureur est roi ». A côté des céréales, essentiellement du blé, la spéculation la plus importante est l'élevage des moutons à l'aide de fourrages artificiels, les grandes fermes ayant parfois deux troupeaux, l'un de moutons à laine, l'autre de moutons à viande, pour lesquels on construit de spacieuses bergeries. La betterave à sucre qui va prendre une place si importante n'apparaît encore qu'en des points limités. Mais l'époque est celle de la disparition de la vaine pâture et de la jachère (qui vers 1840 n'occupe plus que de 1/6 à 1/10 des terres), de l'emploi des engrais importés (de la poudrette des vidanges parisienne à la cendre de tourbe, puis du guano), du perfectionnement de l'outillage (nouvelles charrues, dont la charrue brabant, premières machines à battre et semoirs vers 1834).

Cette révolution agricole fait de la ferme une entreprise au personnel hiérarchisé (charretiers, laboureurs, bergers, etc.), mais réduisant la main-d'œuvre elle crée une crise de l'emploi. Des régions plus pauvres n'avaient pas autant de mendiants ou de prolétaires misérables que ces riches régions agricoles de la région parisienne.

3. Vallées, banlieue maraîchère, grands vignobles

Les plateaux qui forment l'armature du Bassin parisien sont donc très inégalement engagés dans la révolution agricole au moment où s'établit l'ère des chemins de fer. D'autres aspects, dus à des causes très diverses (oppositions des vallées et des coteaux qui les bordent aux plateaux, influence de la capitale sur la banlieue, réputation mondiale de certains grands crus) accentuent les disparités locales.

Les vallées du Bassin parisien se prêtent mal à la grande exploitation. La propriété rurale se scinde ici en infimes parcelles soit dans des terres alluviales soit dans les pentes propices à la vigne ou aux arbres fruitiers. De vieux villages sont souvent fixés à mi-pente suivant la ligne des points d'eau. Sans doute, la grande propriété n'est-elle pas toujours absente comme dans le Val de Loire nivernais où, à partir de 1825, elle introduit la culture de la betterave à sucre. Mais, dans l'ensemble, c'est la très petite propriété qui domine, formant dans ces vallées densément peuplées, une société différente de la paysannerie des plateaux : vignerons, jardiniers, artisans divers, tonneliers, mariniers qui y ont leur demeure ou leur passage habituel, milieu plus ouvert aux influences des villes. Quelquefois la polyculture traditionnelle s'y maintient, comme on le constate dans la presqu'île de Saint-Germain-en-Laye isolée entre la boucle du fleuve et la forêt. Mais la vigne est très souvent la spéculation essentielle : dans la région parisienne elle frange les coteaux de la Seine, de Bonnières à Saint-Cloud, et, sur l'autre rive, de Meulan au confluent de l'Oise qu'elle remonte jusqu'au-delà de l'Isle-Adam, cernant le méandre d'Argenteuil. Au sud de Paris on la trouve sur les coteaux de Montlhéry et de Palaiseau, et de Saint-Cloud elle pousse jusqu'à Versailles par Meudon, Sèvres et Chaville. A partir de 1820 cette grande région de vignobles commence cependant dans son ensemble à décliner, devant la concurrence de vins plus méridionaux, pour faire place à d'autres spéculations liées aux besoins de la capitale.

Dans le bassin de la Loire, l'extension du vignoble se lie au réseau de cours d'eau fréquentés par la navigation fluviale. Cette dernière a aussi entraîné les spécialisations de la plaine alluviale. Celles du Val tourangeau étaient déjà célèbres au XVIe siècle et en rapport avec le commerce des îles au XVIIIe siècle. Un travail à la bêche était la règle dans toutes les varennes du Val. Ce sont ici les paysans décrits par Paul-Louis Courier, acharnés à faire rendre au maximum le lopin de terre souvent arraché aux communaux ou acquis lors de la vente des biens nationaux. La vallée présente, dans la première moitié du XIXe siècle, un paysage profondément humanisé : dans la vallée du chanvre ou des légumes, sur les pentes des vergers de pêchers et de pruniers, sur les coteaux, couronnés de moulins à vent, vignes et luzernières alternent. On expédie à l'étranger des pruneaux, on vend des poires et des pommes séchées, et aussi des graines potagères, de la réglisse, spécialité de Bourgueil. Cette prospérité d'ailleurs ne se traduit guère dans l'existence quotidienne : les infimes propriétaires du Val surpeuplé vivent frugalement et ne goûtent leur vin qu'aux jours de fête.

Il existe par contre une petite paysannerie exceptionnellement prospère dans la France d'alors : les maraîchers de la banlieue parisienne. Leurs exploitations d'un seul tenant, de plus en plus indifférentes à la nature du sol, forment un carré clos de murs (défense contre le vent et la maraude) de 5 ou 6 000 m². Un puits fournit l'eau et, en 1836, est mise au point une pompe à manège qui confie au cheval le dur travail de la faire monter. On achète de la gadoue urbaine et du fumier et, grâce aux chassis et aux cloches, on fait cinq ou six récoltes par an. Au début du siècle on porte parfois encore les produits aux Halles ou au commerce parisien à la hotte ou au bât. Mais l'extension de la surface bâtie qui repousse la zone maraîchère force à employer la charrette, ce à quoi se prête un réseau routier particulièrement dense. Si chaque secteur a des spécialités renommées (haricots du plateau de Villejuif ou de Colombes, asperges d'Argenteuil, fraises de Montreuil et de Fontenay-aux-Roses, etc.), la production est presque partout variée sauf pour quelques spécialités nouvelles (comme les champignons des carrières). Les maraîchers de banlieue sont à peu près maîtres du marché parisien, le développement des chemins de fer ne permettant pas encore la concurrence des régions méridionales. Le milieu du siècle est le moment de leur apogée.

C'est un marché bien plus vaste que visent les vignobles de grands crus, Champagne ou Bourgogne.

Au XVIIIe siècle, la Champagne exportait des vins, essentiellement des vins rouges ou gris, quoique à côté des rouges renommés de la montagne de Reims, le blanc de Sillery et le mousseux d'Ay aient déjà quelque notoriété. Sous la monarchie censitaire, l'exportation de vins rouges demeure : en dépit de la fermeture de la frontière de terre des Pays-Bas aux vins français en 1823, ceux-ci sont assez réputés pour justifier un trafic via Reims, Dunkerque et Ostende. Mais le grand fait de la période est l'ascension du mousseux.

Assistant au pillage de ses caves en 1814 par les officiers alliés, la fille du maire de Reims Ponsardin, l'astucieuse veuve Cliquot, eut cette parole prophétique : « Ils boivent, ils paieront! » De fait, l'occupation alliée assura, semble-t-il, la propagande internationale du mousseux. Parallèlement à l'accroissement de la demande, il atteint son point de perfection : si Dom Pérignon avait posé les règles de la champagnisation au XVIIe siècle, si le bouchon de liège s'était répandu au XVIIIe, le mélange et le dosage des crus est mené à notre époque à son point de perfection, grâce, en particulier, au pharmacien François. Sans doute, reste-t-il à faire des progrès dans la verrerie car en 1833 et 1834, 33 % et 25 % de la récolte mise en cave par Moët font exploser les bouteilles. Mais une série d'inventions, s'échelonnant de 1827 à 1844 permet d'économiser la main-d'œuvre : machine à boucher, machine à ficeler, tireuse, machine à doser.

En 1832, la vigne couvre 20 000 ha dans la côte champenoise; la petite propriété y domine mais on note déjà des achats de vignobles par les fabricants. Cette année-là, la production s'est élevée à 480 000 hl dont 60 000 hl de blancs et mousseux, 120 000 hl de rouges pour l'exportation, 300 000 hl de rouges pour la consommation intérieure. Les grandes maisons de Reims et d'Épernay sont déjà en place : *Veuve Cliquot*, *Mumm*, *Moët*, *Lanson*, *Roederer*, etc. L'état dressé par la chambre de commerce de Reims pour 1844-1845 note que 6 635 652 bouteilles de mousseux ont été expédiées, 2 255 438 en France, 4 380 214 à l'étranger. Après l'Allemagne, la Russie et les États-Unis ont été conquis : « Le pactole de champagne, sans changer de source, a été dérivé de son cours, mais il est toujours un fleuve bienfaisant. »

La Côte-d'Or est une région spécialisée dans le vignoble. Celui-ci a crû de 20 % en surface entre 1804 et 1830 et à cette date s'étend sur 26 467 ha. La Côte proprement dite comprenant du sud au nord la Côte de Beaune, celle de Nuits et celle de Dijon, est seule à porter les précieux plants de pinot. Ailleurs, dans l'arrière-côte ou le bas-pays où se sont produites les principales conquêtes territoriales de la vigne, le plant est le gamay qui donne des produits plus vulgaires. La grande propriété, aux mains de résidents ou de capitalistes « forains » (tel le fils du banquier Ouvrard pour le clos-vougeot), domine dans la Côte.

La qualité des grands crus est reconnue — on les place au premier rang des vins français — et cependant le vignoble souffre vivement de la baisse des prix de la période 1817-1851. Les traités douaniers semblent avoir atteint durement l'exportation vers l'Allemagne, la Suisse ou les Pays-Bas. L'inélasticité de la demande se traduit par de fortes hausses des prix les années de faible récolte, par leur effondrement lorsque la récolte est abondante. L'exception qui jouait pour le Champagne au milieu du marasme général de la viticulture française ne se retrouve pas pour le bourgogne.

4. Industries du Bassin parisien

Les activités agricoles prédominent dans l'économie du Bassin parisien et l'artisanat et l'industrie ne visent souvent qu'une clientèle locale. Cependant on rencontre des villes qui possèdent une spécialisation ancienne (Romorantin fait des draps depuis le Moyen-Age) ou implantée par l'État (Châtelleraults a été dotée de la manufacture d'armes blanches de Klingenthal en 1819 et de celle d'armes à feu de Maubeuge en 1830). Des activités industrielles sont nées du commerce, par exemple de celui de la Loire : Orléans, centre de transbordement pour Paris, a des filatures de coton, des fabriques de drap, des blanchisseries, des fabriques de limes, des vinaigreries, des chocolateries, etc., activités variées, mais modestes qui ne rayonnent pas sur la région.

En Champagne, par contre, une zone textile de caractère complexe gravite autour des centres de Reims et de Troyes.

Reims est le grand centre de la draperie, la ville possède les plus grandes filatures de laine cardée et travaille aussi la laine peignée. Ses spécialités sont les flanelles, les « mérinos », les « schalls »; il s'y joint à l'époque de la monarchie de Juillet, les nouveautés d'hiver et d'été. Ses 238 établissements emploient en 1847, 5 300 personnes, hommes, femmes ou enfants. A côté, de grandes fabriques comme celles de Jobert-Lucas ou de Croutelle, fondateur du premier tissage hydraulique sur la Vesle en 1837 et qui, 7 ans plus tard, y emploie plus de 100 métiers, il existe une foule d'établissements modestes; en outre une grande partie du tissage reste l'œuvre d'ouvriers-paysans qui ressentirent après 1840 par des baisses de salaires la concurrence croissante des machines. Pour promouvoir le progrès technique une société industrielle s'est fondée en 1833 à Reims, laquelle renforce les liens entre marchands de laine, filateurs, fabricants de tissus.

Troyes plus encore que Reims, bien qu'elle possède en 1846 16 filatures de coton employant 1 900 ouvriers et des ateliers de construction de métiers, fait travailler la campagne. Depuis que la fin de l'Ancien Régime a connu une grave crise du tissage des toiles, une spécialité relativement secondaire de la ville, la bonneterie, est passée au premier plan. Plus que des bonnets d'ailleurs, Troyes fabrique des bas, des gilets, des caleçons, et si elle a moins de débouchés à l'étranger que la draperie rémoise. elle a conquis le marché national par la solidité de ses produits Son influence a animé des centres de trafic secondaires, Romilly, Arcis, etc., qui s'émancipent de sa tutelle. Sur 10 812 métiers recensés dans le département de l'Aube le chef-lieu n'en a que 867. La quasi-totalité du reste est dispersée dans les campagnes et chaque paysan-artisan apporte hebdomadairement ses produits à la ville dans une hotte ou sur un bourricot. Les divers métiers (métiers circulaires, à chaîne, etc.) sont d'ailleurs perfectionnés à plusieurs reprises au cours de la période 1800-1850. Cette industrie rurale a permis de maintenir une plus forte densité de population à la campagne, mais les salaires sont très faibles et la concurrence des métiers mécaniques après 1840 entraîne une affreuse misère.

Une autre industrie, la métallurgie, imprègne une large zone de l'est et du sud du Bassin parisien (Haute-Marne, Aube, Côte-d'Or, Nièvre, Allier, Cher, Indre). Cette industrie n'a guère changé depuis le siècle précédent : les hauts fourneaux sont établis près des minières de fer, à proximité de forêts, les forges au bord d'un cours d'eau ou à la retenue d'un étang dont elles utilisent la chute. Les établissements sont répartis par petits groupes suivant ces impératifs géographiques : les hauts fourneaux et forges du Berry forment cinq groupes (région de Vierzon au nord, de Grossouvre à l'est, de la forêt de Tronçais au sud, de Bourges au centre, de Luçay à l'ouest), les forges du Nivernais de part et d'autre de l'axe de la Loire occupent les vallées de la Nièvre, de l'Ixeure et de l'Aubois; les établissements de la Haute-Marne se concentrent surtout dans les vallées de la Marne, de la Blaise, du Rognon. La plupart de ces établissements sont de dimension très modeste (c'est le cas en 1835 de ceux de la Haute-Marne, 52 hauts fourneaux et 104 forges, qui produisent des tôles, des limes, des pointes), les principales exceptions étant, dans la Nièvre, la fonderie de Guérigny qui travaille pour l'État et la fonderie de cuivre d'Imphy.

En 1821, les Boigues, marchands de fer parisiens enrichis sous l'Empire, firent construire dans la même région la grande forge à l'anglaise de Fourchambault. Conçue par le polytechnicien Dufaud, qui embaucha des ouvriers puddleurs et lamineurs anglais, le nouvel établissement avait une capacité de production de 6 000 tonnes de fer (le Nivernais en produisant alors au total 5 000). En 1848, il en produisait 16 600 et absorbait une partie des producteurs de fonte du Berry.

En Bourgogne, l'initiative vient du maréchal de Marmont qui avait hérité d'une forge à Sainte-Colombe-sur-Seine. Esprit hardi et chimérique, Marmont en 1819 voulut l'exploiter lui-même en la transformant. Il se laissa persuader de la possibilité de combiner affinage au bois, puddlage et laminage. Mais ses prévisions de dépenses furent vite dépassées et il dut s'associer avec ses voisins, ce qui n'empêcha pas sa faillite personnelle en 1827. L'élan vers l'association était cependant donné dans le Châtillonnais. Par ailleurs, l'un des plus remarquables maîtres de forges du temps, Rambourg, avait joint à ses hauts fourneaux de la forêt de Tronçais un nouvel établissement créé à Commentry sur le charbon. En 1845, ses enfants décidèrent de fusionner avec la société bourguignonne. Ainsi fut créé le groupe métallurgique puissant de Châtillon-Commentry, unissant fabrications au bois et au charbon. La société exploitait directement 37 hauts fourneaux, 56 feux de forge, 4 forges à l'anglaise, 3 tréfileries et louait à des non-sociétaires dans les vallées de la Marne et de la Seine, 13 hauts fourneaux, 26 forges, 4 tréfileries. Le groupe était maître de toute la métallurgie du sud de la Haute-Marne et du nord de la Côte-d'Or.

Ailleurs des entreprises isolées subsistaient et les espoirs mis dans le débouché des voies ferrées faisaient même naître de nouveaux hauts fourneaux au bois. Mais les vieilles entreprises vivaient difficilement à côté des sociétés produisant par grandes masses et capables de surmonter les crises si fréquentes du milieu du siècle.

Paris, qui a transformé, par le dynamisme de son activité, la banlieue agricole a-t-il été générateur d'une zone industrielle?

Certes l'extension même de la ville a fait naître des carrières nombreuses, des plâtrières, des briquetteries. Elle offre en masse et à bon compte des déchets utilisables pour des industries diverses (os, peaux, chiffons, ferrailles). Elle constitue un marché tentant pour des industries alimentaires. Mais ces entreprises, n'atteignent pas les limites du département. Même l'immédiate banlieue nord, bien pourvue de canaux, de routes et de ponts et, à partir de 1846, de chemins de fer, communiquant facilement avec le Nord, l'Est ou Le Havre, demeure largement agreste. Saint-Denis, à part une manufacture de plomb laminé déjà ancienne, n'a qu'une grande usine de produits chimiques, La Villette des industries alimentaires, La Chapelle des ateliers mécaniques mais en deçà des fortifications. Sans être absente, la grande industrie ne s'implante que lentement. Ainsi que le constate J. P. Brunet : « La banlieue nord acquiert de 1821 à 1846 une partie essentielle de son infrastructure économique et pourtant la grande industrie n'apparaît vraiment qu'en 1855-1860. » Sans être absente de la banlieue sud, elle n'y forme encore que des îlots : Gentilly à proximité immédiate de Paris a des lavages de laine, des blanchisseries, en liaison avec les industries textiles de la capitale, des mégisseries; Ivry et Choisy ont des industries chimiques. En résumé, on constate sans doute après 1840, dans le sud et surtout dans le nord de la banlieue, l'apparition de grandes entreprises; ce mouvement n'annonce encore que faiblement la poussée industrielle du second Empire.

5. Des mentalités collectives aux opinions politiques

Cette grande région du Bassin parisien, dont l'unification par les voies de communication n'était pas achevée, n'avait pas une façon uniforme de penser et de sentir. Bien qu'il soit souvent difficile de cerner les convictions et les passions de masses en grandes parties illettrées, qui ne laissent guère de témoignages directs, des travaux récents mettent en valeur des différences accusées d'une petite région à la région voisine.

Cependant des traits d'ensemble sont attestés par des témoignages concordants. Le premier est l'indifférence des masses à la politique proprement dite. Sous la Restauration, c'est par le canal des attitudes religieuses qu'elles se sensibilisent aux faits politiques.

Le problème qui se pose alors — ou qu'on essaie de poser — à leur conscience collective, c'est celui d'une reconversion au catholicisme. Au lendemain de la Révolution en effet, une grande partie du Bassin parisien a sombré dans l'indifférence religieuse; le Consulat et l'Empire n'ont mis souvent en place qu'un clergé trop peu nombreux et trop médiocre pour y porter remède. L'œuvre de déchristianisation de la Révolution, violente, mais brève, a mis à jour un mal plus ancien. Non seulement parce que des diocèses ont été gouvernés au XVIIIe siècle par des évêques indignes, mais parce que le zèle janséniste qui s'est diffusé alors a souvent eu des conséquences plus désastreuses. Si Royer-Collard a dépeint de façon inoubliable l'exaltation biblique et l'austérité morale de la paroisse champenoise de Sompuis dans son enfance, il faut penser que ce qui peut tremper quelques âmes d'élite ou animer une petite communauté, est bien davantage susceptible de décourager la masse des fidèles. Or plusieurs diocèses du Bassin parisien, ceux de Sens et d'Orléans par exemple, ont connu cette rigueur janséniste qui éloignait les fidèles des sacrements, prêchait une morale intraitable et préparait en fait une large désaffection. Le réveil religieux qui accompagna la Restauration aboutit à confier des paroisses à de « jeunes conscrits de l'Église militante » : leur zèle se heurta à une apathie qui remontait à plusieurs générations; leur isolement relatif explique leurs essais maladroits d'étayer l'autel sur le trône et de s'appuyer sur une noblesse revenue aux pratiques religieuses. Anathématisant la Révolution athée, refusant parfois l'absolution aux acquéreurs de biens du clergé (il suffit de peu de faits de cet ordre pour provoquer une alarme générale chez des possesseurs inquiets), ils réussirent à rendre suspectes à la fois l'Église et la monarchie restaurée. Les missionnaires appelés à la rescousse ne suscitèrent pas partout des réactions violentes, mais leur échec semble à peu près général. Un certain consensus populaire, qui permettait un renouveau catholique dans l'Ouest et dans l'Est de la France, n'existait pas dans le Bassin parisien.

Si l'opposition villes-campagnes si vive dans l'Ouest ne se retrouve pas ici, les villes n'en sont pas moins des centres imprégnés de propagande libérale ou révolutionnaire : c'est là qu'on trouve commerçants et artisans en relation avec le monde extérieur, qu'on reçoit les nouvelles à l'arrêt de la diligence, que s'est fixé l'ancien révolutionnaire ou le demi-solde nostalgique du passé, qu'on commente au cabaret un journal qui est presque toujours d'opposition. Les autorités dénoncent, il est vrai, les brochures antireligieuses ou les almanachs hostiles au gouvernement, qui par les colporteurs pénètrent jusqu'au fond des campagnes. L'efficacité de cette propagande est cependant moindre que celle qui s'exerce dans les contacts permanents d'une petite ville. Les vallées sont aussi des axes de pénétration des idées nouvelles : c'est ainsi que les enquêtes religieuses du diocèse de Versailles opposent aux « bonnes » régions que sont la Beauce, le cœur du Vexin, une partie du plateau de France, la plaine de Montmorency, les vallées des rivières au sud de Paris : Juine, Essonne, Orge, vallée de la Seine après Meulan. Zones plus anciennement déchristianisées que les plateaux, les vallées continuent aussi à recevoir plus vite les idées nouvelles. Ce sont gens de la vallée de la Loire et du Cher que les vignerons de Paul-Louis Courier, tels ceux du village de Luynes que leurs propos font incarcérer arbitrairement en 1816 et dont il prit la défense. C'est l'influence des mariniers de l'Yonne qui fait d'Auxerre, sous la monarchie de Juillet, un centre républicain; c'est celle des mariniers de la Marne qui, à la veille de 1848, diffuse en Champagne les idées socialistes venues de Paris.

Décadence de la foi chrétienne, décadence corrélative des mœurs signalée à l'envi par les enquêtes ecclésiastiques et les rapports des préfets de la Restauration (progrès de l'ivrognerie, « il n'est plus de jeune fille qui monte pure à l'autel », etc.); pourtant le peuple a un certain attachement à une religion d'« habitudes » et, dans bien des régions, il remplit l'église les jours de grande fête, bien que le nombre de pascalisants soit presque nul. Dans une région aussi déchristianisée que l'Yonne, les villageois, sous la monarchie de Juillet, exigent d'un clergé réticent un office (auquel ils n'assistent pas), précédé d'une sonnerie de cloches pour la Saint-Philippe. Taquinerie anticléricale, mais aussi note un rapport : « Pour qu'une fête soit complète, ils veulent entendre le matin le son des cloches. » Ils préféreraient peut-être les cloches sans prêtres, aux prêtres sans cloches. Mais en dépit de brusques et sporadiques violences (mises à sac de séminaires ou de presbytères au lendemain des journées de Juillet), ils ne se passeraient pas si facilement de ces curés dont souvent ils se méfient; dans l'effondrement de la foi, les superstitions demeurent, aussi bien en Beauce qu'en Bourbonnais, et le prêtre est un élément nécessaire à l'administration d'un baptême de vertu prophylactique, à la conduite de pèlerinages auprès des saints spécialistes, à la direction des processions pour déclencher la pluie...

Les réactions de ce peuple fruste des campagnes ou des villes éveillent les méfiances des classes cultivées, même quand forces populaires et bourgeoises semblent agir dans le même sens. On connaît, lors des Trois Glorieuses, à Paris, la gêne des députés devant leurs alliés. Le 30 juillet à Versailles en offre une réplique comique : à l'annonce des événements de Paris, des éléments populaires pillent un corps de garde, s'emparent de chevaux et offrent leur collaboration au maire et à la garde nationale bourgeoise d'esprit libéral. Cette dernière ne songe plus qu'à se débarrasser de ces auxiliaires et, après les avoir fatigués en marche et contre-marches, profite de leur sommeil pour les désarmer. Ces bourgeois libéraux, par contre, s'apitoient sur le sort de la garde royale; nobles du quartier Saint-Louis et bourgeois du quartier Notre-Dame s'ignoraient lors des réceptions préfectorales : paradoxalement la lutte qui les oppose pour le pouvoir les rapproche dès qu'on voit se réveiller les éléments populaires.

De tels épisodes sont, il est vrai, exceptionnels et le jeu habituel de la politique se passe au sein de l'étroite classe censitaire. Comme ailleurs, les classes dirigeantes ont, dans l'ensemble de la région parisienne, accueilli avec faveur le retour des Bourbons. Il en est ainsi en Champagne où pourtant une bourgeoisie d'acquéreurs de biens nationaux, de brumairiens, d'enrichis de l'Empire joue un rôle prépondérant. En 1814, c'est un retournement rapide, préfet en tête, et la veuve Cliquot le justifie en termes nobles : « Purifiés par une série de malheurs et de privations, nous sommes enfin redevenus dignes d'être gouvernés par notre ancienne maison de France. » Certes cet enthousiasme initial subira par la suite bien des fluctuations. Sans suivre les variations de l'esprit public dans l'ensemble de notre région, essayons de faire le point après la chute de Villèle. On sait que la Chambre élue en 1827, qui causa cette chute, vota en 1829 la célèbre adresse des 221 où elle exprimait sa défiance au ministère Polignac et que cette adresse est le point de départ de la révolution de 1830. En comptant les votes des dix-sept départements[1] (Seine non comprise) qui forment notre région, on constate que le ministère conserve la majorité parmi les députés élus par les collèges départementaux (22 contre 10) mais que tous les députés des collèges d'arrondissement (42) ont voté pour l'adresse à l'exception d'un député de l'Yonne (Jacquinot de Pamplune, procureur général près la cour royale de Paris). Dans la représentation de Seine-et-Oise et de Seine-et-Marne (comme dans la Seine) pas une voix de députés de département ou d'arrondissement n'a fait défaut à l'opposition et on retrouve parmi les votants les noms, célèbres depuis 1789, de la noblesse libérale : La Fayette, Lameth, Le Peletier.

Dans ces départements proches de Paris, l'action électorale des préfets n'était guère efficace. Celui de Versailles, Hervé de Tocqueville, père du célèbre écrivain, aimé de ses administrés et bien apparenté dans le département puisqu'il avait trois cousins au conseil général, en fit l'expérience en 1827. Abandonnant aux libéraux les collèges d'arrondissement, il tenta de faire élire des villélistes au collège départemental : l'un de ses candidats fut élu, mais ce fut après avoir promis avant le scrutin de passer à l'opposition.

Au total, pour l'ensemble des députés des 17 départements envisagés, l'adresse des 221 a rallié 69 % des voix tandis que pour l'ensemble de la Chambre elle en a rallié 55 %. Seule reste inconditionnellement fidèle au roi en 1829, la majorité de grands propriétaires fonciers qui domine les collèges de département : à Reims même, dont nous avons marqué le rôle industriel particulièrement important, sur 65 électeurs départementaux payant au moins 841 F de cens, on compte 21 négociants et 4 fabricants en face de 31 propriétaires fonciers, 5 fonctionnaires, un notaire, un médecin, sans doute eux aussi propriétaires.

L'abaissement du cens sous la monarchie de Juillet, et dans une certaine mesure l'évolution économique elle-même, a rendu plus complexe la structure des collèges électoraux. Rappelons les conclusions de l'analyse de G. Dupeux pour le Loir-et-Cher.

En 1847, le corps électoral de ce département pourrait être figuré par une pyramide à pointe effilée : à la base la moitié des

1. Aisne, Allier, Aube, Cher, Côte-d'Or, Eure-et-Loir, Indre, Indre-et-Loire, Loir-et-Cher, Loiret, Marne, Haute-Marne, Nièvre, Oise, Seine-et-Marne, Seine-et-Oise, Yonne.

1 947 électeurs censitaires ne paie que le quart des impôts; au sommet, 54 très grands propriétaires paient 2 000 F de cens, parmi lesquels se trouvent 23 nobles sur 113 qui sont inscrits sur les listes électorales (Vibraye, Chalais-Périgord, Saumery, Salaberry, etc.). Le total des éligibles payant plus de 500 F d'impôts est de 447, les propriétaires terriens l'emportant largement dans ce total sur les bourgeois ou manufacturiers. Les 1 400 autres (de 200 à 500 F) se répartissent en rentiers du sol (400 environ), propriétaires-paysans (400), professions libérales (94 notaires, 10 avoués, 30 avocats, 50 médecins, etc.), professions économiques (100 meuniers, 50 aubergistes, 100 boutiquiers, 50 artisans). Dans ce département groupant un morceau de Beauce, un morceau de Sologne, un morceau de Val de Loire et dont l'industrie n'est pas complètement absente, la prédominance de la propriété foncière reste bien marquée. La masse des électeurs suit les directives des notables : les grands propriétaires légitimistes n'ont plus de représentant à la Chambre depuis 1830 (où ils avaient Salaberry) mais conservent, grâce à un corps électoral plus démocratique que celui que nous venons d'analyser, des postes de conseillers généraux; grands bourgeois conservateurs et libéraux partagent avec eux l'influence politique, quitte à se faire représenter par une sorte de fondé de pouvoir : l'avocat Durand, de Romorantin, est à la Chambre celui des libéraux.

Si nous tentons de dégager pour l'ensemble des départements pour lesquels nous avons analysé le résultat des élections de 1827, quelques conclusions sur celles de 1846, on peut y relever plusieurs faits d'apparence contradictoire.

Tout d'abord il n'y a pas pour l'ensemble de ces départements de grand courant d'opinion. La propagande démocratique de quelques notables n'a guère pour résultat que de les mettre au ban de la bonne société : George Sand et son ami l'avocat Michel, de Bourges, l'expérimentent en Berry. La presse locale, où habituellement s'opposent un organe d'opposition et un journal de la préfecture, ne sort guère de polémiques mesquines ou de questions de personnes. Cependant on peut citer des cas de véritables luttes d'idées politiques à l'occasion des élections : dans l'Yonne, les deux circonscriptions du nord, Auxerre et Joigny, ouvertes aux influences venues de la capitale prennent parti pour ou contre le libéralisme très teinté de bonapartisme de Larabit ou les idées quasi républicains du pamphlétaire Cornemin. A Reims s'opposent le ministériel Chaix d'Est Ange, député sortant, et le journaliste libéral Faucher : celui-ci l'emporte grâce à l'appui du journal de l'évêque Mgr Gousset, *la Champagne catholique*, qui réclame la liberté d'enseignement; or, Chaix d'Est Ange ne l'a pas appuyée à la Chambre. Ailleurs, on continue à faire confiance à un homme ou à un clan. Le meilleur exemple est celui des La Fayette : le général est mort en 1834, mais le château de la Grange près de Rozay-en-Brie, considéré comme un haut lieu du libéralisme, réunit les membres de sa famille. Leur prestige est certain dans des circonscriptions parfois lointaines et, en Seine-et-Marne même, Coulommiers et Meaux envoient à la Chambre Georges et Oscar, fils et petit-fils du héros des Deux-Mondes.

Dans de nombreuses circonscriptions pourtant, on cherche à défendre ses intérêts en élisant des fonctionnaires, en particulier des conseillers d'État, des directeurs de ministères, des magistrats, des ingénieurs des Ponts et Chaussées. Le pourcentage de fonctionnaires élus est, dans nos départements, de 36 %, un peu inférieur à la moyenne nationale (40 %). D'autre part les élus représentants directs des intérêts économiques sont peu nombreux mais ce sont des gens efficaces que les maîtres de forges qui représentent l'Yonne, la Haute-Marne, la Nièvre, le Cher, tandis que Châteauroux délègue le fabricant de draps Muret de Bort, Corbeil un négociant de grains en gros, Senlis un maître de poste...

Il y a cependant un trait qui marque dans ces élections de 1846, une relative originalité politique du Bassin parisien : tandis que la France dans son ensemble nomme 291 ministériels et 168 opposants, il n'envoie en comptant en faveur du ministère Guizot tous les douteux que 44 ministériels contre 36 opposants. Si l'on ajoute que Paris a élu 3 ministériels et 11 opposants, on trouve pour ou contre le ministère 47 députés de part et d'autre. Les courants d'opinion venus de Paris, pénètrent donc dans la bourgeoisie censitaire du Bassin parisien. Tendant à la formation d'une conscience politique nationale, ils s'y heurtent certes aux intérêts ou aux habitudes locales, image sur le plan politique, du mélange d'attraction et de répulsion que, dans ces années de transition, suscite l'influence croissante de la grande capitale.

9

Paris

1. Paris vers 1815

Paris en 1815 demeure enserré par l'enceinte des Fermiers généraux. C'est un simple mur d'octroi en bois de 3,30 m de haut ne s'interrompant que pour les entrées fluviales de la Râpée et des Invalides et percé de 52 entrées terrestres. Certaines de ces « barrières d'octroi » ont conservé les bureaux de perception dus à Ledoux qui avait rêvé d'en faire les « Propylées de Paris ». Si l'on reporte le tracé de cette enceinte dans le Paris actuel on voit que sur la rive droite, elle va du Trocadéro à Bercy, en passant par l'avenue Kléber, la place de l'Étoile, les boulevards de Courcelles, Clichy, Rochechouart, la Chapelle, la Villette, Belleville, Ménilmontant, Charonne, Picpus et Reuilly; sur la rive gauche, du boulevard de Grenelle à celui de l'Hôpital par les boulevards Garibaldi, de Vaugirard, Edgard-Quinet, Raspail, Saint-Jacques, d'Italie, soit au total 24 km sur les deux rives. La superficie délimitée par ce périmètre n'est que de 3 440 ha, le tiers du Paris actuel; elle demeurera presque inchangée jusqu'à l'absorption des communes suburbaines en 1860.

La Restauration à partir de 1823 fit disparaître le mur d'octroi, mais la monarchie de Juillet décida de fortifier à nouveau la capitale. Une loi de 1841 dota Paris d'une enceinte continue qui engloba aussi les communes limitrophes, Auteuil, Passy, Batignolles, Montmartre, La Chapelle, La Villette, Belleville, Charonne, Bercy, Vaugirard, Grenelle. Cette enceinte construite de 1841 à 1845 avait 36 km et était flanquée de 94 bastions; en outre 17 forts détachés en défendaient les approches. Protection contre un

Paris en 1828

(Bibliothèque historique de la ville de Paris).

éventuel envahisseur qui avait cruellement manqué à la fin de l'Empire, assuraient Thiers et Guizot pour une fois d'accord; menace contre les Parisiens insinuaient des hommes de l'opposition.

Quoi qu'il en soit, la ville ne présentait pas un tissu urbain homogène. Il existait tout d'abord un déséquilibre entre rive droite et rive gauche, la seconde ne dépassant que de peu 200 000 habitants, quand la première atteignait le demi-million. Surtout l'extension historique de la ville par cercles concentriques y avait laissé sa marque : un centre peuplé de façon dense s'opposait à une périphérie présentant des zones d'habitat discontinues. Le noyau central, réparti sur les deux rives, s'arrêtait au nord à la ligne des Grands Boulevards; sur la rive gauche il ne dépassait pas vers le sud une ligne allant de la Bourbe (Port-Royal) au boulevard des Invalides.

Au cœur de la ville subsistaient les îles de la Cité, Saint-Louis et Louvier, cette dernière reliée par un pont à la rue du Petit-Musc, les deux autres étant unies entre elles par le pont Saint-Louis construit en 1803. La cité renfermait Notre-Dame et à l'est le palais de l'archevêché qu'une émeute mit à sac en 1831, le Palais de Justice, de multiples églises. Napoléon y avait établi la préfecture de Police et fait dégager le parvis de la cathédrale. La cité avait gardé ses masures médiévales au toit pointu, son labyrinthe de ruelles qu'Eugène Sue évoque dans *les Mystères de Paris :* « Les maisons couleur de boue, percées de quelques rares fenêtres aux chassis vermoulus se touchaient presque par le faîte, tant les rues étaient étroites. De noires, d'infectes allées conduisaient à des escaliers plus noirs, plus infects encore et tellement perpendiculaires que l'on pouvait à peine les gravir à l'aide d'une corde fixée aux murailles humides par des crampons de fer. »

Entre la préfecture de Police et le Palais, les cabarets borgnes ou « tapis-francs » pullulent et les bourgeois n'osent s'y aventurer la nuit. D'autres quartiers assez proches ont une réputation exécrable, en des lieux où une police moderne ne tolérerait guère leur implantation : que l'on quitte la cité par le Pont-Neuf occupé par des marchands de friperie et de friture, qu'on contourne le Louvre et on trouve entre ce palais et celui des Tuileries le quartier du Carrousel, dédale de ruelles entre de vieux hôtels, des chantiers de démolition, des baraques de marchands d'oiseaux, des terrains vagues où opèrent escamoteurs, tondeurs de chiens et arracheurs de dents. La reine Marie-Amélie se plaindra de ne pouvoir sortir des Tuileries sans être grossièrement apostrophée. Au nord du jardin cependant, la rue de Rivoli percée pendant l'Empire est l'amorce d'un quartier rénové qui la joint à la rue Saint-Honoré et à la Madeleine, mais demeure, y compris l'église, un vaste chantier. Le Palais-Royal plus à l'ouest garde une partie de son lustre, avec ses galeries d'objets précieux, ses restaurants célèbres, Very et les Frères provençaux, ses cafés comme le café Foy, mais aussi ses tripots, ses prostituées, foule composite où se perdent « tous les irréguliers de Paris ».

Au nord, Paris demeure riche en contrastes : quelques rues plus éclairées, la rue Richelieu, la rue Croix-des-Petits-Champs présentent des hôtels particuliers entre cour et jardin, des commerces de bijouterie et d'articles de Paris (les boutiques de luxe ouvrent souvent non sur la rue elle-même, mais sur les passages dont c'est la grande mode, explicable parce que les piétons y flânent à l'abri des voitures et de la boue : le premier, le passage des Panoramas fut ouvert en 1800; il y en avait, vers 1840, une centaine), des restaurants réputés, tel plus près des Halles dans la rue Montorgueil le célèbre *Rocher de Cancale*. Mais à l'emplacement de notre actuelle avenue de l'Opéra c'est la butte des Moulins avec ses rues sordides occupées par des industries malpropres et lieu d'élection des marchandes à la toilette et des prostituées selon Balzac. Le quartier des Halles lui-même n'a pu être rénové par l'empereur qui s'est contenté de doter la Halle au blé d'une coupole de fer et de construire le marché des Prouvaires. Les transactions ont toujours lieu en partie à l'emplacement de l'ancien cimetière des Innocents où les maraîchers accèdent par des rues étroites. Seules les rues Saint-Denis et Saint-Martin plus larges, semées de boutiques, font communiquer Paris avec la banlieue nord. Ce n'est que depuis l'Empire que la première aboutit à la place du Châtelet dégagée dans la vieille forteresse médiévale. Entre les Halles et la Seine, se trouvent, nous dit encore Balzac, « comme les entrailles de la ville... Il y grouille un nombre infini de marchandises hétérogènes et mêlées, puantes et coquettes, le hareng et la mousseline, la soie et les miels, les beurres et les tulles... »

En bordure de Seine, devant l'Hôtel de Ville, la place de Grève qu'aucun quai ne borde jusqu'en 1830, et qui est envahie par les eaux de la Seine lors des crues.

Le quartier du Marais, que traverse la rue Saint-Antoine, longtemps la plus large de Paris, n'est plus le quartier aristocratique de jadis : dès le XVIIIe siècle une partie de ses familles ont émigré vers le faubourg Saint-Germain et la Révolution a accéléré cet exode. Des bourgeois ont acheté à bon compte les hôtels proches de la place des Vosges.

Plus à l'est, au-delà de la Bastille, où achève de pourrir et de périr sous la dent des rats l'éléphant de plâtre, asile du Gavroche des *Misérables* que le malheur des temps empêcha de remplacer par le monument définitif en bronze, se trouve le faubourg revenu après les agitations révolutionnaires à l'ébénisterie qui fait sa gloire depuis le XVIIe siècle et aussi à la chaudronnerie. Au-delà de la barrière du Trône se trouve le cimetière privé de Picpus où de grandes familles depuis 1801 recueillent les restes des leurs, victimes de la Révolution. Mais déjà c'est la banlieue maraîchère...

La ligne des Grands Boulevards va devenir sous la Restauration le centre le plus animé de la capitale, dans ce Paris où les rues n'ont pas de trottoirs, où les voitures risquent sans cesse de heurter quelque borne, les boulevards permettent aux équipages de se déployer à l'aise, leurs contre-allées sont plantées d'arbres, munies de bancs et de chaises. Vers l'est, le boulevard du Temple plus populaire va voir les théâtres se multiplier et le succès des mélodrames romantiques en fera « le boulevard du crime ». Le boulevard des Italiens, plus aristocratique, est fréquenté par des dandys, possède des cafés et des restaurants renommés, le Café anglais, le Café de Paris, la Maison dorée, Tortoni.

Au-delà des boulevards, l'habitat continu se présente en tentacules le long des routes d'accès à la capitale ou en îlots. Par exemple, dans le nord-est de la ville, on trouve la première disposition le long des rues du faubourg Saint-Denis et du faubourg Saint-Martin et même de la rue de la Grange-aux-Belles, bien qu'elle soit, par vent favorable, empuantie par les odeurs du charnier de Montfaucon, énorme dépôt de charognes et d'immondices. Les îlots construits sont de caractère bien différents, tels ceux voisins de la Chaussée d'Antin et de la Petite Pologne : le quartier de la Chaussée d'Antin a commencé à être construit sous Louis XVI, il est devenu la résidence favorite des banquiers du Directoire et du Consulat, et attire maintenant les gens du monde ou les artistes consacrés. La Petite Pologne entre la rue de la Pépinière et la rue du Rocher, est un cloaque de vieilles masures et de baraques, abri misérable de chiffonniers, de ferrailleurs, d'immigrés.

Mais l'ensemble de la périphérie de Paris sur la rive droite présente un paysage varié de marais, de terrains vagues, de champs (on moissonne dans la plaine Monceau), de pâturages à chèvres, à moutons ou même à vaches — qui atteignent la Seine au sud des Champs-Élysées. Des maisons de « nourrisseurs » et de meuniers subsistent, alternent avec de grands enclos monastiques déserts dont le plus étendu est l'enclos Saint-Lazare entre le faubourg Poissonnière et le faubourg Saint-Denis, avec des parcs, eux aussi ceints de murs, comme le parc Monceau rendu en 1815 à la famille d'Orléans. On y trouve d'anciennes « folies » du XVIIIe siècle devenues des lieux publics comme Tivoli, jardin qui connut une grande vogue sous la gestion de l'artificier Ruggieri, la folie Beaujon, parc d'attractions, la folie Marbeuf, bal public.

Cependant la rue Saint-Honoré a été prolongée au XVIIIe siècle jusqu'au-delà de l'actuelle avenue Marigny par de magnifiques hôtels (l'Élysée, ancienne demeure de la Pompadour). Les jardins de ces hôtels bordent la rive nord de nos Champs-Élysées, alors avenue de Neuilly, rendez-vous des équipages à la mode et des cavaliers qui se rendent à l'Étoile où l'on érige l'Arc de Triomphe. Mais le Carré Marigny est le domaine des bateleurs, l'allée des Veuves (notre avenue Montaigne) est peu sûre, les rues désertes entre les Champs-Élysées et la Seine abritent des guinguettes, mais aussi des cabarets souterrains où ne s'aventurent pas les honnêtes gens.

La rive gauche offre de pareils contrastes : pour la relier plus étroitement à la rive droite, Napoléon a créé trois ponts supplémentaires (pont d'Iéna, pont des Arts, pont d'Austerlitz) qui s'ajoutent aux 7 déjà existants. Mais le pont Saint-Michel ne débouche au sud qu'aux tortueuses rues de la Harpe, de la Huchette et Saint-André des Arts, celle-ci confluant avec la rue Dauphine, exutoire du Pont-Neuf, au très encombré carrefour de Buci. Le quartier Latin, peuplé d'étudiants et de petits rentiers, ne dépasse guère les pentes de la montagne Sainte-Geneviève. On trouve des zones moins densément peuplées, l'impasse des Feuillantines, où Victor Hugo vécut son enfance, avec des jardins dont le Luxembourg plus vaste qu'aujourd'hui, mais fermé sauf aux propriétaires riverains qui en possèdent une clef. Plus au sud, le boulevard Mont-Parnasse a des bals où se retrouvent étudiants et grisettes : la Chaumière, le Moulin de beurre, et, plus tard, la Closerie des Lilas. C'est de là que part la rue d'Enfer où Mme de Chateaubriand a fondé l'infirmerie Marie-Thérèse et que le grand écrivain habite ainsi que le doctrinaire Royer-Collard. Mais à l'est entre le faubourg Saint-Jacques et les bords de la Seine où la Halle aux vins, les ports aux coches d'eau, aux vins et aux bois voisinent avec le jardin des Plantes, s'étend le misérable faubourg Saint-Marceau avec des garnis, dont Victor Hugo a laissé une description inoubliable dans *les Misérables*. Peu à peu vers le sud les maisons sont plus disséminées, les rues deviennent des chemins et la Bièvre serpente dans le Champ de l'Alouette où les lavandières lavent leur linge. Ce n'est plus possible en aval, au pont des Gobelins, où l'eau est souillée de résidus de teinture des fabriques.

A l'ouest de la rive gauche entre la rue de Seine, les Invalides, la rue de Vaugirard, s'étend le faubourg Saint-Germain : les riches hôtels du XVIIIe siècle ont souffert de la Révolution, mais sont souvent réoccupés par l'ancienne noblesse; des députés des départements désireux d'être à proximité du Palais-Bourbon, de hauts fonctionnaires pour habiter près de leur ministère y demeurent également. Sa richesse est éclipsée par les nouveaux quartiers à la mode de la rive droite, mais il garde son prestige. Au-delà des Invalides, la plaine de Grenelle demeure vouée aux manœuvres et aux revues militaires.

Tel est ce Paris qui ne se modifie guère de la fin de l'Ancien Régime à la seconde République. Ses contrastes étonnent les voyageurs étrangers : ses palais, ses monuments, ses multiples églises sont enchâssés dans des quartiers où voisinent maisons à pignons, maisons à tourelles, bâtisses plates ou ventrues, maisons de pierre, de brique, de bois, de torchis, au fil de rues où le ruisseau central (ce ruisseau de la rue du Bac dont Mme de Staël exilée gardait la nostalgie!) qui doit être franchi en cas d'orage avec l'aide d'un robuste Savoyard, écoule des immondices. De médiocres lampes à huile n'éclairent ces rues que par les nuits sans lune. « L'Auvergnat » approvisionne le bourgeois en eau de Seine, car les fontaines sont insuffisantes; les égouts sont rares et les tombereaux qui assurent la voirie ne peuvent passer partout. Le choléra de 1832, meurtrier surtout dans les classes populaires, fit prendre conscience de l'insalubrité d'une ville, plongée dans un presque perpétuel brouillard, où « l'atmosphère des rues crache des miasmes cruels en des arrière-boutiques où l'air se raréfie... Les quarante mille maisons de cette grande ville [1] baignent leur pied en des immondices... La moitié de Paris couche dans les exhalaisons putrides des cours, des rues et des basses œuvres ». Et pourtant le même Balzac, si sensible aux contradictions du Paris de son temps, proclame : « Paris n'est-il pas un sublime vaisseau chargé d'intelligence... [Il] porte un équipage immense... Ce sont mousses et gamins riant dans les cordages; lest de lourde bourgeoisie; ouvriers et matelots goudronnés; dans ses cabines, les heureux passagers, d'élégants midshipmen fument leurs cigares penchés sur le bastingage; puis, sur le tillac, ses soldats, novateurs ou ambitieux vont aborder à tous les rivages... »

2. La population parisienne dans la première moitié du XIXe siècle

A la stabilité relative du cadre urbain, s'oppose la croissance rapide du nombre des habitants attestée par les chiffres suivants :

1801	547 000 habitants	
1811	623 000 habitants	
1817	714 000 habitants	
1831	786 000 habitants	(861 000 avec la petite banlieue)
1836	866 000 habitants	(969 000 avec la petite banlieue)
1841	936 000 habitants	(1 060 000 avec la petite banlieue)
1846	1 054 000 habitants	(1 227 000 avec la petite banlieue)

1. En fait guère plus de 29 000.

Cet accroissement atteint donc près de 93 % de la population de 1801 au cours des 45 années qui suivirent. Le taux en serait encore plus élevé, du moins à la fin de la période, si l'on prenait en considération les chiffres de la capitale et de la petite banlieue : de 1831 à 1846, au lieu d'un accroissement de 20 % pour la capitale seule, on aurait un accroissement de plus de 26,5 %. Ce phénomène d'augmentation rapide de la population de la capitale succède à une régression pendant l'époque révolutionnaire.

L'excédent des naissances sur les décès ne saurait l'expliquer : pendant la période de 1831 à 1846, cet accroissement naturel est de 36 000 individus environ pour un gain total de 268 000. En retranchant le premier chiffre du second on obtient l'immigration différentielle, excédent de l'immigration à Paris sur l'émigration de Paris vers la province. Or, celle-ci, dont les principaux postes sont le départ des jeunes enfants en nourrice et celui des retraités qui vont achever leur existence en province, est loin d'être négligeable. Louis Chevalier en étudiant la pyramide des âges l'a estimée à environ 30 000 personnes en 5 ans. Ce calcul permet de fixer l'immigration réelle : elle se situerait à 22 000 arrivées par an de 1831 à 1836, 16 000 de 1836 à 1841, 25 000 de 1841 à 1846.

Certes au gré des conjonctures politiques, les mouvements de population varient : le dénombrement de 1817 est gonflé par le retour des démobilisés; celui de 1831 porte la trace des départs d'habitants de Paris effrayés par la révolution. Mais ni le choléra de 1832 qui fit plus de 44 000 victimes, ni les premières années sans cesse troublées du régime de Juillet n'ont freiné l'afflux vers Paris. Il faut la crise de 1846-1847 puis la révolution de 1848 pour qu'on trouve en 1851 un chiffre de population légèrement inférieur à celui de 1846 : simple palier d'ailleurs dans une croissance qui va se poursuivre dans la seconde moitié du siècle.

Ce grand mouvement d'immigration, s'il comprend des éléments bourgeois, affecte avant tout les prolétaires et renouvelle les couches populaires de la capitale. L'aire de départ essentielle, ce sont les provinces au nord de la Loire : d'abord les départements les plus proches de la capitale, puis le Nord, la Champagne, la Bourgogne, une partie de la Lorraine. Vers l'Ouest le drainage ne se fait guère au-delà de la Normandie. Au sud de la Loire l'apport essentiel est auvergnat, venant surtout du Cantal : il y prend la forme d'un départ collectif, et à l'origine était avant tout une migration saisonnière d'ouvriers du bâtiment allant travailler l'été à Paris; mais de plus en plus dans ce courant s'accroît le pourcentage des éléments qui se fixent à Paris. Contrairement aux immigrants individuels du Nord ou de l'Est qui proviennent surtout de milieux urbains, les Auvergnats passent directement de leur village à la capitale. Par ailleurs, des étrangers, Allemands, Flamands ou Suisses, sont aussi attirés par le foyer d'immigration parisien. Des salaires jusqu'au milieu du siècle supérieurs à ceux de la province, surtout un marché de travail dont l'ampleur et la variété semblent devoir échapper aux crises d'emploi sont parmi les causes essentielles de cet afflux.

Il en résulte pour Paris un véritable renouvellement ethnique, bien qu'il semble y avoir reprise de courants déjà sensibles au XVIIIe siècle. Des sondages effectués dans divers quartiers de Paris montrent à la fin de l'Ancien Régime l'importance des non-Parisiens d'origine et révèle déjà des apports dominants de l'Ile-de-France et de l'Est. En tout cas, le Parisien typique de l'époque romantique est d'une taille au-dessus de la moyenne, blond, avec des yeux bleus.

Les nouveaux venus conservent leurs solidarités provinciales et à certains égards, Paris paraît une juxtaposition de populations étrangères les unes aux autres. Les Bourguignons, maîtres de l'entrepôt de Bercy et du commerce des vins, forment à Bercy même un groupe d'habitat compact; « les porteurs d'eau auvergnats vont à la musette... jamais au bal français... Ils restent isolés comme les Hébreux de Babylone. » Parfois de brutales rivalités villageoises éclatent en plein Paris et parfois les solidarités compagnonniques contractées lors du tour de France y provoquent des rixes sanglantes.

En résumé, toute une population d'éléments jeunes, provenant pour partie des populations rudes et belliqueuses de l'Est, vit en marge des vieux Parisiens, campant en garni, ou vivant en concubinage, ayant répudié la morale collective qui, en province, refrénait les instincts. C'est dans les vieux quartiers surpeuplés qu'ils s'entassent : près de l'Hôtel de Ville, des Halles, de la rue Saint-Denis, ou des faubourgs Saint-Jacques et Saint-Marceau. La densité y est telle que le quartier des Arcis a un habitant par

7 m², celui des Marchés (malgré l'espace consacré aux Halles) 1 par 8 m². Cette accumulation dans de sordides masures constitue en soi un « état pathologique »; qu'une crise économique se déclenche, la misère fait glisser une partie de ces déracinés vers les classes dangereuses, qui vivent en marge de la loi; qu'une émotion politique se propage, elle s'amplifie en émeute menaçante non seulement pour le gouvernement, mais pour la propriété. Les termes de « Barbares », viennent naturellement sous la plume des intellectuels, même animés de l'esprit de charité d'un Frédéric Ozanam. Et ils inspirent une hostilité annonciatrice des journées de juin 1848 au garde national bourgeois et parisien.

3. La politique urbaine de la Restauration et de la monarchie de Juillet

L'administration de Paris reste, jusqu'en 1834, celle fixée par les lois du Consulat : deux préfets, le préfet de police et le préfet de la Seine, chargé le premier du maintien de l'ordre, le second des tâches de gestion, mais souvent en fait en conflit d'attributions. Le conseil général de la Seine de 24 membres, choisi par le pouvoir parmi les notables, les assiste aussi bien en ce qui concerne la ville que le département. La capitale est divisée en 12 arrondissements, chacun doté d'un maire, personnage décoratif dépourvu de toute autorité effective; les arrondissements sont subdivisés en 4 quartiers (les anciennes sections de la Révolution). La loi du 20 avril 1834 crée un conseil municipal élu ou plutôt forme un conseil municipal de ceux des conseillers généraux de la Seine qui sont élus par la ville proprement dite (3 par arrondissement soit 36 au total, sur les 48 élus du département). Cette élection est faite par un corps électoral où les électeurs censitaires de la Chambre sont renforcés de quelques catégories assez minces de « capacités » (membres de l'Institut, professeurs du Collège de France, docteurs en médecine, etc.). L'essentiel du pouvoir reste aux mains du préfet de la Seine, mais la discussion du budget par un pouvoir élu, la qualité même des élus (Arago, Laffitte, Périer, Ganneron, etc.) font que le préfet de la Seine de la fin de la monarchie de Juillet, le Bourguignon Rambuteau (1833-1848), eut les coudées moins franches que son prédécesseur du temps de la Restauration, l'Auvergnat Chabrol de Volvic (1812-1830).

Celui-ci se heurtait à d'autres obstacles : l'Empire finissant avait dilapidé les ressources de la ville et il fallut emprunter pour subvenir aux charges de l'occupation alliée. Chabrol liquida au mieux cette situation désastreuse. Mais ce major de Polytechnique eut aussi le mérite de continuer l'œuvre napoléonienne. S'il renonça aux rêves grandioses qui n'étaient qu'ébauchés sur le papier, il maintint dans une période difficile les chantiers ouverts, de la Madeleine aux abattoirs ou à la Halle au vin. Chabrol était conscient du rôle d'incitation économique des grands ouvrages publics qui procurent « à une classe nombreuse d'habitants des travaux qui leur sont nécessaires et qui servent, en outre, à ranimer l'activité de la circulation sans laquelle il ne peut exister d'aisance dans une grande population »; il l'était aussi de la nécessité d'une politique monumentale « dont profite tout le pays car cette multitude d'étrangers que nos arts attirent, en France, y déposent une partie de leurs richesses ». Il aurait voulu déblayer largement dans le vieux Paris en confiant l'ensemble des travaux à une société de capitalistes : il dut se contenter de réalisations plus modestes (encore qu'il développa systématiquement les trottoirs, les quais et qu'il réunit par le canal Saint-Martin la Seine au canal de l'Ourcq). En fonctionnaire autoritaire, il se serait volontiers affranchi des indemnités d'expropriation, prétendant qu'un immeuble soumis à l'alignement par l'élargissement de la rue prenait davantage de valeur. Les gouvernements de la Restauration étaient trop respectueux de la propriété privée et des formes légales pour le suivre.

Sous l'administration de Chabrol des capitalistes s'associent pour créer de nouveaux quartiers dans les vides existant entre la ligne des boulevards et la périphérie de la capitale. Le préfet favorisa ces entreprises à condition que ces lotissements respectassent certaines normes : rues de 10 m de largeur au moins et bordées de trottoirs, pavage et éclairage installés aux frais des promoteurs. La fièvre de construction entre 1824 et 1827 provoqua une vive hausse des salaires dans le bâtiment et un afflux d'ouvriers provinciaux dans cette branche d'activité. Parmi les capitalistes participant à ces diverses entreprises, on trouve des banquiers comme Laffitte, des architectes dont l'un, Constantin, omniprésent finit par se ruiner, mais aussi le duc de Bassano, Dosne, le beau-père de Thiers, et Mme Hamelin, l'ex-merveilleuse. Ainsi furent amorcés différents quartiers de Paris : celui de l'Europe traversé en 1835 par la tranchée du chemin de fer de Saint-Germain aboutissant à la gare Saint-Lazare; le quartier Poissonnière, près duquel se fixa la Gare du Nord en 1846; le quartier Beaujon qui absorba le parc d'attractions tombé en déconfiture en 1825; le quartier Saint-Georges qui continuait vers Clichy, celui de la Chaussée d'Antin; le quartier François-Ier, dans la zone mal famée proche de l'allée des Veuves où le colonel de Brack fit transporter pierre par pierre et reconstruire depuis Moret une maison Renaissance pour Mlle Mars, geste d'amour et de publicité. Le développement de ces quartiers neufs fut moins rapide que les spéculateurs ne l'avaient escompté et, à l'exception du quartier Saint-Georges, prôné par Dosne, peut-être parce qu'il était contigu à un quartier déjà apprécié, peut-être parce que Thiers obtint pour lui quelques complaisances officielles, ces nouveaux noyaux urbains ne consistaient encore en 1848 qu'en maisons isolées. D'ailleurs cette politique du logement accentuait une ségrégation sociale déjà amorcée et que le Paris d'Haussmann consacrera : ce sont les riches du centre et de l'est de Paris qui s'installent dans ces quartiers plus luxueux du nord ou de l'ouest, quartiers abrités des fumées et des mauvaises odeurs que les vents dominants rabattent sur le Marais ou le faubourg Saint-Antoine.

Le comte de Rambuteau n'était dépourvu ni de cœur (il s'intéressa de près aux soins donnés dans les hôpitaux et à leur gestion) ni de finesse. Si l'on en croit ses *Mémoires* il aurait eu pour programme de donner aux Parisiens « de l'eau, de l'air, de l'ombre ». En ce qui concerne l'eau, ce fut par l'exploitation des puits artésiens, la multiplication des fontaines, par les installations à domicile, sans grande adduction nouvelle, que s'exerça son action; pour l'air, il semble avoir surtout lutté contre les mauvaises odeurs en réorganisant le service de voirie et en transportant les immondices en forêt de Bondy au lieu de Montfaucon, en créant des rues bombées qui supprimeraient le ruisseau central et son odeur de « choux pourris », en faisant construire chaque année 7 ou 8 km d'égouts cimentés; pour l'ombre, il fut un enragé planteur d'arbres. Sur d'autres points il continua l'œuvre de Chabrol : celui-ci avait introduit l'éclairage au gaz; son successeur porta les 63 becs de 1830 à 8 600 en 1848. Rambuteau comprit certains grands problèmes : le rôle des villages de banlieue qu'il unit par des rocades; la nécessité de réorganiser les Halles, pour lesquelles il approuva les projets de Baltard qui seront réalisés sous le second Empire; il tenta de dégager le quartier par la construction de la rue qui porte son nom. Mais Rambuteau était un « budgétaire ». La nécessité de grands travaux financés par le crédit, lui échappait. Ce sont les économies d'une stricte gestion qu'il utilisait aux améliorations de la capitale. Aussi son œuvre reste mesquine : il continue la rue Soufflot faite avant lui en la rétrécissant. Cette rue Rambuteau, dont il est fier, n'a elle-même que 13 m de large!

Hors de toute action officielle, les Parisiens aspirent à plus de mobilité. L'habitant qui n'a quitté son quartier qu'en des circonstances extraordinaires se raréfie. En 1820, la Compagnie de messageries Laffite et Caillard imagina de relier Paris et la banlieue par des voitures allégées pratiquant des horaires fixes. En 1828 apparaissait le premier omnibus, le *Madeleine-Bastille;* son extraordinaire vogue amena toute une floraison de compagnies rivales : Écossaises, Dames blanches, Hirondelles, Favorites, etc. Les années suivantes virent l'implantation des premières gares : la gare Saint-Lazare ouverte en 1837 n'était conçue que comme une installation provisoire; on pensait alors prolonger le rail jusqu'à la place de la Madeleine dont on songea même à utiliser l'église comme gare définitive. En 1840, fut choisi l'emplacement de la gare du Nord sur une partie de l'ancien enclos Saint-Lazare, à proximité du grand axe de circulation qu'était la dépression entre butte Montmartre et butte Chaumont. On plaça hors de l'enceinte de Paris la gare des marchandises et les ateliers.

L'œuvre monumentale se poursuit : Napoléon l'avait souvent liée à des vues civiques et associée à un programme de fêtes. La Restauration s'engagea d'abord dans cette voie : une chapelle expiatoire rappela le cimetière où furent enterrés Louis XVI et Marie-Antoinette, un Henri IV dont le bronze fut fourni par deux statues de l'empereur fut érigé sur le Pont-Neuf, le Louis XIV de Bosio orna la place des Victoires et, bien entendu, des rues furent rebaptisées. Mais il y eut vite une sorte de gêne à organiser des fêtes populaires dans un Paris peu loyaliste. La monarchie de Juillet eut des velléités de revenir aux traditions antérieures : l'écrivain viennois Grillparzer décrit avec verve la fête de la Saint-Philippe, prétexte à des spectacles patriotiques et populaires gratuits en plein air aux Champs-Élysées; le ministère Thiers fit inaugurer solennellement la colonne de Juillet à la Bastille et le transfert des restes des victimes des Trois Glorieuses y fut escorté d'un immense cortège au son d'une marche funèbre exécutée par plusieurs centaines d'instrumentistes et de choristes et commandée par Rémusat à « un homme d'esprit que quelques amis appelèrent un muscien de génie » (il s'agissait de la *Symphonie funèbre et triomphale* de Berlioz!). Le retour des cendres de Napoléon donna lieu à une fête solennelle. En 1836 on avait pu enfin inaugurer l'Arc de Triomphe rendu à sa destination première. Au même moment, fut achevée la place de la Concorde. Louis-Philippe trouva sage de renoncer pour elle à toute commémoration susceptible d'être contestée. L'obélisque envoyée par Méhémet Ali se trouva providentiellement là pour y dresser sa présence apolitique.

Tout n'est pas au point de vue artistique négligeable dans l'œuvre monumentale accomplie dans la capitale de 1815 à 1848. L'Arc de Triomphe, par exemple, couronne dignement une admirable perspective. Mais il est frappant que cette époque (où l'on a, avant Haussmann, détruit bien des joyaux des siècles antérieurs à la grande indignation de Chateaubriand et d'Hugo) n'a pu trouver un style propre : la Madeleine de Vignon enfin ouverte en 1842, ainsi que la Bourse de Brongniart achevée en 1826, sont d'un néo-classicisme lourd et composite. Les nouvelles églises de style néo-romain de Notre-Dame de Lorette (Lebas) ou de Saint-Vincent-de-Paul (Hittorf) demeurent banales. Les fontaines monumentales de Visconti (celle des Évêques de la place Saint-Sulpice, celle des Fleuves du square Louvois) sont académiques. A la fin de la période, la mode est au néo-gothique: Viollet-le-Duc restaure Notre-Dame et l'Allemand Gau commence en 1841 à ériger la froide Sainte-Clotilde.

4. La société parisienne

Analysant de façon critique et comparant entre elles les sources qui peuvent nous éclairer sur la situation matérielle des Parisiens, Mlle Daumard a pu dresser la pyramide des fortunes en 1820 et en 1847, largement révélatrice de la hiérarchie des conditions sociales.

Cette pyramide « repose sur une large base de pauvreté ». Compte tenu des successions qui ne donnent lieu à aucune déclaration, 79,1 % des défunts en 1820, 80,6 % en 1847 laissent moins de 500 F à leur mort; 4,1 % dans les deux années considérées, de 500 à 2 000 F. Le nombre des Parisiens enterrés aux frais de la collectivité (81 % de 1821 à 1826, 73 % de 1829 à 1848) ou dans la fosse commune (78,6 %) confirme l'impression que de larges couches de la population sont proches de l'indigence. Et si l'on veut quelque peu corriger ces chiffres c'est en tenant compte du fait qu'en moyenne les pauvres meurent plus jeunes que les membres des classes aisées. D'autres indications sont fournies par les loyers dont, en 1817, 76,9 % sont inférieurs à 400 F, 52,5 % inférieurs à 150 F (ces derniers sont jugés alors par la loi l'indice d'une indigence qui échappe à l'impôt). D'une manière générale, on peut conclure que les classes populaires, forment à peu près 75 à 80 % de l'ensemble de la population.

Ces masses comprennent des éléments divers : les domestiques restent nombreux, près de 65 000 d'après la statistique de 1841; les militaires forment un groupe non négligeable (en 1831, 7 % des défunts sont qualifiés de militaires) de nombreux artisans, travaillant seuls ou avec un ou deux compagnons; des boutiquiers aussi, vivant au jour le jour, en payant difficilement les échéances des avances qui leur ont été faites; le noyau le plus compact est cependant celui des ouvriers salariés.

Disposant de main-d'œuvre, de capitaux et de moyens d'accès faciles, il eût été surprenant que Paris ne fût pas devenu un centre industriel. Sous Napoléon qui professait pourtant que la capitale ne devait être « ni une grande usine ni un vaste comptoir, mais la cité des palais, un musée universel », l'essor industriel parisien est remarquable, notamment par le développement des filatures de coton. La crise de la fin, marquée par la déconfiture de Richard-Lenoir, en décèle certains aspects fragiles. Mais les activités liées au marché de consommation sont plus stables et pendant la première moitié du XIXe siècle, elles prédominent. Il y aurait eu en 1848 50 000 personnes employées aux halles, marchés et abattoirs. Sauf dans quelques postes (par exemple la fabrication des éventails) l'industrie parisienne travaille avant tout pour Paris.

Il faut tout d'abord noter l'importance considérable du bâtiment. Les ouvriers des corps qu'il emploie (maçons, charpentiers, peintres en bâtiment, couvreurs, plombiers-zingueurs, etc.) forment, lors des années fastes de la Restauration, au moins les deux tiers de l'immigration parisienne définitive ou saisonnière. A une époque de crise aussi aiguë que 1847 il demeure à Paris 41 600 ouvriers du bâtiment répartis en plus de 4 000 entreprises, soit plus de 12 % de la main-d'œuvre totale. Le rapport de chiffres des ouvriers et des entreprises montre d'ailleurs que celles-ci sont pour la plupart exiguës, artisanales, sauf quelques entreprises de charpente. Il en est de même dans beaucoup d'autres corps, dans l'alimentation où moins de 25 000 ouvriers appartiennent à plus de 3 600 entreprises; dans l'ébénisterie ou l'ameublement dont l'importance reste grande, puisqu'en 1848 elles occupent plus de 10 % de la main-d'œuvre. Les industries chimiques, en plein développement, sont plus concentrées. Mais il ne faut pas se laisser abuser par les nouvelles entreprises qui se fixent sur les bords du canal de l'Ourcq, à Pantin ou à Aubervilliers, par la célèbre usine de Javel ou la non moins célèbre raffinerie de sucre de Delessert à Passy. A côté de ces grandes entreprises, surtout banlieusardes, subsistent à Paris même une foule d'artisans, fabricants de lessives, de parfums, de produits de pharmacie ou de toilette. Les filatures de coton n'ont pas de leur côté cessé de décliner : de 67 en 1821, le nombre tombe à 12 en 1847, et ce sont des établissements modestes. Les filatures de laine, un peu plus nombreuses (16), sont aussi en difficulté. On constate le même mouvement d'émigration vers la province dans le tissage (cependant, en 1847, encore 11 % de la main-d'œuvre est employée dans le textile). Vers le milieu de la monarchie de Juillet, se dessinent les progrès des industries du verre et surtout les industries des métaux, promues à un si riche avenir; une foule d'ateliers de petite mécanique ont formé le personnel qualifié nécessaire aux premières grandes entreprises de construction de machines (Beslay et surtout Derosne et Cail, qui emploient plusieurs centaines d'ouvriers). Déjà en 1843, le département de la Seine vient au 8e rang des départements français pour le travail du fer, au 6e pour l'acier. A la même date, la Seine avec 649 machines à vapeur se classe au second rang après le Nord, au troisième, après le Nord et la Loire, pour la force développée par ces machines.

Il n'en est pas moins vrai qu'il est des types d'industries considérées à juste titre comme plus spécifiques à la capitale : l'imprimerie et la gravure, la confection — dont les exportations se développent — et surtout les articles de Paris : orfèvrerie, bronzerie, tabletterie, métiers d'art de toute sorte, de la peinture à la main de la porcelaine à la fabrication d'objets pieux, effectués dans de minuscules ateliers ou par des chambrelans travaillant seuls pour le compte d'un marchand. Ces métiers emploient-ils davantage de « vieux Parisiens »? Ils donnent, en tout cas, à la classe ouvrière parisienne une élite dont le goût de l'indépendance et de l'œuvre bien faite survivra à la révolution industrielle.

Mlle Daumard s'est efforcée, grâce à l'analyse des inventaires après décès, de fixer un seuil entre bourgeoisie et classes populaires. Elle attribue à la première 16,2 % de la population en 1820, 14,6 % en 1847. Au sein des classes bourgeoises des clivages de fortune nous permettent de distinguer les groupes suivants: 2 000 F à 20 000 F, catégorie qui comprend 8,4 % du total de la population en 1820, 6,9 % en 1847; plus de 500 000 F avec 0,3 % en 1820, 0,8 % en 1847. Ces chiffres indiquent que sous la monarchie censitaire, il y a eu à Paris une légère diminution des classes moyennes au profit d'une part du prolétariat, de l'autre des classes les plus riches.

Mais cette classification par niveaux de vie n'a rien d'un critère rigide; les traditions familiales, le genre d'occupation jouent un rôle essentiel. Il existe des boutiquiers enrichis (Balzac en montre des exemples caractéristiques) et des demi-soldes ou des avocats pauvres qui, par leurs relations, appartiennent à un milieu social supérieur, en dépit du rôle croissant de l'argent. Quant aux rentiers, ils se rencontrent à tous les niveaux avec une multitude de petits rentiers, anciens domestiques ou artisans retraités, sur le sort desquels l'archevêque de Paris en attendrissant la Chambre des pairs fit culbuter la conversion des rentes Villèle. Ajoutons que la mobilité sociale est grande, qu'on pourrait multiplier les exemples d'hommes d'origine modeste qui sont parvenus au premier plan et quelquefois retournés plus vite encore à l'obscurité.

Les artisans et les boutiquiers sont l'armature essentielle de la petite bourgeoisie. Les petits artisans sont souvent d'anciens ouvriers parvenus; des compagnons du meuble, vendant parfois aussi des meubles faits avec des bois fournis à crédit, se préparent ainsi à une mue définitive. Les boutiquiers qui semblent avoir été très nombreux, en dépit de la nouvelle concurrence des magasins de nouveautés qui apparaissent sous la Restauration (les Vêpres siciliennes, la Fille mal gardée, le Petit Saint-Thomas, etc.), trouvent un important recrutement dans les milieux provinciaux, parfois de marchands ambulants qui investissent leurs économies dans une boutique parisienne, plus souvent de simples paysans. Mais le commis de boutique rangé possède aussi une perspective d'accès au patronat en épousant la fille de son employeur.

La moyenne bourgeoisie comprend des groupes divers, son unité se scinde souvent en relations étroitement professionnelles ou de quartier : négociants, dont les entrepreneurs d'industrie sont encore le plus souvent peu distincts, architectes, médecins, membres des professions libérales (pour les notaires ou les avoués le renouvellement par les provinciaux joue très largement) et fonctionnaires de grade élevé ou moyen.

Les grosses fortunes comprennent l'ancienne aristocratie, classe amphibie qui n'occupe son hôtel parisien que l'hiver et l'été vit dans ses châteaux provinciaux où se trouve souvent l'essentiel de ses intérêts et de ses affections, du moins sous la monarchie de Juillet, de riches propriétaires d'immeubles et de terres, qui, par un genre de vie semblable, cherchent parfois à faire oublier l'origine révolutionnaire de leurs richesses; des banquiers, dont la fortune réunit les affaires les plus diverses, chemins de fer et placements immobiliers, industries et rentes. En dépit de l'ascension de Rothschild, des audaces d'un Péreire, la banque israélite est encore au second plan : les maisons protestantes aux origines souvent genevoises (Delessert, Hottinguer, etc.) jouent un rôle capital. Et nul personnage n'est plus populaire dans la bourgeoisie parisienne que l'étonnant brasseur d'affaires Jacques Laffitte, image du self-made man de ce temps, avec son sens des courants nouveaux, mais aussi son libéralisme moralisant et sa vaniteuse faconde.

Paris n'échappe pas à ce que la société du temps a de cloisonné. Les plaisirs le prouvent mieux que tout : l'ouvrier va le dimanche boire à la barrière, au-delà de l'octroi, le petit vin de Suresnes, est spectateur des luttes d'animaux à la barrière du Combat, participe à la célèbre descente de la Courtille au mardi gras; le boutiquier se tient à l'écart de plaisirs aussi grossiers et va en famille cueillir les cerises de Montmorency ou affronte les aléas des promenades à âne ou du canotage sur la Seine. Les salons, les bals mondains, l'Opéra surtout, attirent les classes supérieures. Cependant au théâtre du boulevard, à des places différentes, les diverses classes sociales se retrouvent.

5. Les Parisiens et la politique

Ce n'est qu'en 1820 et 1828 que, sous la Restauration, les électeurs censitaires parisiens peuvent être sur les listes électorales, isolés des banlieusards : à la première date ils sont 8 459, soit 11 ‰ de la population, à la seconde, 8 154 seulement par suite de la politique de dégrèvements fiscaux de Villèle. L'abaissement du cens de 300 à 200 F après la révolution de 1830, augmente le corps électoral de 36 % et ce nouveau corps électoral progressera encore de 33 % jusqu'en 1844, année où une réforme de la patente supprime 2 000 électeurs. Les listes de 1842 portent 18 138 noms, 19,4 ‰ des habitants, 22,2 ‰ si l'on compte les Parisiens inscrits en province; c'est la proportion la plus élevée de toute la France.

Dans quelle mesure ce corps électoral est-il représentatif de l'ensemble de la population de la capitale ou de son élite? On peut observer que, dès 1828, les patentés ont la majorité dans le corps électoral, si, par ailleurs, 77 % des électeurs paient l'impôt foncier. Le non-calcul de la patente dans le cens, ainsi que l'ordonnait une des célèbres ordonnances de juillet 1830, aurait privé du droit de vote le tiers des inscrits. Sous la monarchie de Juillet les listes de 1842 donnent la répartition suivante des électeurs votant dans la capitale :

Professions économiques	61,5 %
Professions libérales	10,1 %
Service public	4,5 %
Propriétaires	23,8 %

C'est donc une image de la fortune parisienne déformée par une fiscalité incapable de se calquer sur les revenus réels. De fait, à Paris, la patente est très lourde et a pour résultat de faire accéder à l'électorat une grande partie des commerçants même médiocrement fortunés (plus des 2/3 des patentés électeurs paient de 200 à 500 F de cens) : dans un corps électoral aussi étroit, se trouvaient 1 555 marchands de vin, 649 épiciers, 307 bouchers, 300 boulangers. Par contre, les rentiers, les membres des professions libérales, les fonctionnaires sont atteints par le fisc sur leurs propriétés, non sur leurs revenus ou leur traitement. Ce régime aboutit à faire choisir les représentants de la « Ville-Lumière » à la Chambre des députés par « la boutique », à l'époque de la monarchie de Juillet tout au moins.

Si, en 1815, Paris envoya à la Chambre introuvable des royalistes purs, dès 1817 apparaît une opposition libérale qui enlève 3 sièges sur 8. La loi du double vote voit en 1822 le succès des libéraux aussi bien dans les collèges d'arrondissement que dans le collège départemental. A ce moment, la représentation de Paris est déjà composée des banquiers et grands industriels, de personnalités d'opposition plus ou moins prononcée, qui seront au premier plan en 1830 (Laffitte, Casimir-Périer, de Laborde, un peu plus tard B. Constant, Dupont de l'Eure, Delessert). Paris vibre à la défense de la Charte et, si les ultras regagnent une partie du terrain aux élections de 1824, novembre 1827 marque le triomphe des libéraux. Objets d'une double élection, la plupart des grands notables élus à Paris optent d'ailleurs pour la province, laissant leur siège parisien à des hommes de second plan.

Sous la monarchie de Juillet, la bourgeoisie parisienne hésite d'abord entre résistance et mouvement ; puis, par souci d'un ordre sans cesse menacé, semble pencher vers la résistance. Mais à partir de 1842, au moment même où la province se rallie au ministère Guizot, Paris passe décidément à l'opposition : à la veille de 1848 la représentation de Paris va des opposants modérés comme le banquier Ganneron aux « radicaux » comme Hippolyte Carnot et Marie.

L'évolution de la garde nationale, autre incarnation de la bourgeoisie parisienne, suit un chemin parallèle. En 1814, elle avait bien accueilli le roi et accompli sans rechigner sous l'occupation étrangère de lourdes tâches de police. Mais le gouvernement ne sut ni l'organiser ni la séduire, éliminant des éléments populaires jugés peu sûrs, laissant partir les éléments fortunés. Le service — dispendieux s'il était fait en uniforme — consistait en gardes et patrouilles fastidieuses. Le désenchantement tourna à l'esprit frondeur : le refus du sergent Mercier, passementier de la rue aux Fers, d'expulser de la Chambre le député Manuel lui valut en 1823 une heure de gloire. Les gardes nationaux pensaient qu'une de leurs prérogatives essentielles était, lors des revues, de manifester leur enthousiasme ou leur improbation de la politique du gouvernement. Cet exercice du consensus à la mérovingienne brouilla la boutique et l'héritier de la troisième race : en avril 1827, certaines légions de la garde nationale ayant lors d'une revue crié « A bas les ministres ! A bas les jésuites ! » toute la garde fut dissoute par Charles X. Ce fait a certainement amplifié la victoire électorale des libéraux à Paris en novembre suivant.

Au lendemain de 1830 la garde nationale parisienne reconstituée est un élément essentiel de cette fédération armée qui, sous le commandement de La Fayette, couvre tout le pays. Mais après le départ de celui-ci, tandis que le découragement désarme la plupart des gardes des provinces, elle joue un rôle actif contre l'émeute. Sous le commandement du populaire Lobau, élisant ses officiers, manifestant son zèle pour le roi, elle paraît l'âme du nouveau régime. Mais lorsque celui-ci cessa d'être menacé, la lassitude vint et aussi le désir de réformes qui feraient de tout garde national un électeur. Après 1840, cessent les grandes revues du début du régime. Convoquée en 1848, l'attitude de la garde nationale contribua à provoquer l'abdication du vieux roi.

6. Paris métropole

L'attrait de Paris s'exerce bien au-delà des frontières et la ville apparaît en Europe comme un haut lieu de luxe et de plaisir : raffinement des bijoux et des meubles, élégance des équipages et des toilettes, salons de peinture et grandes heures de l'Opéra, femmes aussi; bohême galante où l'on cite déjà Marie Duplessis, modèle de *la Dame aux camélias*, actrices et danseuses plus riches de talents que de vertus, de Rachel à Fanny Elssler; mais aussi lieu de rencontres intellectuelles avec ses salons français ou étrangers où revit une dernière fois le vieil art de la conversation, comme au XVIIIe siècle, au sein d'une élite passionnée pour les choses de l'esprit. Mais c'est aussi l'époque des clubs. L'aristocratie masculine se réunit dans des cercles et à côté de celui de l'Univers, du cercle général du Commerce, un Anglais, Lord Seymour, fonde le Jockey Club. Dans la France des notables, où les provinciaux accaparent les portefeuilles ministériels, où les métropoles provinciales pèsent encore d'un grand poids, le rôle de Paris n'en est pas moins unique.

Il est lié aux progrès de la centralisation administrative. Le nombre des fonctionnaires à Paris (25 000 sous l'Empire d'après M. Tulard) s'accroît sous la Monarchie de Juillet ainsi que le nombre des affaires dont ils s'occupent. Les députés de province se transforment souvent en solliciteurs auprès des chefs de bureau pour obtenir ces faveurs pour leurs électeurs qui tendent à devenir une institution dans un régime étroitement censitaire. Les fonctionnaires remplacent de plus en plus dans les nations modernes l'aristocratie, nous dit Tocqueville.

La fonction économique de Paris devient celle de direction des courants d'affaires de la nation. Pour leurs approvisionnements ou leurs marchés, les industriels ont recours aux commissionnaires parisiens qui jouent le rôle d'intermédiaires, rôle que ne remplissent plus les grandes foires. Les grosses entreprises à cette ère de développement industriel sont forcées de recourir aux banques parisiennes, car Paris est un centre sans égal de capitaux. La Banque de France qui joue un rôle croissant dans l'économie du pays est dirigée par les représentants de la banque parisienne. En faisant accepter un réseau de chemin de fer étoilé qui reproduit celui des routes de Louis XV, le corps de Ponts et Chaussées marque la pérennité de son esprit centralisateur et achève de donner la priorité aux échanges Paris-province, attirant la main-d'œuvre dans la capitale, faisant de celle-ci l'entrepôt du pays.

Les notables provinciaux reconnaissent d'ailleurs implicitement la supériorité de Paris : Louis-le-Grand et Stanislas reçoivent des élèves de l'Ouest et du Midi; dans les familles provinciales on commence à vouloir diriger le fils bien doué vers Polytechnique, symbole de promotion sociale. Les notables eux-mêmes voient s'altérer leur caractère purement provincial : des 445 députés provinciaux de la Chambre de 1842, 140 exercent des fonctions à Paris. Quant à l'aristocratie, depuis que la Révolution a décimé les grandes familles de la capitale, elle est mi-parisienne, mi-provinciale. A tous les échelons de la société, Paris se nourrit de la substance de la province, assimile ses hommes et tend à devenir pour elle le centre primordial de culture, de richesse, de puissance.

Conclusion

La France de 1815 à 1848 a connu une évolution très inégale selon les régions et selon les classes. Mais sa principale originalité se trouve dans la comparaison avec le reste de l'Europe continentale; l'acquis de l'époque révolutionnaire a donné une aspiration à la liberté davantage satisfaite que dans les autres pays. Revendiquées, concédées ou réprimées, les libertés, individuelles ou publiques, représentent le fondement du droit public français; certes la conception même de la liberté diffère profondément selon les courants idéologiques, mais « libéral », qui est synonyme de révolutionnaire au début de la Restauration, a pris un sens analogue à conservateur à la veille de 1848.

C'est un aspect positif du libéralisme, que d'entretenir les aspirations à une plus grande liberté. La France de la Restauration et de la monarchie de Juillet accueille les émigrés fuyant l'oppression de leurs pays, Italiens comme Mazzini, Polonais après 1831, Allemands (y compris pendant quelques mois Karl Marx). Mais les aspirations libérales anticipent toujours sur le régime des libertés concédé par les gouvernements. La France, apparaît donc comme un pays de liberté pour les voyageurs étrangers; les pouvoirs de l'État y sont limités et le fondement même de l'État, la représentation politique, puis l'extension du régime électoral à la gestion locale, contribuent à cette liberté. Avant que l'Angleterre ne connût la réforme électorale de 1832, la France était le pays d'Europe jouissant de la plus large représentation. L'usage des libertés s'associe à une égalité qui reste surtout théorique dans la mesure où elle ne s'applique qu'aux droits civils; cette égalité est surtout sensible à la bourgeoisie qui ne bénéficie nulle part ailleurs d'une aussi grande possibilité de participation aux affaires publiques; à cet égard la France bourgeoise s'oppose même à l'aristocratique Angleterre. Avant même la fin de la Restauration, l'ancienne lutte entre l'aristocratie et la bourgeoisie s'achevait par le succès de cette dernière qui restait composée principalement de propriétaires fonciers; après 1830, le conflit ne persiste plus que dans quelques départements de l'Ouest ou du Midi. Ainsi l'avènement progressif du régime parlementaire coïncide avec la prépondérance de la bourgeoisie et l'épanouissement du libéralisme. Mais celui-ci change de sens en triomphant et, en devenant lui-même idéologie du pouvoir, il suscite des idéologies contraires. Ce fut, néanmoins, cette étroite relation de la bourgeoisie, du régime parlementaire et du libéralisme, qui prépara les transformations économiques permettant l'entrée de la France dans la civilisation industrielle : c'est ce qu'il faut mettre à l'actif de la monarchie censitaire de même que le maintien presque complet de la paix pendant une période qui comporte, par ailleurs, bien des ombres dans le bilan social et spirituel. Ce maintien de la paix ne fut pas le résultat de la politique pusillanime qu'on a prêtée à Villèle ou à Guizot; il s'est accompagné en revanche d'une expansion de la France vers les nouveaux champs d'activité politique ou économique de l'Europe, de la Méditerranée, de l'Orient, ou même les façades et les îles du Pacifique.

La monarchie censitaire de 1815 à 1848 a été pour la France un régime de transition à un triple point de vue. Sur le plan institutionnel elle a habitué l'opinion française au régime représentatif. Certes, le suffrage universel de 1848 qui allait faire irruption dans la vie politique française, renversa la conception de l'élection en remplaçant l'électorat-fonction par le droit de vote. Mais si le système censitaire a brutalement disparu, il a laissé des traces, non au niveau de l'élection (encore qu'il ait familiarisé les Français avec le suffrage direct et que le scrutin d'arrondissement pratiqué par la monarchie de Juillet ait été ultérieurement le plus pratiqué sous la IIIe et sous la Ve République), mais au niveau du fonctionnement du parlementarisme. Ce n'est que peu à peu que le régime censitaire est devenu, surtout après 1830, parlementaire; mais son influence a été profonde, assortie il est vrai de la méfiance à l'encontre des deux régimes qui l'ont suivi. La monarchie censitaire a rallié les hommes politiques français à la fois au bicamérisme et à la prépondérance de la Chambre élue (plus tard, de celle élue au suffrage direct); elle a aussi, pour plus d'un siècle, défini les caractères de l'homme politique français; un homme qui savait parler à la tribune et négocier, dans les bureaux des ministères, les intérêts de ses électeurs influents. Le moralisme d'un Guizot, assorti des compromissions entachant les combinaisons électorales ou parlementaires de la fin du règne de Louis-Philippe, préfigure les relations ultérieures, fréquentes sous le régime du suffrage universel et plus particulièrement du scrutin d'arrondissement, entre monde politique et monde des affaires. Le régime censitaire a d'autant plus infléchi le régime parlementaire dans le sens des intérêts de la bourgeoisie qu'il a vu se développer la force de l'opinion et la presse exprimant les idées des classes aisées et instruites et les faisant pénétrer dans une fraction des classes populaires. Le régime censitaire engendre la politique des notables qui devaient survivre à la disparition du suffrage restreint.

Ces notables représentent la catégorie dirigeante d'une société de transition, entre la hiérarchie plus rigide d'une société d'ordres, dans laquelle prédomine une aristocratie de naissance, et la domination plus anonyme du grand capitaliste tirant ses ressources et son prestige du profit dans une société fondée principalement sur les rapports économiques et sur une économie industrielle. La France de la monarchie censitaire connaît certes la juxtaposition de plusieurs types de catégories dirigeantes; entre un aristocrate de Bretagne comme le comte d'Andigné et un grand chef d'entreprise de Mulhouse comme un Kœchlin, les dissemblances, grandes à première vue, ne doivent pas cacher des formes analogues de puissance, sur les paysans pour le premier, sur les ouvriers pour le second. Il y a, dans les deux cas, concentration des pouvoirs économique, social et politique, aux mains des mêmes hommes. Leur pouvoir est à la fois personnel, enraciné géographiquement, et consenti par ceux sur lesquels il s'exerce; c'est ce dernier caractère qui donne sa plus grande originalité à la période, le pouvoir des notables correspond à une société dans laquelle les relations sociales sont des relations interpersonnelles. Le pouvoir des notables ne repose pas seulement sur des conditions de pression (que lui donne par ailleurs sa richesse), sur des rapports de force (que favorisent l'appartenance à une famille bien établie et un réseau de parenté), sur des institutions (qui, par définition dans le régime censitaire, privilégient les plus riches en leur donnant le monopole du pouvoir politique), il repose aussi sur un consensus, admis par la plus grande partie de la population, entretenu par les notables eux-mêmes qui proposent ou contrôlent tout un système de normes, de valeurs, de symboles caractérisant la personnalité de base de la société française. Une minorité seulement échappe à ce conformisme à la fois social et mental, surtout à Paris, et dans quelques grandes villes qui suscitent les deux antithèses du notable, le révolutionnaire et le parvenu; mais le premier est souvent issu du milieu des notables, tandis que le second aspire à s'y intégrer. Le notable défini par sa fortune (il possède), sa famille (c'est le fils ou le protégé d'un notable), par sa compétence (il lit et il sait), correspond à un type de catégorie dirigeante dans une société en transition qui voit s'élargir ses horizons. L'économie, comme la mentalité, n'est plus limitée ou est moins limitée à la paroisse, à la commune ou à l'arrondissement. Avec la formation (encore imparfaite) d'une économie nationale, de courants d'opinion nationaux, la nécessité d'intermédiaire se fait davantage sentir. Le notable joue ce rôle d'intermédiaire entre l'État et les populations, entre Paris ou la grande ville et la campagne. Intermédiaire aussi entre les traditions (il a un passé familial) et l'avenir, il est maître de son temps et de celui de ses contemporains. Or ce rôle d'intermédiaire se trouve modifié par l'évolution économique; le développement industriel et surtout la construction des chemins de fer commencent à concentrer le pouvoir économique. Pour quelques chefs d'entreprise ou administrateurs des nouvelles compagnies dont l'influence s'étend sur plusieurs départements, combien de notables voient décliner leur influence à la fin de la monarchie de Juillet; toutefois les rivalités économiques opposent encore, le plus souvent, des intérêts locaux autant que sociaux; « l'esprit de localité » — une expression chère à l'époque — correspond à la fois à une société à prépondérance rurale et à domination des notables.

Une autre conséquence de l'évolution économique perturbe la société constituée; la France des notables correspondait à une époque d'affaiblissement de l'État; pour des raisons historiques, le régime qui succédait à l'autorité napoléonienne, devait atténuer l'intervention des représentants de l'État; pour des raisons idéologiques aussi, le libéralisme, surtout aprés 1830, préconise une limitation des pouvoirs de l'État. Les notabilités dans la gestion locale, les chefs d'entreprise dans leurs manufactures, les grands propriétaires sur leurs domaines sont tout-puissants et l'action de l'administration tient compte de cette puissance et s'infléchit en conséquence. Soumis à des pressions opposées, l'État vit de compromis, s'en tient aux précédents, aux habitudes en évitant les innovations. Or le progrès technique et économique oblige à la nouveauté; l'État est obligé d'arbitrer et d'agir pour la construction des chemins de fer, pour les expropriations d'utilité publique, pour la formation de sociétés anonymes, pour la construction d'établissements insalubres (et donc de nombreuses manufactures). Les pressions sur l'État se font plus fortes et ceux qui cherchent à le contrôler ou à l'utiliser, souhaitent le renforcer; en cela, ils rompent avec la domination traditionnelle et locale des notables. C'est en province que reposaient les fondements de la puissance des notables, or de plus en plus c'est à Paris que se décide le sort des départements. Le fait parisien, à la fois historique et démographique, engendre la centralisation et, en même temps, sa croissance. Le développement du régime représentatif accroît l'influence de Paris, siège des Chambres et du gouvernement, de l'opinion qui s'exprime dans les journaux, et qui se forme dans les écoles, des grandes affaires qui veulent s'y négocier. Mais Paris, qui exagère les écarts entre les conditions sociales, rejette la hiérarchie et le consensus du monde des notables; à deux reprises, en 1830 puis en 1848, il renverse le cadre politique de la France des notables sans pouvoir imposer durablement au reste de la France un nouvel ordre démocratique.

La monarchie censitaire a représenté enfin une époque de transition sur le plan idéologique; elle a essayé d'établir un juste-milieu (l'expression resta datée) entre l'ordre et la liberté. Succédant au despotisme napoléonien, la Restauration réveilla le goût des libertés plus qu'elle ne les accorda, suffisamment pour être renversée par les aspirations ainsi soulevées. Mais les bénéficiaires de l'ordre sont surtout ceux qui jouissent le plus largement des libertés. Or ils sont les seuls à exprimer une opinion politique et il n'est pas étonnant qu'ils soient en majorité satisfaits. Le libéralisme en évoluant se rapproche du courant traditionaliste auquel il s'était violemment opposé; ce rapprochement provoque une rupture parmi les libéraux et conduit certains d'entre eux à revendiquer les libertés pour tous (peuples et individus), engendrant ainsi un courant démocratique et national; il suscite aussi une critique socialiste du libéralisme qui reste considérée, avant 1848, par la plus grande partie de l'opinion, comme une utopie. Entre le traditionalisme qui reconstruit l'image d'un passé idéal et le socialisme qui rêve du futur, le libéralisme au lendemain de 1830 est surtout une idéologie de justification de la situation présente.

Sous le nom d'éclectisme, s'est épanoui, sous la monarchie de Juillet, une philosophie cherchant à combiner le spiritualisme et le rationalisme, car le libéralisme, qui ne pousse pas les aspirations libérales jusqu'à admettre la démocratie, ne mène pas non plus son anticléricalisme jusqu'à la libre pensée et au matérialisme.

Sur ces trois plans, politique, économique et idéologique, l'époque de la monarchie censitaire est une période de transition, qui profita surtout à ce que l'on appelait alors les classes moyennes c'est-à-dire la bourgeoisie. Mais cette ascension bourgeoise, qui aboutit à une prépondérance affirmée après 1830, a pour contrepartie les dissensions internes de la bourgeoisie (dont le pouvoir n'est guère menacé alors par les autres classes) et un individualisme qui réduit son sens des responsabilités sociales et même son sens national.

Le régime censitaire, que d'autres pays comme la Belgique ou l'Angleterre ont connu plus longtemps que la France, correspond à la fois à un type de régime politique et à un type de société. Il a disparu en France au moment où il semblait le mieux consolidé, car il bloquait toute évolution par la conception restreinte et rigide qu'en avaient les gouvernants français. Mais il a servi à établir entre la bourgeoisie et le parlementarisme une solidarité qui a survécu à la période.

L'État censitaire était trop faible pour résister à la poussée populaire, mais l'influence des notables lui survécut d'autant plus aisément qu'ils ne s'usèrent pas à défendre un régime qui leur avait permis pourtant de renforcer leur prépondérance.

Chronologie

1814	12 mars	Soulèvement royaliste de Bordeaux.
	28 mars	Le Conseil de régence quitte Paris.
	31 mars	Entrée des troupes alliées à Paris.
	1er avril	Formation d'un gouvernement provisoire présidé par Talleyrand.
	3 avril	La déchéance de l'empereur proclamée par le Sénat.
	6 avril	Abdication de Fontainebleau. Vote de la Constitution sénatoriale.
	10 avril	Bataille de Toulouse.
	12 avril	Entrée du comte d'Artois à Paris.
	23 avril	Convention d'armistice.
	2 mai	Proclamation de Saint-Ouen.
	3 mai	Entrée du roi à Paris.
	30 mai	Premier traité de Paris.
	4 juin	Proclamation de la Charte.
	5 juin	Départ des souverains alliés de la capitale.
	30 septembre	Premier entretien à Vienne de Talleyrand et des ministres des puissances alliées.
1815	3 janvier	Talleyrand signe un traité secret d'alliance avec l'Angleterre et l'Autriche.
	1er avril	Napoléon débarque au golfe Juan.
	20 avril	Napoléon aux Tuileries.
	22 avril	Promulgation de l'Acte additionnel aux constitutions de l'Empire.
	31 avril	Louis XVIII se fixe à Gand.
	8 et 22 mai	Élections à la chambre des représentants.
	1er juin	Champ de mai.
	9 juin	Acte final du congrès de Vienne.
	18 juin	Waterloo.
	22 juin	Seconde abdication de l'empereur.
	25-26 juin	Troubles royalistes de Marseille.
	7 juillet	Ministère Talleyrand-Fouché.
	8 juillet	Rentrée du roi à Paris.
	15 juillet	Napoléon s'embarque à bord du *Bellerophon*.
	24 juillet	Proscription de complices des Cent-Jours.
	14-22 août	Élections. La « Chambre introuvable ».
	20 septembre	Second traité de Paris. Renouvellement de l'alliance de Chaumont.

	24 septembre	Ministère Richelieu.
	27 décembre	Loi organisant des cours prévôtales.
1816	2 janvier	Loi d'amnistie exceptant les régicides « relaps ».
	4 mai	Essai de soulèvement à Grenoble.
	5 septembre	Dissolution de la Chambre introuvable.
	25 octobre	Élections favorables aux constitutionnels.
	8 décembre	Exécution de Ney.
1817	3-10 février	Loi Laîné sur l'électorat et l'éligibilité.
	8 février	Troubles agraires en Brie, en Champagne.
	15 février	Complot à Lyon.
	20 septembre	Élections où les progrès de la gauche permettent la formation du parti des Indépendants à la Chambre.
1818	10 mars	Loi Gouvion-Saint-Cyr sur le recrutement de l'armée.
	9 octobre	Au congrès d'Aix-la-Chapelle, accord sur le retrait des troupes étrangères et la liquidation de l'indemnité de guerre.
	19 octobre	La France invitée à prendre part aux délibérations des quatre puissances.
	30 novembre	Libération du territoire.
	29 décembre	Formation du ministère Dessolles-Decazes.
1819	5 mars	Fournée de pairs qui assure la majorité du ministère dans la Chambre haute.
	17 mai-26 mai	Lois de Serre sur la presse.
	11 septembre	Victoire de la gauche aux élections.
	20 novembre	Ministère Decazes.
1820	14 février	Assassinat du duc de Berry.
	21 février	Second ministère Richelieu.
	28 mars	Loi sur la liberté individuelle.
	31 mars	Loi sur la presse.
	12 juin	Loi du double vote. Troubles à Paris.
	19 août	Velléité d'insurrection à Paris, Lyon, Colmar.
	29 septembre	Naissance du duc de Bordeaux.
	oct.-déc.	Congrès de Troppau.
	4 et 13 novembre	Élections favorables à la droite.
1821	janv.-fév.	Congrès de Laybach.
	27 février	Ordonnance sur l'enseignement secondaire entamant le privilège de l'Université.
	nov.-déc.	Premiers complots de la charbonnerie (Saumur, Colmar).
	15 décembre	Ministère Villèle.
1822	24 février	Affaire du général Berton.
	18 et 25 mars	Lois sur la presse.
	15 juin	Complot du colonel Caron.
	21 septembre	Exécution des quatre sergents de La Rochelle.

	19 novembre	Procès-verbal du congrès de Vérone fixant les cas d'intervention des puissances en Espagne.
	28 décembre	Chateaubriand au ministère des Affaires étrangères.
1823	28 janvier	Discours du trône où Louis XVIII annonce l'imminence de la guerre d'Espagne.
	4 mars	Expulsion de la Chambre de Manuel.
	7 avril	Les troupes franchissent la Bidassoa.
	28 septembre	Prise du fort Trocadéro.
	23 décembre	Fournée de pairs favorables à la droite.
	24 décembre	Dissolution de la Chambre.
1824	26 fév.-6 mars	Renouvellement de la Chambre. La « Chambre retrouvée ».
	3 juin	Retrait du projet de conversion de rentes devant l'hostilité de la Chambre des pairs.
	16 septembre	Mort de Louis XVIII.
1825	20 avril	Loi sur le sacrilège.
	27 avril	Loi d'indemnisation des émigrés.
	1er mai	Loi sur la conversion facultative des rentes.
	24 mai	Loi sur les congrégations de femmes. Sacre de Charles X.
1826	7 avril	Rejet de la loi « sur le droit d'aînesse ».
1827	17 avril	Échec de la proposition de loi sur la presse.
	27 avril	Dissolution de la garde nationale parisienne.
	20 octobre	Bataille de Navarin.
	5 novembre	Dissolution de la Chambre.
	17 et 24 novembre	Élections qui mettent Villèle en minorité.
1828	5 janvier	Ministère Martignac.
	16 juin	Ordonnances sur les écoles « ecclésiastiques » et les séminaires, dirigées contre les jésuites.
	18 juillet	Loi sur la presse.
	septembre	Expédition française en Morée.
1829	8 avril	Échec du projet de réforme administrative.
	8 août	Ministère Polignac.
	14 septembre	Traité d'Andrinople.
1830	18 mars	Adresse des 221.
	16 mai	Dissolution de la Chambre.
	16 juin	Débarquement du corps expéditionnaire à Sidi-Ferruch.
	23 juin 3 juillet 13 juillet 19 juillet	Élections législatives.
	5 juillet	Prise d'Alger.
	25 juillet	Les quatre ordonnances.
	27-28-29 juillet	Les Trois Glorieuses.

	31 juillet	Le duc d'Orléans accepte la lieutenance-générale du royaume. Il se rend à l'Hôtel de Ville.
	2 août	Abdication de Charles X en faveur de son petit-fils, le duc de Bordeaux.
	3 août	Réunion des Chambres.
	9 août	Le duc d'Orléans jure fidélité à la Charte révisée et prend le titre de roi des Français.
	11 août	Ministère regroupant les hommes de la résistance et du mouvement.
	25 août	Insurrection belge.
	2 novembre	Ministère Laffitte.
	4 novembre	Ouverture de la conférence de Londres.
1831	20 janvier	Protocole de Londres : neutralité de la Belgique.
	2 février	Élection du duc de Nemours, roi des Belges; son refus.
	14 février	Émeutes de Saint-Germain-l'Auxerrois.
	13 mars	Ministère Casimir-Périer.
	24 mars	Loi sur les conseils municipaux.
	25 mars	Loi sur la garde nationale.
	15 avril	Loi sur l'élection des députés.
	5 juillet	Élections de la Chambre des députés.
	août	Intervention des Français en Belgique envahie par l'armée du roi des Pays-Bas.
	20-22 novembre	Révolte des canuts à Lyon.
	25 décembre	Abolition de l'hérédité de la pairie.
1832	23 février	Occupation d'Ancône par les Français.
	16 mai	Casimir-Périer meurt du choléra.
	5-6 juin	Émeutes républicaines à Paris.
		Tentative légitimiste en faveur de la duchesse de Berry (arrêtée en novembre).
	27-28 août	Procès des saint-simoniens.
	3 octobre	Inauguration du canal du Rhône-au-Rhin.
	13 octobre	Formation du ministère Soult, avec Broglie, Guizot, Thiers.
	23 décembre	Prise d'Anvers par les Français.
1833	mars	Occupation d'Oran et de Mostaganem.
	21 juin	Loi sur l'élection des conseillers généraux.
	28 juin	Loi Guizot sur l'instruction publique.
	9 juillet	Loi sur l'expropriation pour cause d'utilité publique.
1834	février	Grève des ouvriers mutuellistes à Lyon.
	9-12 avril	Mouvement républicain à Lyon.
	13 avril	Émeute républicaine à Paris.
	22 avril	Quadruple alliance Angleterre, Espagne, France, Portugal.
	21 juin	Élection de la Chambre des députés.
	juil.-nov.	Trois crises ministérielles.
1835	5 mai	Début du procès des accusés républicains des émeutes d'avril.

	28 juin	Abd el-Kader attaque avec succès les troupes françaises dans le défilé de la Macta.
	28 juillet	Attentat de Fieschi.
	septembre	Lois facilitant la répression de l'opposition républicaine.
1836	25 janvier	Clauzel repousse Abd el-Kader des gorges de la Tafna.
	22 févr.-sept.	Ministère Thiers.
	6 septembre	Ministère Molé.
	30 octobre	Tentative de Louis-Napoléon Bonaparte à Strasbourg.
	6 novembre	Mort de Charles X à Goritz.
1837	29 mai	Mariage du duc d'Orléans.
	30 mai	Traité de la Tafna avec Abd el-Kader.
	13 octobre	Prise de Constantine par le général Valée.
	novembre	Élections générales.
1838	Février	Échec parlementaire d'un projet de construction de chemin de fer.
	novembre	Envoi d'une escadre française au Mexique.
	décembre	Développement de la coalition contre Molé.
1839	2 mars	Élections.
	8 mars	Démission du ministère Molé; longue crise ministérielle.
	12 mai	Insurrection de la Société des saisons. Formation du ministère Soult.
1840	20 février	Rejet de la dotation du duc de Nemours provoquant une crise ministérielle.
	1er mars	Formation du ministère Thiers.
	12 mai	Décision d'un crédit pour le retour des cendres de Napoléon, de Sainte-Hélène.
	16 mai	Discours de François Arago en faveur de la réforme électorale.
	16 juin	Loi accordant une garantie d'intérêt aux compagnies de chemins de fer.
	15 juillet	Traité de Londres (sans la France) sur la question d'Égypte.
	6 août	Tentative de Louis-Napoléon Bonaparte à Boulogne.
	1er-3 septembre	Rassemblement d'ouvriers grévistes à Paris.
	15 octobre	Attentat de Darmès contre le roi.
	29 octobre	Formation du ministère Soult-Guizot.
	15 décembre	Cérémonies du transfert des cendres de Napoléon aux Invalides.
1841	21 mars	Loi limitant le travail des enfants dans l'industrie.
	3 mai	Loi sur l'expropriation publique.
	15 juillet	Convention des détroits et règlement de la question d'Égypte.
	25 juillet	Élection de Ledru-Rollin dans la Sarthe.

1842	11 juin	Loi sur les chemins de fer.
	9 juillet	Élections générales.
	13 juillet	Mort accidentelle du duc d'Orléans.
1843	31 mars	Politique des points d'appui définie par Guizot.
	18 mai	Prise de la smala d'Abd el-Kader.
	2 juillet	Loi sur les sucres (égalité de taxation) — sucre de canne des Antilles et sucre de betterave de la métropole.
	26 août	Début du journal *la Réforme.*
	2 septembre	Visite de la reine Victoria en France; entrevue d'Eu.
1844	1er août	Bombardement de Tanger par l'escadre du prince de Joinville.
	14 août	Victoire de l'Isly du Bugeaud sur les Marocains.
1845	27 janvier	La Chambre vote l'indemnité Pritchard.
	février	Villemain remplacé par Salvandy au ministère de l'Instruction publique.
	juillet	Dispersion des jésuites en France par accord du pape et du gouvernement français.
1846	août	Élections.
	août-octobre	Affaires des mariages espagnols.
1847	14 janvier	Hausse du taux de l'escompte par la Banque de France.
	28 janvier	Loi facilitant l'importation des grains. Émeute agraire de Buzançais.
	mars	Rejet des projets de réforme électorale et parlementaire.
	mai	Affaire Teste-Cubières.
	5 juin	Le maréchal Bugeaud laisse le gouvernement de l'Algérie.
	9 juillet	Premier banquet réformiste à Paris.
	18 août	Le duc de Choiseul-Praslin assassine sa femme.
	23 octobre	Reddition d'Abd el-Kader.
	28 décembre	Discours du Trône critiquant indirectement la campagne des banquets.
1848	14 janvier	Interdiction par le gouvernement d'un banquet réformiste à Paris dans XIIe arrondissement.
	21 février	Maintien du banquet (malgré l'interdiction) décidé par les radicaux mais ajournement par des députés de la gauche dynastique.
	22 février	Manifestations populaires à Paris.
	23 février	Démission de Guizot, fusillade du boulevard des Capucines.
	24 février	Abdication de Louis-Philippe.

Bibliographie

INSTRUMENTS DE TRAVAIL

On se reportera pour une bibliographie plus complète aux recueils bibliographiques suivants :

1. P. Caron et H. Stein, *Répertoire bibliographique de l'Histoire de France.*

2. *Bibliographie annuelle de l'Histoire de France.*

On trouvera des indications bibliographiques plus détaillées dans deux ouvrages qui ont été souvent utilisés par les auteurs :

3. J. Vidalenc, *La Société française de 1815 à 1848.* I. *Le Peuple des campagnes*, Marcel Rivière & Cie, 1970.

4. A. J. Tudesq, *Les Grands Notables en France 1840-1849*, 2 vol., PUF, 1964.

et dans les :

5. *Tables analytiques des publications de la Société d'histoire de la révolution de 1848*, éditées par L. Dubief, la Roche-sur-Yon, 1957.

SOURCES

Les annuaires départementaux et locaux des séries LC du catalogue de l'histoire de France, de la Bibliothèque nationale et surtout :

6. *Almanach royal 1816-1830*, Paris, chez Testu. Devenu à partir de 1831 *Almanach royal et national*, Paris, chez A. Guyot et Scribe.

Parmi les œuvres des contemporains :

7. Ch. Dupin, *Forces productives et commerciales de la France*, 1827.

8. E. de Jouy, *L'hermite en province*, Paris, 1818-1822.

9. V. A. Malte-Brun, *La France illustrée : Géographie, histoire, administration et statistique*, 2 vol., Paris, 1853.

10. *Statistique générale de la France.*
11. A. de Villeneuve-Bargemont, *Économie politique chrétienne* 3 vol., Paris, 1834.
12. M. Villermé, *Tableau physique et moral des ouvriers employés dans les manufactures de coton, de laine et de soie*, Paris, 1840.

L'œuvre de Balzac et celle de Stendhal (notamment les *Mémoires d'un touriste*) sont d'un recours indispensable.

Nous n'indiquons que les principaux témoignages laissés par les contemporains (mémoires, correspondance, journal) :

13. Bon de Barante, *Souvenirs*, 8 vol., Paris, 1890-1901.
14. Ch. Beslay, *Mes souvenirs*, Paris, 1873.
15. J.-C. comte Beugnot, *Mémoires*, 2 vol., Paris, 1866.
16. V., duc de Broglie, *Souvenirs*, 4 vol., 1886.
17. C^{sse} de Boigne, *Récits d'une tante*, 5 vol., Paris, 1921-1923.
18. F.-R., vicomte de Chateaubriand, *Mémoires d'outre-tombe*, Levaillant.
19. Cte Ferrand, *Mémoires...*, Paris, 1897.
20. Bon A. F. Frenilly, *Souvenirs... (1768-1828)*, Paris, 1808.
21. F. Guizot, *Mémoires pour servir à l'histoire de mon temps*, Paris, 7 vol,. 1858-1867.
22. Bon C. d' Haussez, *Mémoires...*, 2 vol., Paris, 1896-1897.
23. M^{al} McDonald, *Souvenirs...*, Paris, 1892.
24. A. de Marmont (M^{al}), *Mémoires*, 9 vol., Paris, 1857.
25. P. Mérimée, *Correspondance générale* I à V, Paris, 1941-1947.
26. Cte L. M. Molé, *Le Comte Molé... sa vie, ses mémoires*, 6 vol., Paris, 1922-1930.
27. Cte de Montalivet, *Fragments et souvenirs*, 2 vol., (I. *1810-1832*, II. *1836-1848*), Paris, 1899-1900.
28. É. D. Pasquier, *Histoire de mon temps*, 6 vol., Paris, 1893-1895.
29. L. Passy, *Le Marquis de Blosseville, Souvenirs*, Évreux, 1898.
30. Ch. de Rémusat, *Mémoires de ma vie*, I à IV, Paris, 1958-1962.
31. A., duc de Richelieu, *Lettres... au marquis d'Osmond (1816-1818)*, Paris, 1939.
32. Sainte-Beuve, *Correspondance* I à VIII, Paris et Toulouse, 1935-1959.
33. Bon Sers, *Souvenirs d'un préfet de la monarchie*, Paris, 1906.
34. A. de Tocqueville, *Œuvres complètes* (III. *Ecrits et Discours : politiques*, VIII. *Correspondance Tocqueville-Beaumont*. XI. *Correspondance Tocqueville-Ampère et Tocqueville-Royer-Collard*), Mayer.
35. J., comte de Villèle, *Mémoires et Correspondance*, 5 vol., Paris, 1888-1890.
36. Bon E. de Vitrolles, *Mémoires*, 3 vol., Paris, 1884. Réédité en 1950-1952, en 2 vol.

OUVRAGES DE BASE

a. Histoire et institutions politiques

37. D. Bagge, *Les Idées politiques en France sous la Restauration*, Paris, 1952.
38. Barthélemy, *L'Introduction du régime parlementaire en France, sous Louis XVIII* et *Charles X*, Paris, 1904.
39. P. Bastid, *Benjamin Constant et sa doctrine*, 2 vol., Paris, 1966.
40. E. Beau de Lomenie, *La Carrière politique de Chateaubriand*, 2 vol., Paris, 1929.
41. Cl. Bellanger, J. Godechot (sous la direction de), *Histoire générale de la presse française*, II, 1969.
42. G. de Bertier de Sauvigny, *La Restauration*, Paris, 1963.
43. —., *La Révolution de 1830 en France*, Paris, 1970.
44. —., *Un type d'ultraroyaliste : le comte Bertier de Sauvigny et l'énigme de la Congrégation*, Paris, 1948.
45. P. Bruguière, *La Première Restauration et son budget*, Paris, 1969.
46. S. Charlety, *La Restauration*, Paris, 1921.
47. —., *La Monarchie de Juillet*, Paris, 1921. (T. IV et V de l'*Histoire de France contemporaine*, sous la direction d'Ernest Lavisse.)
48. M. Deslandres, *Histoire constitutionnelle de la France*, II, Paris, 1932.
49. L. Diez del Corral, *El liberalismo doctrinal*, Madrid, 1945.
50. P. Duvergier de Hauranne, *Histoire du gouvernement parlementaire en France 1814-1848*, 10 vol., Paris, 1857-1871.
51. *Études sur les mouvements nationaux et libéraux de 1830*, Société d'histoire moderne, Paris, 1932.
52. Eymard, *La Politique financière de la Restauration*, Paris, 1924.
53. J. Fouques-Duparc, *Le Troisième Richelieu, libérateur du territoire en 1815*, Paris, 1940.
54. J. Fourcassié, *Villèle*, Paris, 1954.
55. J.-P. Garnier, *Charles X, le roi, le proscrit*, Paris, 1967
56. L. Girard, *Études comparées des mouvements révolutionnaires en France de 1830, 1848 et 1870-71*, cours dactylographié, Paris, 1960.
57. —., *La Garde nationale 1814-1871*, Paris, 1964.
58. —., *Le Libéralisme en France de 1814 à 1848, doctrine et mouvement*, cours dactylographié, Paris, 1966 et 1967.
59. P. Guiral, *Le Libéralisme en France de 1815 à 1870*, dans Tendances politiques dans la vie française, colloque, Paris, 1960.
60. D. Johnson-Guizot, *Aspects of French History*, Londres, 1963.

61. S. Kent, *Electoral procedure under Louis-Philippe*, New Haven, 1937.
62. G. Lacour-Gayet, *Talleyrand* III, *1815-1838*, Paris, 1931.
63. P. de la Gorce, *La Restauration*, 2 vol., (I. *Louis XVIII*, II. *Charles X*.) Paris, 1928.
64. R. Langeron, *Royer-Collard*, Paris, 1956.
65. —., *Decazes ministre du roi*, Paris, 1960.
66. Ch. Ledré, *La Presse à l'assaut de la monarchie*, Paris, 1960.
67. E. Le Gallo, *Les Cent-Jours*, Paris, 1924.
68. J. Lucas-Dubreton, *Louis XVIII*, Paris, 1952.
69. L. Madelin, *Fouché 1759-1820*, Paris, 1900.
70. S. Mitard, *Les Origines du radicalisme démocratique, l'affaire Ledru-Rollin*, Paris, 1952.
71. J.-J. Œchslin, *Le Mouvement ultra royaliste sous la Restauration*, Paris, 1960.
72. J. Orieux, *Talleyrand ou le sphinx incompris*, Paris, 1970.
73. E. de Perceval, *Un adversaire de Napoléon, le vicomte Laîné*, Paris, 1926.
74. G. Perreux, *Au temps des sociétés secrètes. La propagande républicaine au début de la monarchie de Juillet*, Paris, 1931.
75. D. H. Pinkney, *La Révolution de 1830 en France* (trad. Bertrand de Savigny), PUF, Paris, 1988, 464 p.
76. F. Ponteil, *La Chute de Napoléon Ier et la Crise française de 1814-1815*, Paris, 1943.
77. —., *Les Institutions de la France de 1814 à 1870*, Paris, 1966.
78. Ch. H. Pouthas, *Guizot pendant la Restauration*, Paris, 1923.
79. —., *Histoire politique de la Restauration*, cours dactylographié, Paris, 1947.
80. R. Rémond, *La Droite en France de 1815 à nos jours*, Paris, 1954.
81. D. P. Resnick, *The white Terror and the political Reaction after Waterloo*, Harvard, 1966.
82. P. Simon, *L'Élaboration de la Charte constitutionnelle de 1814*, Paris, 1906.
83. A. B. Spitzer, *The French Carbonari against the Bourbon Restauration*, Harvard, 1971.
84. P. Thureau-Dangin, *Histoire de la monarchie de Juillet 1884-1892*, 7 vol., Paris, 1884-1892.
85. A. J. Tudesq, *La Démocratie en France depuis 1815*, Paris, 1971.
86. J. Vidalenc, *Les Demi-soldes*, Paris, 1955.

b. Politique extérieure et coloniale

87. J. Ancel, *Manuel historique de la question d'Orient*, Paris, 1927.
88. R. André, *L'Occupation de la France par les Alliés en 1815*, Paris, 1921.

89. G. Bertier de Sauvigny, *Metternich et la France après le congrès de Vienne*. I. *De Napoléon à Decazes*, Paris, 1968. II. *Les Grands Congrès*, Paris, 1970. III. *Le règne de Charles X*, Paris, 1972.
90. J. Ch. Biaudet, *La Suisse et la monarchie de Juillet (1830-1838)*, Lausanne, 1941.
91. M^al^ Bugeaud, *Par l'épée et par la charrue. Écrits et discours*, Paris, 1948.
92. A. Bussière, *Le Maréchal Bugeaud et la Colonisation de l'Algérie*, *Revue des deux-mondes*, 1853.
93. J. Demontès, *La Colonisation militaire sous Bugeaud*, Paris, 1918.
94. H. T. Deschamps, *La Belgique devant la France de Juillet*, 1956.
95. E. Driault, *La Question d'Orient*, Paris, 1898.
96. E. Driault et M. Lhéritier, *Histoire diplomatique de la Grèce de 1821 à nos jours* I et II, Paris, 1924.
97. Ch. Dupuis, « La Sainte-Alliance et le Directoire européen de 1815 à 1818 », *Rev. hist. dipl.*, 1934.
98. J.-P. Faivre, *L'Expansion française dans le Pacifique de 1800 à 1842*, Paris, 1953.
99. —., *Le Contre-Amiral Hamelin et la Marine française*, Paris, 1962.
100. E. F. Gautier, *Un siècle de colonisation. Études au microscope*, Paris, 1930.
101. E. de Guichen, *La Révolution de Juillet et l'Europe*, Paris, 1917.
102. —., *La Crise d'Orient de 1839 à 1841 et l'Europe*, Paris, 1922.
103. R. Guyot, *La Première Entente cordiale*, Paris, 1925.
104. M. Huisman, « Quelques dessous de la conférence de Londres », *Revue d'histoire moderne*, 1934.
105. Ch. A. Julien, Histoire de l'Algérie contemporaine. I. *La conquête et les débuts de la colonisation*, Paris, 1964.
106. S. Mastellone, *La politica estera del Guizot (1840-1847)*, Florence, 1957.
107. H. Nicolson, *Le Congrès de Vienne*, Paris, 1947.
108. V. A. Nigohosian, *La Libération du territoire après Waterloo (1815-18)*, Paris, 1929.
109. H. Pirenne, *Histoire de Belgique*, III, Bruxelles, 1948.
110. J.-J. Pirenne, *La Sainte-Alliance*, 2 vol., Neufchâtel, 1946-1949.
111. Ch.-H. Pouthas, *Chateaubriand diplomate et ministre*, Livre du centenaire, Paris, 1949.
112. —., *La Politique étrangère de la France sous la monarchie constitutionnelle*, cours dactylographié, Paris, 1948.
113. —., « La politique de Thiers pendant la crise de 1840 », *Rev. hist.*, 1938.
114. V. J. Puryear, *France and the Levant from the Bourbon Restauration to the Peace of Kutiah*, Berkeley, 1941.
115. P. Rain, *l'Europe et la restauration des Bourbons*, Paris, 1908.
116. P. Renouvin, *Histoire des relations internationales;* V. *Le XIX*^e^ *siècle* I, Paris, 1954.

117. W. S. Robertson, *France and Latin American Independance*, Baltimore, 1939.

118. Ch. Schefer, *L'Algérie et l'évolution de la colonisation française*, Paris, 1928.

119. J. Stengers, « Sentiment national, sentiment orangiste et sentiment français à l'aube de notre indépendance », *Revue belge de philologie et d'histoire*, 1950.

120. J. Tramond-A. Reussner, *Éléments d'histoire maritime et coloniale contemporaine (1815-1914)*, Paris, 1943.

121. Ch. Webster, *The foreign policy of Castlereagh, 1815-1822*, Londres, 1925.

122. —., *The Congress of Vienna*, Londres, 1934.

123. —., *The foreign Policy of Palmerston (1830-1841)*, 2 vol., Londres, 1951.

c. Économie et société

124. J.-P. Aguet, *Les Grèves sous la monarchie de Juillet*, Droz, Genève, 1954.

125. D. Ansart, *Saint-Simon*, Paris, 1969.

126. Audiganne, *Les Populations ouvrières et les Industries de la France dans le mouvement social du XIX*[e] *siècle*, Capelle, Paris, 1854.

127. Ch. Ballot, *L'Introduction du machinisme dans l'industrie française*, F. Rieder, Paris, 1923.

128. J. Bache, M. Audin, etc., *Histoire générale des techniques* (sous la direction de M. Daumas). III. *L'Expansion du machinisme*, Paris, 1968.

129. F. Bedarida, Cl. Fohlen, *Histoire générale du travail* (sous la direction de L. H. Parias). III. *L'Ère des révolutions (1765-1914)*, Paris, 1960.

130. G. et H. Bourgin, *Le Régime de l'industrie en France de 1814 à 1830*, 3 vol., Paris, 1912-1941.
F. Braudel et E. Labrousse (sous la direction de), *Histoire économique et sociale de la France*, III, 2 vol., Paris, PUF, 1976, 1 072 pages.

131. R. E. Cameron, *La France et le Développement économique de l'Europe*, Paris, 1971.

132. H. Cavaillès, *La Route française, son histoire, sa fonction. Étude de géographie humaine*, Paris, 1946.

133. A. Chabert, *Essai sur les mouvements des prix en France de 1798 à 1820*, Paris, 1943.

134. —., *Essai sur les mouvements des revenus et de l'activité économique en France de 1798 à 1820*, Paris, 1949.

135. L. Chevalier (sous la direction de), *Le Choléra de 1832*, La Roche-sur-Yon, 1958.

A. Daumard (sous la direction de), *Les Fortunes françaises au XIXe siècle*, Paris, 1973.

136. A. Dauzet, *Le Siècle des chemins de fer en France*, Fontenay-aux-Roses, 1948.

137. É. Dolléans, *Proudhon*, Paris, 1948.

—., *Histoire du mouvement ouvrier*. I. *1830-1871*, Paris, 1936.

G. Duby et A. Wallon (sous la direction de), *Histoire de la France rurale*, III. *Apogée et Crise de la civilisation paysanne*, Seuil, 1976.

138. A. L. Dunham, *La Révolution industrielle en France 1814-1848*, Paris, 1953.

139. O. Festy, *Le Mouvement ouvrier au début de la monarchie de Juillet*, Paris, 1908.

140. Cl. Fohlen, *Qu'est-ce que la révolution industrielle?*, Paris, 1971.

—., *Charbon et Révolution industrielle en France (1815-1850)*, Actes du colloque « Charbon et sciences humaines », Paris-La Haye, Mouton, 1966.

141. B. Gille, *La Banque et le Crédit en France de 1815 à 1848*, PUF, 1959.

142. —., *Histoire de la maison Rothschild*, I. Des origines à 1848, Paris, 1965.

143. —., *Recherche sur la formation de la grande entreprise capitaliste 1815-1848*, Paris, 1959.

144. P. Gonnet, « Esquisse de la crise économique en France de 1827 à 1832 », *Revue d'histoire économique et sociale*, 1955, 3.

145. L. M. Jouffroy, *La Ligue de Paris à la frontière d'Allemagne (1815-1852)*, 3 vol., Paris, 1952.

146. E. Labrousse (sous la direction de), *Aspects de la crise et de la dépression de l'économie française au milieu du XIXe siècle*, La Roche-sur-Yon, 1956.

147. P. C. Laurent de Villedeuil, *Bibliographie des chemins de fer*, 1906.

148. L. de Lavergne, *Économie rurale de la France*, Paris, 1860.

149. M. Leroy, *Histoire des idées sociales en France*. II. *De Babeuf à Tocqueville*. III. *D'Auguste Comte à Proudhon*, Paris, 1950-1954.

150. M. Lévy-Leboyer, *Les Banques européennes et l'Industrialisation internationale dans la première moitié du XIXe siècle*, Paris, 1964.

151. —., « La croissance économique en France au XIXe siècle », *Annales ESC*, juillet-août 1968.

152. J. Marczewski (sous la direction de), *Histoire quantitative de l'économie française*.

153. E. Marjolin, « Troubles provoqués en France par la disette de 1816-1817 », *Revue d'histoire moderne*, 1933.

154. Ch. Morazé, *La France bourgeoise*, Paris, 1947.

155. G. Palmade, *Capitalisme et capitalistes français au XIXe siècle*, Paris, 1961.

156. Ch. H. Pouthas, *La Population française pendant la première moitié du XIXe siècle*, PUF, 1956.
157. P. L. Reynaud, *J.-B. Say, textes choisis et préface*, Paris, 1953.
158. H. Rigaudas-Weiss, *Les Enquêtes ouvrières en France entre 1838 et 1958*, Paris, 1936.
159. R. Scherer, *Fourier ou la Contestation globale*, Paris, 1970.
160. H. See, *La Vie économique de la France sous la monarchie censitaire 1815-1848*, Paris, 1927.
161. J. Vial, *L'Industrialisation de la sidérurgie française 1814-1864*, Paris, 1967.
162. J. Vidalenc, « Notes sur la vigne en France de 1789 à la fin de la Restauration », *Annales de la faculté des Lettres d'Aix*, 1955.

d. Problèmes culturels et religieux

163. R. Baschet, *E. J. Delécluze, témoin de son temps (1781-1863)*, Paris, 1942.
164. R. Bray, *Chronologie du romantisme (1804-1830)*, Paris, 1932.
165. J. Chantavoine et J. Gaudefroy-Démombynes, *Le Romantisme dans la musique européenne*, Paris, 1955.
166. A. Dansette, *Histoire religieuse de la France contemporaine*, Paris, 1948.
167. P. Delaunay, *D'une révolution à l'autre (1789-1848) : L'évolution des théories et de la pratique médicale*, Bruxelles, s.d.
168. S. R. Derre, *Lamennais, ses amis et le mouvement des idées à l'époque romantique*, Paris, 1962.
169. P. Droulers, « Des évêques parlent de la question ouvrière en France avant 1848 », *Revue d'action populaire*, avril 1961.
170. N. Dufourq, *La Musique française*, Paris, 1949.
171. J. B. Duroselle, *Les Débuts du catholicisme social en France (1822-1870)*, Paris, 1951.
172. H. Focillon, *La Peinture française au XIXe siècle*, 1928.
173. A. Garnier, *Frayssinous. Son rôle dans l'Université sous la Restauration (1822-1828)*, Paris, 1925.
174. A. S. George, *The Development of french Romanticism, The Impact of the industrial Revolution on Literature*, Syracuse, 1955.
175. G. Gerbod, *La Condition universitaire en France au XIXe siècle*, Paris, 1966.
176. H. Gouhier, *La Jeunesse d'Auguste Comte et la Formation du positivisme*, 1933-1941.
177. L. Hautecœur, *Littérature et Peinture*, 1942.
178. —., *L'urbanisme à Paris de la Renaissance à la monarchie de Juillet.*
179. —., *Paris, Connaissance d'une capitale*, Paris, 1961.
180. E. Herriot, *Mme Récamier et ses amis*, Paris, 1904.

181. C. A. E. Jensen, *L'évolution du romantisme, l'année 1826*, Paris, 1959.
182. P. Labracherie, *La Vie quotidienne de la bohème littéraire au XIX*e *siècle*, 1967.
183. J. Lucas-Dubreton, *Le Culte de Napoléon*, 1960.
184. Luc-Benoist, *La Sculpture romantique*, Paris, 1928.
185. P. Moreau, *Histoire de la littérature française* (sous la direction de J. Calvet). VIII. *Le Romantisme*, Paris, 1957.
186. F. Picavet *Les Idéologues*, Paris, 1897.
187. L. Réau, *L'ère romantique. Les arts plastiques*, Paris, 1949.
188. D. Robert, *Les Églises réformées en France*, 1961.
189. C. A. Sainte-Beuve, *Tableau historique et critique de la poésie française et du théâtre français au XVI*e *siècle*, 2 vol., Paris, 1828.
190. E. Sevrin, *Les Missions religieuses en France sous la Restauration*, 2 vol., Paris, 1948-1959.
191. —., *Un évêque militant et gallican au XIX*e *siècle : M*gr *Clausel de Montals, évêque de Chartres*, 2 vol., Paris, 1955.
192. J. Touchard, *La Gloire de Béranger*, 2 vol., Paris, 1967.
193. Pr. Van Thiegem, *Le Romantisme dans la littérature européenne*, Paris, 1969.

LES RÉGIONS

Depuis 1969 une collection d'histoire régionale sous la direction de Philippe Wolff, intitulée « L'Univers de la France », paraît à Toulouse. En ce qui concerne les volumes actuellement parus, le XIXe siècle n'a, sauf exception (*Bretagne*, *Alsace)*, qu'une place restreinte. Tous contiennent par contre d'utiles indications bibliographiques.
La collection « Que sais-je? » a publié aussi de nombreuses histoires provinciales. Un petit nombre seulement (M. Crubellier et Ch. Juillard, *Histoire de Champagne*, F. D. Dornic, *Histoire du Maine, etc.*) est utile pour l'étude du XIXe siècle. Mais, là encore, on peut relever des indications bibliographiques.

a. Les pays de l'Ouest

194. Y. Brékilien, *La Vie quotidienne des paysans en Bretagne au XIX*e *siècle*, Paris, 1966.
195. Créveil, *1848 et les révolutions du XIX*e *siècle*, (La Condition ouvrière et la crise de 1847 à Nantes.), 1948.
G. Désert, *Une société rurale au XIX*e *siècle, les paysans du Calvados (1815-1895)*, Lille, 1975.

196. M. Faugeras, *Le Diocèse de Nantes sous la monarchie censitaire*, 2 vol., Fontenay-le-Comte, 1964.
197. R. de Felice, *La Basse-Normandie*, Paris, 1907.
198. G. Frambourg, *Un philanthrope et démocrate nantais : Le D*[r] *Guépier*, Nantes, 1964.
199. E. Gabory, *Les Bourbons et la Vendée*, Paris, 1923.
200. P. Jeulin. *L'Évolution du pont de Nantes*, Paris, 1931.
201. Cl. Langlois, *Le Diocèse de Vannes*, thèse dactylographiée, 1971.
202. D. Leclerc-Thouin, *L'Agriculture de l'Ouest de la France particulièrement dans le département de Maine-et-Loire*, Paris, 1843.
203. G. Lerat, *Études sur les origines, le développement et l'avenir des raffineries nantaises*, Paris, 1911.
204. A. Maurois, Ch. Brisson, J. Clarenson, *Elbeuf, Louviers*, Elbeuf, 1951.
205. J. Mouchet, « L'esprit public dans le Morbihan sous la Restauration », *Annales de Bretagne*, 1938.
206. L. Ogès, *L'Agriculture dans le Finistère au milieu du XIX*[e] *siècle*, Quimper, 1949.
207. G. Richard, *La Métallurgie normande en 1845*, Paris, 1964.
208. —., *Histoire de la sidérurgie*, 1964.
209. Ch. Robert-Muller, *Pêches et Pêcheurs de la Bretagne atlantique*, Paris, 1944.
210. J. Sion, *Les Paysans de la Normandie orientale*, Paris, 1909.
211. É. Souvestre, *Les Derniers Bretons*, Paris, 1843.
212. Abbé J. Y. Tanguy, *Une ville bretonne sous la Révolution, Saint-Pol-de-Léon*, Brest, 1903.
213. C. Vallaux, *La Basse-Bretagne...*, Paris, 1906.
214. J. Vidalenc, *Le Département de l'Eure sous la monarchie constitutionnelle*, Paris, 1952.
215. J. Vidalenc, *L'Industrie dans les départements normands.*

b. Le Midi

Les indications concernant les listes électorales censitaires, les annuaires ou les archives de la Banque de France auxquelles il est fait allusion dans plusieurs chapitres se retrouvent dans la biblio. n° 4.

216. M. Agulhon, *La République au village, Les populations du Var de la Révolution à la seconde République*, Paris, 1970.
217. —., *Une ville ouvrière au temps du socialisme utopique : Toulon de 1800 à 1852*, Paris, 1970.
218. *Annales du Midi* (Toulouse).
219. A. Armangaud, *Les Populations de l'Est-aquitain au début de l'époque contemporaine*, Paris, 1961.
220. M. Blanchard, *Essais historiques sur les premiers chemins de fer*

du Midi languedocien et de la vallée du Rhône, Montpellier, 1936.
G. Cholvy, *Religion et Société au XIX*[e] *siècle, le diocèse de Montpellier (1802-1894)*, Paris, 1972.

221. Congrès national des Sociétés savantes, section d'Histoire moderne et contemporaine, Aix-Marseille, 1958.

222. —., Montpellier, 1961.

223. —., Nice, 1965.

224. P. Droulers, *Action pastorale et Problèmes sociaux sous la monarchie de Juillet chez M*[gr] *d'Astras, archevêque de Toulouse*, Paris, 1953.

225. R. Dugrand, *Villes et Campagnes du Bas-Languedoc*, Paris, 1965.

226. *Encyclopédie des Bouches-du Rhône* (V à XI).

227. J. Fourcassié, *Une ville à l'époque romantique : Toulouse*, Paris, 1953.

228. P. Georges, *La région du Bas-Rhône*, Paris, 1935.

229. P. Guiral, *Marseille et l'Algérie, 1830-1841*, Paris, 1957.

230. W. Joyce, *La Vie locale dans le département des Bouches-du-Rhône sous la monarchie censitaire*, thèse de l'université d'Aix, 1951.

231. Mgr Leflon, *Eugène de Mazenod, évêque de Marseille*, 3 vol., Paris, 1965.

232. A. Pieyre, *Histoire de la ville de Nîmes depuis 1830 jusqu'à nos jours*, 3 vol., Nîmes, 1886-1888.

233. Ch. Portal, *Le département du Tarn au XIX*[e] *siècle*, Albi, 1912.

234. *Provence historique.*

235. P. Seignour, *La Vie économique du Vaucluse de 1815 à 1848*, Aix, 1957.

236. L. J. Thomas, *Montpellier, ville inconnue*, Montpellier, 1930.

237. —., *Montpellier, ville marchande*, Montpellier, 1936.

238. J. Vidalenc (éditées par), *Lettres de J.A.M. Thomas, préfet des Bouches-du-Rhône à Adolphe Thiers, 1831-1836*, Gap, 1953.

c. Lyon et sa région

239. J. Arminjon, *La Population du département du Rhône, son évolution depuis le début du XIX*[e] *siècle*, Lyon, 1940.

240. C. Beaulieu, *Histoire du commerce, de l'industrie et des fabriques de Lyon depuis leur origine jusqu'à nos jours*, Lyon, 1838.
Bezucha, « Aspects du conflit des classes à Lyon, 1831 1834 », *Mouvement social*, juillet-septembre 1971.

241. *Congrès des Sociétés savantes de Lyon*, 1964.

242. H. Dumolard, *La terreur blanche dans l'Isère, J.-P. Didier et la conspiration de Grenoble*, Grenoble, 1928.

243. F. Dutacq, *Histoire politique de Lyon pendant la révolution de 1848*, Paris, 1910.
G. Garrier, *Paysans du Beaujolais et du Lyonnais (1800-1970)*, Grenoble, 1973.

244. J. L. Gras, *Histoire des premiers chemins de fer français*, Saint-Étienne, 1924.
245. É. Herriot, « Camille Jordan et la Restauration », *Revue d'Histoire de Lyon*, 1902.
246. J. Ibarrola, *Structure sociale et Fortune mobilière et immobilière à Grenoble en 1847*, Paris, 1965.
247. M. Laférrère, *Lyon, ville industrielle*, 1960.
248. P. Léon, *La Naissance de la grande industrie en Dauphiné*, Paris, 1954.
249. —., « La région lyonnaise dans l'histoire économique et sociale de la France », *Revue historique*, 1961.
250. Capitaine P. Montagne, *Le Comportement politique de l'armée à Lyon sous la monarchie de Juillet et la IIe République*, Paris, 1966.
251. E. Pariset, *Histoire de la Fabrique lyonnaise*, Lyon, 1901.
252. G. Ribe, *L'Opinion publique et la Vie politique à Lyon 1815-1822*, Paris, 1957.
253. F. Rivet, *La Navigation à vapeur sur la Saône et le Rhône, 1783-1883*, Paris, 1962.
254. J. A. Roy, *Histoire de la famille Schneider et du Creusot de 1836 à 1841*, 1954.
255. F. Rude, *Le Mouvement ouvrier à Lyon de 1827 à 1832*, Paris, 1944.
256. L. Trénard, *Lyon, de l'Encyclopédie au préromantisme*, 2 vol., Grenoble, 1958.
257. R. Voog, « Les problèmes religieux à Lyon pendant la monarchie de Juillet et la IIe République d'après les journaux ouvriers », *Cahiers d'Histoire*, 1963.

d. Les pays de l'Est

258. J. Bapicot, *Arbois*, dans les *Notes de géographie urbaine comtoise et montbéliardaise*, études réunies par M. Chevalier, Paris, 1954.
259. —., *La Bourgeoisie alsacienne*, Sociétés savantes d'Alsace et des régions de l'Est, Strasbourg, 1954.
260. H. Contamine, *Metz et la Moselle de 1814 à 1870*, 2 vol., Nancy, 1932.
261. —., *Les Conséquences financières des invasions de 1814 et de 1815 dans les départements de la Moselle et de la Meurthe*, Metz, 1932.
262. J. Cousin, *L'Académie des sciences, belles-lettres et arts de Besançon (1752-1952)*, Besançon, 1954.
263. S. Daveau, *Les Régions frontalières de la montagne jurassienne, étude de géographie humaine*, Paris, 1956.
264. L. Febvre, *La Franche-Comté*, Paris, 1908.
265. Cl. Fohlen (sous la direction de) *Histoire de Besançon*, II, Paris, 1965.
266. —., *La Décadence des forges franc-comtoises*, Hommage au professeur Anthony Bebel, Genève, 1853.

267. A. Gibert, *La Porte de Bourgogne et d'Alsace, étude géographique*, Besançon, 1930.
P. Gonnet, *La Société dijonnaise au XIX*^e^ *siècle (1815-1890)*, Paris, 1974.

268. G. Girard, « La disette de 1816-17 dans la Meurthe », *Annales de l'Est*, 1955.

269. R. Haby, *Les Houillères lorraines et leur région*, Paris, 1965.

270. —., *Histoire de Lorraine*, Nancy, 1949.

271. P. Huot-Pleuroux, *Le Recrutement sacerdotal dans le diocèse de Besançon de 1801 à 1960*, Besançon, 1966.

272. G. Juillard, *La Vie rurale dans les plaines de Basse-Alsace*, 1953.

273. M. M. Kahan-Rabecq, *La Classe ouvrière en Alsace pendant la monarchie de Juillet*, Paris, 1939.

274. R. Laurent, *L'agriculture en Côte-d'Or pendant la première moitié du XIX*e *siècle*, Dijon, 1931.

275. —., *Les Vignerons de la Côte-d'Or au XIX*e *siècle*, 2 vol., Dijon, 1957-1958.

276. R. Lebeau, *La Vie rurale dans les montagnes du Jura méridional, étude de géographie humaine*, Lyon, 1953.

277. —., *Les Lettres en Alsace*, Société savante d'Alsace et des régions de l'Est, 1959.

278. P. Leuillot, *L'Alsace au début du XIX*e *siècle*, 2 vol., Paris, 1959-1961. I. La vie politique, 1959. II. Les transformations économiques, 1959. III. Religion et culture, 1960.

279. —., *La Première Restauration et les Cent-Jours en Alsace*, Paris, 1958.

280. —., *Paysans d'Alsace*, Sociétés savantes d'Alsace et des régions de l'Est, 1959.

281. F. Ponteil, *L'Opposition politique à Strasbourg sous la monarchie de Juillet, 1830-1848*, Paris, 1932.

282. —., « La Renaissance catholique à Strasbourg, l'affaire Bautain », *Revue historique*, 1930.

283. G. Richard, « L'esprit public en Lorraine au début de la Restauration », *Annales de l'Est*, 1933.

284. R. Sédillot, *La Maison De Wendel de 1704 à nos jours*, Paris, 1958.

285. —., *Peugeot, de la crinoline à la 404*, Paris, 1960.

286. P. P. Viard, « La disette de 1816-1817, particulièrement en Côte-d'Or », *Revue historique*, 1928.

e. Le Nord

287. R. Blanchard, *La Flandre*, Paris, 1905.

288. A. de Calonne, *Histoire de la ville d'Amiens*, 1900.

289. A. Demangeon, *La Plaine picarde*, Paris, 1905.

M. Gillet, *Les Charbonnages du Nord de la France au XIXe siècle*, 1973.
290. A. M. Gossez, *Le Département du Nord sous la IIe République*, Lille, 1904.
291. J. Lambert-Dansette, *Quelques familles du patronat textile de Lille-Armentières (1789-1914)*, Lille, 1954.
292. A. Lasserre, *La Situation des ouvriers de l'industrie textile dans la région lilloise sous la monarchie de Juillet*, Lausanne, 1952.
293. P. Pierrard, *Lille et les Lillois*, Paris, 1967.
294. P. Pinchemel, *Structures sociales et Dépopulation dans les campagnes picardes de 1836 à 1936*, Paris, 1957.
295. *Revue du Nord.*

f. Le Sud-Ouest

296. Congrès national des Sociétés Savantes, sections d'Histoire moderne et contemporaine, Bordeaux, 1957.
297. P. Deffontaines, *Les Hommes et leurs travaux dans les pays de la moyenne Garonne*, Lille, 1932.
298. Ch. Filloles, « La bourgeoisie landaise sous la monarchie de Juillet », *Bulletin de la Société de Borda*, 1970-1971.
299. P. Guillaume, *La Population de Bordeaux au XIXe siècle*, Bordeaux, 1970.
300. Ch. Higounet (sous la direction de), *Histoire de Bordeaux*. VI, Bordeaux, 1969.
301. P. de Joinville, *Le Réveil économique de Bordeaux sous la Restauration : l'armateur Balguerie-Stuttenberg*, Paris, 1914.
302. Abbé Lacouture, *Histoire religieuse et politique des Landes de 1800 à 1870*, 1940.
303. M. C. Larive, *La vie mondaine à Pau sous la monarchie de Juillet*, Bordeaux, 1970.

g. Dans les montagnes du Centre

304. J. de Bergues La Garde, *Dictionnaire historique et biographique des hommes célèbres et de tous les illustres de la Corrèze*, Angers, 1871.
305. L. Berland, *La Franc-maçonnerie limousine*, 1949.
306. G. Bonnefoy, *Histoire de l'administration civile dans la province d'Auvergne* IV, Paris, 1897.
307. M. A. Carron, « Prélude à l'exode rural en France : les migrations anciennes des travailleurs creusois », *Revue d'histoire économique et sociale*, 1965.
308. M. Chaulanges, *L'Histoire vue de l'Auvergne* III.

309. —., Congrès national des Sociétés savantes de Clermont-Ferrand, 1963.

310. A. Corbin, « Migrations temporaires et société rurale au XIXe siècle, le cas du Limousin », *Revue Historique*, oct.-déc. 1971.

311. M. Derruau, *La Grande Limagne auvergnate et bourbonnaise*, Grenoble, 1951.

312. A. Durand, *La Vie rurale dans les massifs volcaniques des Dores, du Cézallier, du Cantal et de l'Aubrac*, Aurillac, 1946.

313. C. Grellier, *L'Industrie de la porcelaine en Limousin, ses origines, son évolution*, Paris, 1908.

314. M. Nadaud, *Les Mémoires de Léonard (ancien garçon maçon)*, Bourganeuf, 1895.

h. Pays du Bassin parisien et plaines du Centre

315. G. Boussinesq et G. Laurent, *Histoire de Reims* II., Reims, 1933.

316. J. P. Brunet, *L'Industrialisation de la région de Saint-Denis*, Acta geographica, 1970.

317. —., *Structure agraire et Économie rurale des plateaux tertiaires entre la Seine et l'Oise*, Caen, 1960.

318. G. Charlemagne, *Le Pays d'Ardentes en Berry*, Paris, 1926.

319. A. Chatelain, « Une classe rurale au milieu du XIXe siècle, les ouvriers agricoles de Seine-et-Oise, *Bulletin de la Société historique et géographique de la région parisienne*, 1955.

320. A. Colomés, *Les Ouvriers textiles de la Champagne troyenne*, Bar-le-Duc, 1943.

321. L. Desternes et G. Galland, « La réaction royaliste en Touraine », in *Révolution française*, 1903.

322. —., « La réaction cléricale en Touraine » : in *Révolution française*, 1963.

323. R. Dion, *Le Val de Loire*, Tours, 1933.

324. G. Dupeux, *Aspects de l'histoire politique et sociale du Loir-et-Cher*, Paris, 1962.

325. Bon Dupin, *Le Morvan*, Paris, 1844.

326. H. Forestier, « Le clergé et l'opinion dans l'Yonne sous la monarchie de Juillet », *Bulletin de la Société des sciences historiques de l'Yonne*, 1957-1958.

327. L. Gallicher, « Quelques renseignements sur l'état de la production des forges du Berry (janvier 1841) », *Revue archéologique du Berry*, 1898.

328. L. Guéneau, « La disette de 1816-1817 dans une région de production de blé, la Brie », *Revue d'Histoire moderne*, 1929.

329. A. Hugues, *Statistique du mouvement de la population de Seine-et-Marne, 1800 à 1896*, Melun, 1897.

330. H. Lemoine, « Le département de Seine-et-Oise de l'An VIII à 1871 », in *Revue de l'Histoire de Versailles et de Seine-et-Oise*, 1940.

331. —., « L'instruction primaire publique en Seine-et-Oise de 1789 à 1850», In *Revue de l'Histoire de Versailles et de Seine-et-Oise*, 1940.

332. C. Lévy, « Les paysans de l'Yonne vers 1848 », *Annales de Bourgogne*, 1951.

333. C. Marcilhacy, *Le Diocèse d'Orléans au milieu du XIXe siècle*, Paris, 1969.

334. J. P. Moreau, *La Vie rurale dans le sud-est du Bassin parisien entre les vallées de l'Armançon et de la Loire*, Paris, 1958.

335. P. Pédelaborde, *L'Agriculture dans les plaines alluviales de la presqu'île de Saint-Germain-en-Laye*, Paris, 1961.

336. J. Ricommard, *La Bonneterie à Troyes et dans le département de l'Aube...*, Paris, 1934.

337. J. P. Rocher, « Les élections dans l'Yonne sous la monarchie de Juillet », *Bulletin de la Société des sciences historiques et nationales de l'Yonne*, 1958-1959.

338. G. Thuillier, *Aspects de l'économie nivernaise au XIXe siècle*, Paris, 1966.

339. P.-L. de Vaudreuil, *Promenade de Paris à Bagnères-de-Luchon... Promenade de Bagnères-de-Luchon à Paris*, Paris, 1820-1821.

i. Paris

340. J. Bastié, *La Croissance de la banlieue parisienne*, Paris, 1964.

341. A. des Cilleuls, *Histoire de l'administration parisienne au XIXe siècle*, 2 vol., Paris, 1900.

342. L. Chevalier, *La Formation de la population parisienne au XIXe siècle*, Paris, 1950.

343. —., *Classes laborieuses, classes dangereuses à Paris pendant la première moitié du XIXe siècle*, Paris, 1958.

344. R. Clozier, *La Gare du Nord*, Paris, 1940.

345. A. Daumard, *La Bourgeoisie parisienne de 1815 à 1848*, Paris, 1963.

346. B. Gille, *Fonctions économiques de Paris, Paris fonction d'une capitale*, Paris, 1962.

347. B. Léon, *Paris, histoire de la rue*, Paris, 1947.
G. Massa-Gille, *Histoire des emprunts de la ville de Paris (1814-1875)*, Paris, 1973.

348. A. Morizet, *Du vieux Paris au Paris moderne, Haussmann et ses prédécesseurs*, Paris, 1932.

349. M. Philipponneau, *La vie rurale de la banlieue parisienne*, Paris, 1956.

350. J. Pronteau, *Constructions et Aménagement des nouveaux quartiers de Paris (1820-1826)*, *Histoire des Entreprises*, 1958.

COMPLÉMENTS BIBLIOGRAPHIQUES

351. A. Jardin, *Tocqueville*, Hachette, 1984.

352. *Les Paysans et la Politique 1750-1850*, Annales de Bretagne, 1982-2.

353. Pierre Rosanvallon, *Le Moment Guizot*, NRF, Gallimard, Paris, 1985, 414 p.

354. F. Braudel et E. Labrousse (sous la direction de) *Histoire économique et sociale de la France*, t. III, PUF, 1976.

355. Y. M. Hilaire, *Une chrétienté au XIX*e *siècle : la vie religieuse des populations du diocèse d'Arras 1840-1914*, thèse, 2 vol., 1977.

356. G. Desert, *Les Paysans du Calvados 1815-1895*, thèse, Lille, 1975.

357. Gilbert Garrier, *Paysans du Beaujolais et du Lyonnais (1800-1970)*, Grenoble, 1973.

358. Pierre Goujon, *Le Vignoble de Saône et Loire au XIX*e *siècle (1815-1870)*, Lyon, 1973.

359. Pierre Levêque, *Une société provinciale : la Bourgogne sous la monarchie de Juillet*, Paris, 1983.

360. Alain Corbin, *Archaïsme et Modernité en Limousin au XIX*e *siècle 1845-1880*, Paris, 1975.

361. J.-P. Chaline, *Les Bourgeois de Rouen, une élite urbaine au XIX*e *siècle*, Fondation Nationale des Sciences Politiques, Paris, 1982, 500 p.

362. Maurice Crosland, *Gay Lussac Socialist and Bourgeois*, Cambridge University Press, 1978, 333 p.

363. Louis Girard, *Les Libéraux français, 1814-1875*, Aubier, Paris, 1985, 278 p.

364. André Jardin, *Histoire du libéralisme politique*, Hachette, Paris, 1985, 437 p.

365. —., *Alexis de Tocqueville*, Hachette, Paris, 1984.

366. P. Levêque, *La Bourgogne de la Monarchie de Juillet au Second Empire*, PUL, 1980.

367. Maurice Levy-Leboyer, François Bourguignon, « L'Économie française au XIXe siècle », *Economica*, 1985, 361 p.

368. André-Jean Tudesq, « Les Comportements électoraux sur le régime censitaire » in *Explication du vote*, sous la direction de D. Gaxie, FNSP, Paris, 1985, p. 106-125.

369. Marcel Vigreux, *Paysans et Notables du Morvan au XIX*e *siècle*, Académie du Morvan, Château-Chinon, 1987, 755 p.

370. Cholvy et Hilaire, *Histoire religieuse de la France contemporaine, t. 1, 1800-1880*, Privat, Toulouse, 1985.

371. P. Guiral, *Adolphe Thiers*, Fayard, Paris, 1986, 625 p.

372. J.-F. Soulet, *Les Pyrénées au XIX*e *siècle*, Eché, Toulouse, 1987.

373. Colloque Guizot, Le Val Richer, 1987, *Pays d'Auge*, 1987, nº 8-9.

Index des noms de personnes

Table

COMPOSITION : FIRMIN-DIDOT S.A AU MESNIL
IMPRESSION : HÉRISSEY À ÉVREUX (11-92)
D. L. 1er TRIM. 1973. No 3140-6 (59620)

Collection Points

SÉRIE HISTOIRE

DERNIERS TITRES PARUS

H35. Histoire générale de l'Empire romain
1. Le Haut-Empire, *par Paul Petit*
H36. Histoire générale de l'Empire romain
2. La crise de l'Empire, *par Paul Petit*
H37. Histoire générale de l'Empire romain
3. Le Bas-Empire, *par Paul Petit*
H38. Pour en finir avec le Moyen Age
par Régine Pernoud
H39. La Question nazie, *par Pierre Ayçoberry*
H40. Comment on écrit l'histoire, *par Paul Veyne*
H41. Les Sans-culottes, *par Albert Soboul*
H42. Léon Blum, *par Jean Lacouture*
H43. Les Collaborateurs (1940-1945), *par Pascal Ory*
H44. Le Fascisme italien (1919-1945)
par Pierre Milza et Serge Berstein
H45. Comprendre la révolution russe, *par Martin Malia*
H46. Histoire de la pensée européenne
6. L'ère des masses, *par Michaël D. Biddiss*
H47. Naissance de la famille moderne
par Edward Shorter
H48. Le Mythe de la procréation à l'âge baroque
par Pierre Darmon
H49. Histoire de la bourgeoisie en France
1. Des origines aux Temps modernes
par Régine Pernoud
H50. Histoire de la bourgeoisie en France
2. Les Temps modernes, *par Régine Pernoud*
H51. Histoire des passions françaises (1848-1945)
1. Ambition et amour, *par Theodore Zeldin*
H52. Histoire des passions françaises (1848-1945)
2. Orgueil et intelligence, *par Theodore Zeldin* (épuisé)
H53. Histoire des passions françaises (1848-1945)
3. Goût et corruption, *par Theodore Zeldin*
H54 Histoire des passions françaises (1848-1945)
4. Colère et politique, *par Theodore Zeldin*
H55. Histoire des passions françaises (1848-1945)
5. Anxiété et hypocrisie, *par Theodore Zeldin*
H56. Histoire de l'éducation dans l'Antiquité
1. Le monde grec, *par Henri-Irénée Marrou*

H57. Histoire de l'éducation dans l'Antiquité
2. Le monde romain, *par Henri-Irénée Marrou*
H58. La Faillite du Cartel, 1924-1926
(Leçon d'histoire pour une gauche au pouvoir)
par Jean-Noël Jeanneney
H59. Les Porteurs de valises
par Hervé Hamon et Patrick Rotman
H60. Histoire de la guerre d'Algérie, 1954-1962
par Bernard Droz et Évelyne Lever
H61. Les Occidentaux, *par Alfred Grosser*
H62. La Vie au Moyen Age, *par Robert Delort*
H63. Politique étrangère de la France
(La Décadence, 1932-1939)
par Jean-Baptiste Duroselle
H64. Histoire de la guerre froide
1. De la révolution d'Octobre à la guerre de Corée, 1917-1950
par André Fontaine
H65. Histoire de la guerre froide
2. De la guerre de Corée à la crise des alliances,1950-1963
par André Fontaine
H66. Les Incas, *par Alfred Métraux*
H67. Les Écoles historiques, *par Guy Bourdé et Hervé Martin*
H68. Le Nationalisme français, 1871-1914, *par Raoul Girardet*
H69. La Droite révolutionnaire, 1885-1914, *par Zeev Sternhell*
H70. L'Argent caché, *par Jean-Noël Jeanneney*
H71. Histoire économique de la France du XVIIIe siècle à nos jours
1. De l'Ancien Régime à la Première Guerre mondiale
par Jean-Charles Asselain
H72. Histoire économique de la France du XVIIIe siècle à nos jours
2. De 1919 à la fin des années 1970
par Jean-Charles Asselain
H73. La Vie politique sous la IIIe République
par Jean-Marie Mayeur
H74. La Grèce archaïque d'Homère à Eschyle
par Claude Mossé
H75. Histoire de la « détente », 1962-1981
par André Fontaine
H76. Études sur la France de 1939 à nos jours
par la revue « L'Histoire »
H77. L'Afrique au XXe siècle, *par Elikia M'Bokolo*
H78. Les Intellectuels au Moyen Age, *par Jacques Le Goff*
H79. Fernand Pelloutier, *par Jacques Julliard*
H80. L'Église des premiers temps, *par Jean Daniélou*
H81. L'Église de l'Antiquité tardive, *par Henri-Irénée Marrou*
H82. L'Homme devant la mort
1. Le temps des gisants, *par Philippe Ariès*

H83. L'Homme devant la mort
2. La mort ensauvagée, *par Philippe Ariès*
H84. Le Tribunal de l'impuissance, *par Pierre Darmon*
H85. Histoire générale du XXᵉ siècle
1. Jusqu'en 1949. Déclins européens
par Bernard Droz et Anthony Rowley
H86. Histoire générale du XXᵉ siècle
2. Jusqu'en 1949. La naissance du monde contemporain
par Bernard Droz et Anthony Rowley
H87. La Grèce ancienne, *par la revue « L'Histoire »*
H88. Les Ouvriers dans la société française
par Gérard Noiriel
H89. Les Américains de 1607 à nos jours
1. Naissance et essor des États-Unis, 1607 à 1945
par André Kaspi
H90. Les Américains de 1607 à nos jours
2. Les États-Unis de 1945 à nos jours, *par André Kaspi*
H91. Le Sexe et l'Occident, *par Jean-Louis Flandrin*
H92. Le Propre et le Sale, *par Georges Vigarello*
H93. La Guerre d'Indochine, 1945-1954, *par Jacques Dalloz*
H94. L'Édit de Nantes et sa révocation
par Janine Garrisson
H95. Les Chambres à gaz, secret d'État
par Eugen Kogon, Hermann Langbein et Adalbert Rückerl
H96. Histoire générale du XXᵉ siècle
3. Depuis 1950. Expansion et indépendance (1950-1973)
par Bernard Droz et Anthony Rowley
H97. La Fièvre hexagonale, 1871-1968, *par Michel Winock*
H98. La Révolution en questions, *par Jacques Solé*
H99. Les Byzantins, *par Alain Ducellier*
H100. Les Croisades, *par la revue « L'Histoire »*
H101. La Chute de la monarchie (1787-1792), *par Michel Vovelle*
H102. La République jacobine (10 août 1792 - 9 Thermidor an II)
par Marc Bouloiseau
H103. La République bourgeoise
(de Thermidor à Brumaire, 1794-1799), *par Denis Woronoff*
H104. La France napoléonienne (1799-1815)
1. Aspects intérieurs, *par Louis Bergeron*
H105. La France napoléonienne (1799-1815)
2. Aspects extérieurs, *par Roger Dufraisse* (à paraître)
H106. La France des notables (1815-1848)
1. L'évolution générale
par André Jardin et André-Jean Tudesq
H107. La France des notables (1815-1848)
2. La vie de la nation
par André Jardin et André-Jean Tudesq

H108. 1848 ou l'Apprentissage de la République (1848-1852)
par Maurice Agulhon
H109. De la fête impériale au mur des fédérés (1852-1871)
par Alain Plessis
H110. Les Débuts de la Troisième République (1871-1898)
par Jean-Marie Mayeur
H111. La République radicale ? (1898-1914)
par Madeleine Rebérioux
H112. Victoire et Frustrations (1914-1929)
par Jean-Jacques Becker et Serge Berstein
H113. La Crise des années 30 (1929-1938)
par Dominique Borne et Henri Dubief
H114. De Munich et à Libération (1938-1944)
par Jean-Pierre Azéma
H115. La France de la Quatrième République (1944-1958)
1. L'ardeur et la nécessité (1944-1952)
par Jean-Pierre Rioux
H116. La France de la Quatrième République (1944-1958)
2. L'expansion et l'impuissance (1952-1958)
par Jean-Pierre Rioux
H117. La France de l'expansion (1958-1974)
1. La République gaullienne (1958-1969)
par Serge Berstein
H118. La France de l'expansion (1958-1974)
2. Croissance et crise (1969-1974)
par Serge Berstein et Jean-Pierre Rioux (à paraître)
H119. La France de 1974 à nos jours
par Jean-Jacques Becker (à paraître)
H120. Textes et Documents d'histoire contemporaine
par Christophe Prochasson et Olivier Wieworka
H121. Les Paysans dans la société française, *par Annie Moulin*
H122. Portrait historique de Christophe Colomb
par Marianne Mahn-Lot
H123. Vie et Mort de l'ordre du Temple, *par Alain Demurger*
H124. La Guerre d'Espagne, *par Guy Hermet*
H125. Histoire de France, *sous la direction de Jean Carpentier et François Lebrun*
H126. Empire colonial et Capitalisme français
par Jacques Marseille
H127. Genèse culturelle de l'Europe (Ve-VIIIe siècle)
par Michel Banniard
H128. Les Années trente, *par la revue « L'Histoire »*
H129. Mythes et Mythologies politiques, *par Raoul Girardet*
H130. La France de l'an Mil, *collectif*
H131. Nationalisme, Antisémitisme et Fascisme en France
par Michel Winock

H132. De Gaulle 1. Le rebelle (1890-1944)
par Jean Lacouture
H133. De Gaulle 2. Le politique (1944-1959)
par Jean Lacouture
H134. De Gaulle 3. Le souverain (1959-1970)
par Jean Lacouture
H135. Le Syndrome de Vichy, *par Henri Rousso*
H136. Chronique des années soixante, *par Michel Winock*
H137. La Société anglaise, *par François Bédarida*
H138. L'Abîme 1939-1944. La politique étrangère de la France
par Jean-Baptiste Duroselle
H139. La Culture des apparences, *par Daniel Roche*
H140. Amour et Sexualité en Occident, *par la revue « L'Histoire »*
H141. Le Corps féminin, *par Philippe Perrot*
H142. Les Galériens, *par André Zysberg*
H143. Histoire de l'antisémitisme 1. L'âge de la foi
par Léon Poliakov
H144. Histoire de l'antisémitisme 2. L'âge de la science
par Léon Poliakov
H145. L'Épuration française (1944-1949), *par Peter Novick*
H146. L'Amérique latine au XXe siècle (1889-1929)
par Leslie Manigat
H147. Les Fascismes, *par Pierre Milza*
H148. Histoire sociale de la France au XIXe siècle
par Christophe Charle
H149. L'Allemagne de Hitler, *par la revue « L'Histoire »*
H150. Les Révolutions d'Amérique latine
par Pierre Vayssière
H151. Le Capitalisme « sauvage » aux États-Unis (1860-1900)
par Marianne Debouzy
H152. Concordances des temps, *par Jean-Noël Jeanneney*
H153. Diplomatie et Outil militaire
par Jean Doise et Maurice Vaïsse
H154. Histoire des démocraties populaires
1. L'ère de Staline, *par François Fejtö*
H155. Histoire des démocraties populaires
2. Après Staline, *par François Fejtö*
H156. La Vie fragile, *par Arlette Farge*
H157. Histoire de l'Europe, *sous la direction de Jean Carpentier et François Lebrun*
H158. L'État SS, *par Eugen Kogon*
H159. L'Aventure de l'Encyclopédie, *par Robert Darnton*
H160. Histoire générale du XXe siècle
4. Crises et mutations de 1973 à nos jours
par Bernard Droz et Anthony Rowley
H161. Le Creuset français, *par Gérard Noiriel*

H162. Le Socialisme en France et en Europe, XIXe-XXe siècle
par Michel Winock
H163. 14-18 : Mourir pour la patrie, *par la revue « L'Histoire »*
H164. La Guerre de Cent Ans, *par Michel Mollat du Jourdin*
H165. L'École, l'Église et la République, *par Mona Ozouf*
H166. Histoire de la France rurale
1. La formation des campagnes françaises (des origines à 1340)
sous la direction de Georges Duby et Armand Wallon
H167. Histoire de la France rurale
2. L'age classique des paysans (de 1340 à 1789)
sous la direction de Georges Duby et Armand Wallon
H168. Histoire de la France rurale
3. Apogée et crise de la civilisation paysanne (de 1789 à 1914)
sous la direction de Georges Duby et Armand Wallon
H169. Histoire de la France rurale
4. La fin de la France paysanne (depuis 1914)
sous la direction de Georges Duby et Armand Wallon
H170. Initiation à l'Orient ancien, *par la revue « L'Histoire »*
H171. La Vie élégante, *par Anne Martin-Fugier*
H172. L'État en France de 1789 à nos jours
par Pierre Rosanvallon

H201. Les Origines franques (V^{e}-IXe siècle), *par Stéphane Lebecq*
H202. L'Héritage des Charles (de la mort de Charlemagne
aux environs de l'an mil), *par Laurent Theis*
H203. L'Ordre seigneurial (XIe-XIIe siècle), *par Dominique Barthélemy*
H204. Temps d'équilibres, Temps de ruptures
par Monique Bourin-Derruau
H205. Temps de crises, Temps d'espoirs, *par Alain Demurger*
H206. La France et l'Occident médiéval de Charlemagne à Charles VIII
par Robert Delort
H207. Royauté, Renaissance et Réforme (1483-1559)
par Janine Garrisson
H208. Guerre civile et Compromis (1559-1598)
par Janine Garrisson
H209. La Naissance dramatique de l'absolutisme (1598-1661)
par Yves-Marie Bercé (à paraître)
H210. La Puissance et la Guerre (1661-1715)
par André Zysberg (à paraître)
H211. L'État et les Lumières (1715-1783)
par André Zysberg (à paraître)